KB168996

S D 에 듀

# 독학사
# 1·4단계

교 양 공 통

-적중예상문제집-

## (실용)영어

**SD에듀**
㈜시대고시기획

# 머리말

학위를 얻는 데 시간과 장소는 더 이상 제약이 되지 않습니다. 대입 전형을 거치지 않아도 '학점은행제'를 통해 학사학위를 취득할 수 있기 때문입니다. 그중 독학학위제도는 고등학교 졸업자이거나 이와 동등 이상의 학력을 가지고 있는 사람들에게 효율적인 학점 인정 및 학사학위 취득의 기회를 줍니다.

독학학위취득시험은 1단계 교양과정 인정시험, 2단계 전공기초과정 인정시험, 3단계 전공심화과정 인정시험, 4단계 학위취득 종합시험의 1~4단계까지의 시험으로 이루어집니다. 4단계까지의 과정을 통과한 자에 한해 학사학위 취득이 가능하고, 이는 대학에서 취득한 학위와 동등한 지위를 갖습니다.

이 책은 독학사 시험에 응시하는 수험생들이 단기간에 효과적인 학습을 할 수 있도록 다음과 같이 구성하였습니다.

**01** 한 권으로 끝내기
한 권으로 1단계와 4단계를 대비할 수 있도록 구성하였습니다. 독학사 교양공통 (실용)영어의 경우 1·4단계의 평가영역은 실질적으로 동일합니다(다만, 4단계 실용영어에서 생활영어 파트가 강화됩니다). 본서는 객관식 문제와 주관식 문제를 기본서 순으로 분리·수록하여 각 단계에 맞는 충분한 대비가 가능하도록 구성하였습니다.

**02** 상세한 해설
상세한 해설을 제시하였습니다. 특히, 단순한 정답의 제시가 아니라 오답에 대한 해설을 강화하여 문제에 대한 이해력을 높일 수 있도록 하였습니다.

**03** 학습 효과 극대화
피드백을 통한 복습 효과를 강화하였습니다. 해설 부분에 기본서와 문제를 연계한 요점 정리 형태로 제시하여 학습 효과를 극대화하였습니다.

**04** 빈출기출문제 & 최종모의고사
1단계 빈출기출문제와 최종모의고사 2회분을 수록하였습니다. 최종모의고사는 실제 기출된 유형을 철저하게 분석하여 출제하였으며 최종 점검에 도움이 되도록 구성하였습니다.

문제집을 보아도 기출 유형에 맞지 않아 시험 대비에 만족하지 못하는 수험생들이 많은데, 이 책은 그러한 문제점을 보완하여 시험에 대한 확신을 주고, 단기간에 고득점을 획득할 수 있도록 노력하였습니다. 특히, 다양한 주관식 문제 유형을 다루었고, 해설 부분에서는 기본서와 연계하여 학습할 수 있도록 요점 정리 형태로 제시하였습니다. 이 책을 통해 다양한 기출 중심 테마를 학습하고 충분한 문제 풀이를 하며 해당 내용을 이해하고 정리한다면, 원하는 결과를 충분히 이루어내리라 확신합니다.

**편저자 드림**

## BDES
# 독학학위제 소개

## 독학학위제란?

「독학에 의한 학위취득에 관한 법률」에 의거하여 국가에서 시행하는 시험에 합격한 사람에게 학사학위를 수여하는 제도

- ✅ 고등학교 졸업 이상의 학력을 가진 사람이면 누구나 응시 가능
- ✅ 대학교를 다니지 않아도 스스로 공부해서 학위취득 가능
- ✅ 일과 학습의 병행이 가능하여 시간과 비용 최소화
- ✅ 언제, 어디서나 학습이 가능한 평생학습시대의 자아실현을 위한 제도
- ✅ 학위취득시험은 4개의 과정(교양, 전공기초, 전공심화, 학위취득 종합시험)으로 이루어져 있으며 각 과정별 시험을 모두 거쳐 학위취득 종합시험에 합격하면 학사학위 취득

## 독학학위제 전공 분야 (11개 전공)

국어국문학　영어영문학　심리학　경영학　컴퓨터공학　간호학

법학　가정학　유아교육학　정보통신학　행정학

※ 유아교육학 및 정보통신학 전공: 3, 4과정만 개설
　(정보통신학의 경우 3과정은 2025년까지, 4과정은 2026년까지만 응시 가능하며, 이후 폐지)

※ 간호학 전공: 4과정만 개설

※ 중어중문학, 수학, 농학 전공: 폐지 전공으로 기존에 해당 전공 학적 보유자에 한하여 응시 가능

※ SD에듀는 현재 4개 학과(심리학과, 경영학과, 컴퓨터공학과, 간호학과) 개설 완료
※ 2개 학과(국어국문학과, 영어영문학과) 개설 진행 중

# 독학학위제 시험안내

## 과정별 응시자격

| 단계 | 과정 | 응시자격 | 과정(과목) 시험 면제 요건 |
|---|---|---|---|
| 1 | 교양 | 고등학교 졸업 이상 학력 소지자 | • 대학(교)에서 각 학년 수료 및 일정 학점 취득<br>• 학점은행제 일정 학점 인정<br>• 국가기술자격법에 따른 자격 취득<br>• 교육부령에 따른 각종 시험 합격<br>• 면제지정기관 이수 등 |
| 2 | 전공기초 | | |
| 3 | 전공심화 | | |
| 4 | 학위취득 | • 1~3과정 합격 및 면제<br>• 대학에서 동일 전공으로 3년 이상 수료<br>  (3년제의 경우 졸업) 또는 105학점 이상 취득<br>• 학점은행제 동일 전공 105학점 이상 인정<br>  (전공 28학점 포함) → 22.1.1. 시행<br>• 외국에서 15년 이상의 학교교육과정 수료 | 없음(반드시 응시) |

## 응시방법 및 응시료

• 접수방법 : 온라인으로만 가능
• 제출서류 : 응시자격 증빙서류 등 자세한 내용은 홈페이지 참조
• 응시료 : 20,400원

## 독학학위제 시험 범위

• 시험 과목별 평가영역 범위에서 대학 전공자에게 요구되는 수준으로 출제
• 시험 범위 및 예시문항은 독학학위제 홈페이지(bdes.nile.or.kr) – 학습정보 – 과목별 평가영역에서 확인

## 문항 수 및 배점

| 과정 | 일반 과목 | | | 예외 과목 | | |
|---|---|---|---|---|---|---|
| | 객관식 | 주관식 | 합계 | 객관식 | 주관식 | 합계 |
| 교양, 전공기초<br>(1~2과정) | 40문항×2.5점<br>=100점 | – | 40문항 100점 | 25문항×4점<br>=100점 | – | 25문항 100점 |
| 전공심화, 학위취득<br>(3~4과정) | 24문항×2.5점<br>=60점 | 4문항×10점<br>=40점 | 28문항 100점 | 15문항×4점<br>=60점 | 5문항×8점<br>=40점 | 20문항 100점 |

※ 2017년도부터 교양과정 인정시험 및 전공기초과정 인정시험은 객관식 문항으로만 출제

## 합격 기준

• 1~3과정(교양, 전공기초, 전공심화) 시험

| 단계 | 과정 | 합격 기준 | 유의 사항 |
|---|---|---|---|
| 1 | 교양 | 매 과목 60점 이상 득점을 합격으로 하고, 과목 합격 인정(합격 여부만 결정) | 5과목 합격 |
| 2 | 전공기초 | | 6과목 이상 합격 |
| 3 | 전공심화 | | |

• 4과정(학위취득) 시험 : 총점 합격제 또는 과목별 합격제 선택

| 구분 | 합격 기준 | 유의 사항 |
|---|---|---|
| 총점 합격제 | • 총점(600점)의 60% 이상 득점(360점)<br>• 과목 낙제 없음 | • 6과목 모두 신규 응시<br>• 기존 합격 과목 불인정 |
| 과목별 합격제 | • 매 과목 100점 만점으로 하여 전 과목(교양 2, 전공 4) 60점 이상 득점 | • 기존 합격 과목 재응시 불가<br>• 1과목이라도 60점 미만 득점하면 불합격 |

## 시험 일정

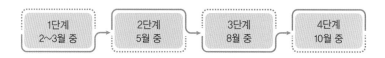

• 4단계 시험 과목 및 시간표

| 구분(교시별) | 시간 | 시험 과목명 |
|---|---|---|
| 1교시 | 09:00~10:40<br>(100분) | **국어, 국사, 외국어 중 택2 과목**<br>(외국어를 선택할 경우 실용영어, 실용독일어,<br>실용프랑스어, 실용중국어, 실용일본어 중 택1 과목) |
| 2교시 | 11:10~12:50<br>(100분) | **총 11개 학과**<br>(컴퓨터공학, 간호학, 국어국문학, 영어영문학,<br>심리학, 경영학, 법학, 행정학, 유아교육학, 가정학,<br>정보통신학 중 택2 전공과목) |
| 중식 | 12:50~13:40<br>(50분) | |
| 3교시 | 14:00~15:40<br>(100분) | **총 11개 학과**<br>(컴퓨터공학, 간호학, 국어국문학, 영어영문학,<br>심리학, 경영학, 법학, 행정학, 유아교육학, 가정학,<br>정보통신학 중 택2 전공과목) |

※ 입실시간: 08:30까지 완료, 합격기준: 6과목 이상 합격
※ 시험 일정 및 시험 시간표는 반드시 독학학위제 홈페이지(bdes.nile.or.kr)를 통해 확인하시기 바랍니다.

# CONTENTS

## 목차

또 실패했는가? 괜찮다. 다시 실행하라. 그리고 더 나은 실패를 하라!

– 사뮈엘 베케트 –

# 최신빈출기출문제

출/ 제/ 유/ 형/ 완/ 벽/ 파/ 악/

훌륭한 가정만한 학교가 없고, 덕이 있는 부모만한 스승은 없다.

– 마하트마 간디 –

※ 본 문제는 다년간 독학사 1단계 시험에서 출제된 빈출기출문제를 복원한 것입니다. 문제의 난이도와 수험경향 파악용으로 사용하시길 권고드립니다. 본 빈출기출문제에 대한 무단복제 및 전제를 금하며 저작권은 SD에듀에 있음을 알려드립니다.

※ 다음 빈칸에 들어갈 말로 가장 적절한 것을 고르시오. [01~09]

**01**

> I'm up in the _____ about how to make it.

① paper
② row
③ air
④ bag

**02**

> Something that is _____ is related to one person or thing.

① positive
② individual
③ realistic
④ prospective

---

**01**

**해석** 그걸 어떻게 다뤄야 할지 아직 미정이야.

**해설** up in the air는 '아직 미정인'이라는 의미이다.

**02**

**어휘** • positive 긍정적인
• individual 각각의, 개인의, 1인용의, 개성 있는, 독특한
• realistic 현실적인, 실현 가능한, 사실적인
• prospective 장래의, 유망한, 곧 있을, 다가오는

**해석** 개인적인 것은 하나의 사람이나 사물과 관련이 있다.

**해설** '하나의 사람이나 사물'과 가장 뜻이 통하는 단어는 'individual'이다.

**정답** 01 ③ 02 ②

**03**

**03**

If Betsy eats peanuts, she has trouble breathing and need to go to the hospital immediately. She is _____ to peanuts.

① ethical

② energetic

③ allergic

④ beneficial

**04**

**04**

I can't keep the _____ away. They are growing faster than my vegetable. I need to use more herbicides.

① bugs

② weeds

③ grains

④ insects

**05**

**05**

Lions, tigers, and humans all eat other animals, but nothing eats them. They are the top of the _____.

① world

② population

③ jungle

④ food chain

**06**

_____ I visited France, I had never eaten a really treat meal. But from the moment I landed in Paris, everything I ate was incredible!

① If

② Since

③ Until

④ Because

**07**

If you wish to _____ your subscription preferences, contact our customer service team at +65-04975-614733.

① modify

② interrupt

③ enclose

④ decrease

**06**

해석 내가 프랑스에 방문하기 전까지, 나는 제대로 된 식사를 하지 못해서 파리에 도착한 순간부터 내가 먹은 모든 것들이 믿어지지 않을 정도로 좋았다.

해설 ~까지 계속된 일을 이야기할 때에는 접속사 until/till, ~이후 계속된 일을 이야기할 때에는 접속사 since를 쓴다. 프랑스에 방문하기 전까지 제대로 된 식사를 못했으나 파리에 도착한 이후로 먹은 모든 것들이 좋았다고 해야 적절하므로 until이 정답이다.

**07**

어휘 • subscription 구독료, 구독, 기부금, 가입
• modify 수정(변경)하다, 바꾸다, 조정하다
• interrupt 방해하다, 중단시키다, 가로막다
• enclose (담, 울타리 등으로) 두르다, 에워싸다, 동봉하다
• decrease 줄다, 감소하다

해석 만약 당신이 가입 설정을 수정하고 싶다면, 우리 고객서비스팀 +65 – 04975 – 614733으로 연락하세요.

해설 '가입 설정을 수정하고 싶다면'이 적절하다.

정답 06 ③ 07 ①

## 08

**어휘**
- offer 제의하다, 권하다
- should have p.p ~했어야 했다
- should not have p.p ~하지 말았어야 했다
- regret to 동사원형 (미래에) ~하게 되어 유감스럽다
- regret ~ing (과거에) ~한 것을 후회하다

**해석** 몇 년 전에, 나는 도쿄에서 일할 것을 제의받았다. 그러나 나는 거절하였다. 나는 그 일을 받아들였어야(했어야) 했다. 나는 좀 더 넓은 세계를 보고 새로운 언어를 배웠을 것이다. 나는 그렇게 말한 것을 후회하고 있다.

**해설** 나는 몇 년 전에 도쿄에서 일할 것을 권유받았지만 받아들이지 않았다. 빈칸 뒤의 문장을 보면 나는 세계를 좀 더 넓게 보고 새로운 언어를 배울 수 있었음을 알 수 있다. 이 문장으로 보아 나는 그 제의를 받아들이지 않았음을 알 수 있다.

## 08

A few years ago, I was offered a job in Tokyo, but I said no. _____ I would have seen the world and I would have learned a new language. I regret saying it that time.

① I shouldn't have taken the job.

② I should have taken the job.

③ I needed to offer a job.

④ I should offer a job.

## 09

**어휘**
- By the time ~할 때쯤에
- spend (돈을) 쓰다, 소비하다
  *spent spend의 과거, 과거분사형
- priceless 값을 매길 수 없는, 귀중한
- I don't mind 상관없다, 괜찮다

**해석** 내가 집에 돌아올 때쯤에, 나는 내가 나의 모든 돈을 음식과 옷에 소비했다는 것을 알아차렸다. 하지만 상관없다(괜찮다). 나는 귀중한 기억을 얻었고 파리에 있는 모든 최고의 식당과 부티크를 방문했다.

**해설** 나는 많은 돈을 음식과 옷에 소비했다는 것을 알아차렸지만 밑줄의 뒷 문장으로 보아 나는 귀중한 기억을 가졌다고 말하고 있기 때문에 많은 돈을 소비한 것에 대해 상관이 없다는 것을 알 수 있다.

## 09

By the time I returned home, I realized I had spent almost all my money on food and clothing. _____ _____ I had a lot of priceless memories, and I had visited all the best restaurants and boutique, in Paris.

① So I did mind.

② But I didn't mind.

③ So I was worried.

④ But I was worried.

**정답** 08 ② 09 ②

## 10 다음 중 빈칸에 들어갈 수 <u>없는</u> 것은?

> He wasted a _____ amount of time and money.

① considerable
② significant
③ substantial
④ constitute

## 11 어법상 틀린 문장을 고르면?

① No sooner had he said it than he burst into tears.
② Hardly had she sat down on the bench when she found it had just been painted.
③ Scarcely she had seen me when she ran away.
④ I often go out with as few things as possible in my bag.

## 12 밑줄 친 부분에 들어갈 내용으로 가장 적절한 것은?

> As the alga die, poisonous substances are produced. These substances use up all oxygen in the water, _____, river and lake become broken down.
>
> * oxygen 산소

① making impossible for fish to breathe in it
② made it impossible for fish to breathe in it
③ making it impossible for fish to breathe in it
④ made impossible for fish to breathe in it

---

**10**

**해석** 그는 상당한 양의 시간과 돈을 허비했다.

**해설** considerable, significant, substantial은 모두 '상당한, 현저한, 중요한' 등의 의미를 가지는 단어이다. 주로 뒤에 수나 양의 표현이 동반된다.

**11**

**해석** ③ 그녀는 나를 보자마자 달아났다.
① 그는 그 말을 끝내자마자 울음을 터뜨렸다.
② 그녀는 벤치에 앉자마자 그것이 방금 페인트칠 되었다는 것을 알았다.
④ 나는 말하자면 최소한의 물건들만 가방 안에 넣어서 밖에 종종 나간다.

**해설** 'Scarcely + 동사 + 주어', before [when] ~의 어순으로 '~하자마자 …하다'라는 의미이다.

**12**

**어휘** • poisonous 유독한, 독이 있는
• substances 물질
• produce 생산하다
• use up 다 써버리다, 소모하다
• eventually 결국에
• break down 고장 나다, 파괴되다

**해석** 조류가 죽을 때, 독성 물질들이 생긴다. 이런 물질들이 물속에 있는 모든 산소들을 다 소모하며 물고기가 물속에서 숨 쉬는 것을 불가능하게 만든다. 결국에 강과 호수는 파괴되기 시작한다.

**해설** 두 문장을 잇는 분사구문의 문제이다. 물질들이 불가능하게 만드는 것이므로 능동 현재분사 making이 맞고, 내용상 to breathe in it이 목적어이므로 가목적어 it이 필요하다.

**정답** 10 ④  11 ③  12 ③

**13**

13

어휘 • late 늦은
• lately 최근에
• so so = not bad, same as usual
그저 그래

해석 A : 최근에 어떻게 지내?
B : 그저 그래.

해설 lately는 부사로 '최근에'라는 의미이다. 형용사인 late와 의미가 다르기 때문에 해석에 주의해야 한다.

**13** 다음 밑줄 친 부분에 들어갈 내용으로 가장 적절한 것은?

> A : How have you been lately?
> B : _____

① So so.

② So are so.

③ So in so.

④ So and so.

**14**

해설 부정의문문에 대한 대답도 긍정표현일 때는 'Yes + 긍정문', 부정표현일 때는 'No + 부정문' 형태를 취한다. 그러나 번역은 우리말과 반대로 해야 한다. 즉, '아니, 추웠어.'는 'Yes, it was.'로 대답하고 '응, 춥지 않았어.'는 'No, it wasn't.'로 대답한다.

**14** 다음의 부정의문문에 대한 대답으로 우리말의 내용을 올바르게 바꾼 것은?

> A : Wasn't it cold yesterday?
> B : 아니오, 매우 추웠습니다.

① Yes, it was very cold.

② No, it was very cold.

③ Yes, it wasn't very cold.

④ No, it wasn't very cold.

정답 13 ① 14 ①

**15** 다음 중 밑줄 친 부분에 들어갈 내용으로 가장 적절한 것은?

> A : Fire Station, Human Resources Department. What can I do for you?
> B : Yes, I'm calling about your help-wanted ad in the newspaper. Is the job still available?
> A : Yes, it is.
> B : _____
> A : You have to turn in your resume and cover letter by mail. And then wait to be interviewed.
> B : All right. Thank you for your detailed information.

① What would you like about this job?
② What should I do to apply for the job?
③ When is the due date for the application?
④ What qualifications do I need for this job?

**16** 밑줄 친 부분의 의미와 가장 가까운 것은?

> The police insist that they are not letting up on their campaign against drugs.

① reside
② lessen
③ inherit
④ disappoint

---

**15**

**어휘** • help-wanted ad 구인광고
• turn in 제출하다
• resume 이력서
• cover letter 자기소개서

**해석** A : 소방서 인사부입니다. 무엇을 도와드릴까요?
B : 네, 저는 신문에 있는 구인광고를 보고 전화를 드렸습니다. 그 자리가 아직도 유효한가요?
A : 네, 가능합니다.
B : 그 자리에 지원하려면 무엇을 해야 하나요?
A : 이력서와 자기소개서를 먼저 메일로 보내 주세요. 그런 다음 기다려 주시면 면접이 있을 겁니다.
B : 알겠습니다. 상세한 정보 감사합니다.

**해설** 빈칸 이후 이력서와 자기소개서를 메일로 보내고 면접 때까지 기다리라는 내용으로 보아 빈칸에는 지원 방법을 묻는 ② '그 자리에 지원하려면 무엇을 해야 하나요?'가 오는 것이 적절하다.

**16**

**어휘** • reside 거주하다
• lesson 완화시키다, 약화되다, 줄이다
• inherit 상속받다, 물려받다
• disappoint 실망시키다
• let up on ~에 대한 태도를 완화하다

**해석** 경찰은 마약 캠페인에 대한 태도를 완화시키지 않으려는 입장이다.

**해설** 밑줄 친 부분의 let up on은 ~에 대한 태도를 완화시키다는 의미를 가지고 있다. lesson은 명사로 학습이라는 의미를 가지고 있지만 동사로는 '완화시키다, 약화되다'라는 의미를 가지고 있다.

**정답** 15 ② 16 ②

## 17

**어휘**
- how many 얼마나 많이
- explain 설명하다
- come from ~출신이다

**해석** ① 거기에 얼마나 많은 채널이 있는지 알려 줄 수 있니?
② 오늘 TV 스케줄이 어디에 있는지 알고 있니?
③ 그가 왜 그녀를 사랑하는지 나는 설명해 줄 수가 없다.
④ 그녀가 어디 출신인 거 같니?

**해설** 간접의문문의 순서에 관한 문제이다.

**간접의문문**
㉠ '의문부사 + 주어 + 동사'
㉡ 주절의 동사가 think, suppose, believe, guess 등이면 의문사가 문두에 위치한다.
그러므로, ④의 지문은 'Where do you think she comes from?'으로 바뀌어야 적절하다.

## 18

**어휘**
- be worried about~ ~에 대해 걱정하다
- local 지역의, 현지의

**해석** 나는 아이들이 도로에서 노는 것과 가족들이 자전거를 타고 지역공원에 가는 것이 걱정된다.

**해설** 현재분사인지 과거분사인지를 구별하는 문제이다. be worried about은 동사이므로 한 문장에 동사 두 개가 존재할 수 없으므로 play와 ride는 관계대명사가 생략된 현재분사임을 알 수 있다. children이 노는 것이기 때문에 능동인 playing이 오는 것이 적합하며, families 또한 능동적으로 자전거를 타는 것으로 현재분사인 riding이 오는 것이 적합하다.

**정답** 17 ④  18 ②

---

**17** 밑줄 친 부분이 어법에 맞지 <u>않는</u> 것은?

① Can you tell me <u>how many channels are there</u>?
② Do you know <u>where today's TV schedule is</u>?
③ I can't explain <u>why he loves her</u>.
④ Do you think <u>where she comes from</u>?

**18** 밑줄 친 부분을 바르게 고친 것은?

> I'm worried about children (A) <u>play</u> near the street and families (B) <u>ride</u> their bicycles to the local park.

| | (A) | (B) |
|---|---|---|
| ① | playing | ridden |
| ② | playing | riding |
| ③ | played | riding |
| ④ | played | ridden |

## 19 괄호 안에 들어갈 말로 적절한 것은?

> I ( A ) lunch, so I ( B ) while we waited for the bus.

|  | (A) | (B) |
|---|---|---|
| ① | eating | took a nap |
| ② | had eaten | took a nap |
| ③ | hadn't eaten | take a nap |
| ④ | has eaten | had taken a nap |

※ 다음 글을 읽고 물음에 답하시오. [20~21]

> In Britain, it has been over 250 years since the forests provided the last refuge for wolves trying to escape the all-out war that was waged against them. What is it about this animal that, in some people, arouses such intense feelings of fear and hate? Yet those people who have studied this species hold wolves in high regard, admiring their intelligence, devotion to family and skilled hunting abilities. Buried deep in many people's subconscious is the 'fictional' wolf many of us were brought up to fear — the villain of myth and fairy tale. Add to this the competition between humans and wolves for food and land, and the result has been a long-running, one-sided battle which has sadly made the wolf one of nature's most misunderstood and persecuted animals.

**19**

**어휘** • wait for ~을 기다리다
• take a nap 낮잠을 자다

**해석** 나는 점심을 먹었다. 그래서 나는 우리가 버스를 기다리는 동안 낮잠을 잘 수 있었다.

**해설** 시제 일치 문제이다. 괄호 안에 있는 문장은 동사가 와야한다. while이 들어있는 종속절이 waited for로 과거이기 때문에 앞의 주절의 동사 (b)는 같은 시제인 과거가 와야 한다. 콤마 앞의 문장은 좀 더 앞서 일어난 사건이기 때문에 대과거인 had eaten이 온다.

**정답** 19 ②

**20**

**[해석]** 영국에서는 숲이 늑대들에게 그들에게 가해진 전면전을 피하려는 최후의 피난처를 제공한 지 250년이 넘었다. 어떤 사람들에게 이 동물에 대하여 공포와 증오의 강렬한 감정을 불러일으키는 것은 무엇인가? 그러나 이 종을 연구한 사람들은 늑대의 지능, 가족에 대한 헌신, 그리고 숙련된 사냥 능력에 감탄하면서 늑대를 높이 평가한다. 많은 사람들의 잠재의식 속에 깊이 파묻혀 있는 것은 신화와 동화의 악당으로 우리들 중 많은 사람들이 공포심을 갖게 하는 '꾸며 낸' 늑대다. 여기에 인간과 늑대 사이의 음식과 땅에 대한 경쟁을 더하고, 그 결과는 슬프게도 늑대를 자연의 가장 오해받고 박해받는 동물 중 하나로 만든 오랫동안의 일방적인 싸움이었다.
① 무관심한
③ 집중적인, 집약적인
④ 겸손한, 보통의

**[해설]** intense는 지문에서 '극심한, 강렬한'의 의미로 쓰였다. 따라서 이와 같은 의미를 가진 단어는 ②이다.

**20** 밑줄 친 어휘와 동일한 의미를 가진 단어를 고르면?

① indifferent
② extreme
③ intensive
④ modest

**21**

**[해설]** 글의 내용에 따르면, 늑대는 많은 사람들에게 신화나 동화의 악당으로 잠재의식 속에 자리하고 있으며, 이는 공포심을 일으키는 꾸며진 늑대의 모습이다.

**정답** 20 ② 21 ③

**21** 윗글의 내용과 일치하는 것은?

① 늑대는 홀로 생활하는 습성을 지녔다.
② 늑대는 인간과 다르게 음식이나 땅을 공유하지 않았다.
③ 많은 사람들은 잠재의식 속에 늑대를 악당으로 인식한다.
④ 늑대가 지능이 높다는 것은 오해의 소지가 높다.

※ 다음 글을 읽고 물음에 답하시오. [22~24]

The Sahara is a desert located on the African continent. It is the largest hot desert in the world, and the third largest desert overall after Antarctica and the Arctic. The name 'Sahara' is derived from the Arabic word for "desert", sahra.

The average annual rainfall ranges from very low. Nowhere else on Earth has air been found as dry and evaporative as in the Sahara region.

One proposal for mitigating the effects of climate change is to install large-scale wind and solar farms in the Sahara. The farms would provide clean energy and reduce the amount of greenhouse gases entering the atmosphere, ( A ) may also promote increased precipitation in the vicinity, according to a 2018 study published in the journal Science.

## 22 윗글의 출처는 어디인가?

① Article
② Brochure
③ Dictionary
④ Schedule

---

**22**

**어휘**
• be located on ~에 위치하다
• continent 대륙
• overall 종합적으로, 대체로
• be derived from ~에서 유래되다.
• annual 연간의, 매년의
• rainfall 강수량
• evaporative 증발의, 증발을 일으키는
• mitigate 완화시키다
• climate change 기후변화
• install 설치하다
• solar farms 태양광 발전소
• reduce 줄이다
• greenhouse gases 온실가스
• atmosphere (지구의) 대기
• promote 촉진하다
• precipitation 강수;강수량
• in the vicinity 근처에서
• according to~ ~에 따르면
• study 연구
• publish 출판하다

**해석** 사하라 사막은 아프리카에 위치한 사막이다. 사하라는 세계에서 제일 더운 사막이며, Antarctica와 Arctic 다음으로 세 번째로 큰 사막이다. '사하라'라는 이름은 아랍 단어인 '사막' 사하라에서 나온 말이다.
평균적으로 매년 강수량의 범위는 굉장히 낮다. 지구 어디든 공기가 굉장히 건조하고 증발성이 강해지고 있다. 이러한 기후변화의 영향을 완화시키기 위한 하나의 제안으로는 풍차(큰 스케일의 바람)를 설치하고 사하라에 태양광 발전소를 세우는 것이다. 2018년도 저널 과학 논문에 따르면, 이 발전소는 깨끗한 에너지와 대기를 통과하는 온실가스의 양을 줄여줄 것이다. 그리고 또한 그 부근의 강수량을 증가시켜 줄 것이다.

**해설** 저널 과학 논문을 인용하면서, 사하라 사막에 대해서 설명하고 있는 것으로 보아 기사 내용임을 알 수 있다.

**정답** 22 ①

## 23

① It is the largest hot desert in the world 로 보아 두 번째가 아닌 세계에서 가장 더운 사막인 것으로 알 수 있다.
② The average annual rainfall ranges from very low. 연간 강우량은 굉장히 낮은 것으로 알려져 있다.
④ The name 'Sahara' is derived from the Arabic word for "desert", sahara. 아프리카 단어가 아닌 아랍 단어에서 유래된 것임을 알 수 있다.

## 24

앞의 문장에서 태양광 발전소는 대기를 통과하는 온실가스를 줄이는 데 도움이 된다고 언급하고 있다. (A) 다음 문장에서는 그 부근의 강수량을 늘려 줄 수 있다는 내용이 나오기 때문에 일맥상통하는 접속사인 and가 적합하다.

**23** 다음 중 글의 내용과 일치하는 것을 고르시오.

① The Sahara is the second largest hot desert in the world.
② The average annual rainfall ranges from very high.
③ The Sahara is the third largest desert overall after Antarctica and the Arctic.
④ The name 'Sahara' is derived from the African word for "desert", sahara.

**24** (A)에 들어갈 접속사로 알맞은 것은?

① and
② by the way
③ although
④ cause

※ 다음을 읽고, 물음에 답하시오. [25~27]

Sara : (A) It is good that the place where you moved is wide.
Sam : Little uncomfortable. (B) It's far from my company.
Sara : How far is it? Should you go (C) in the car?
Sam : No, but 걸어서 멀리 가야 한다.
Sara : You need to get up early.
Sam : Yes. But there are very good restaurants (D) nearby.

**25** 새로 이사 간 집에 대해 Sam이 만족하는 것은?

① 회사와 가깝다.

② 집에서 회사까지 걸어갈 수 있다.

③ 좋은 레스토랑이 집 주변에 있다.

④ 일찍 일어날 수 있다.

**26** 밑줄 친 부분 중 어색한 것은?

① (A)

② (B)

③ (C)

④ (D)

**27** 밑줄 친 '걸어서 멀리 가야 한다.'를 영어로 올바르게 표현한 것은?

① I'm going to go far on foot.

② I have to go far on foot.

③ I have been gone to far on foot.

④ I would go to far on foot.

---

**25**

[해석] Sara : 네가 새로 이사 간 곳이 넓어서 좋겠다.

Sam : 조금 불편해. 회사에서 조금 멀거든.

Sara : 얼마나 멀어? 차를 타고 가야 하니?

Sam : 아니, 하지만 걸어서 멀리 가야 해.

Sara : 너 일찍 일어나야겠다.

Sam : 응. 하지만 집 주변에 좋은 레스토랑이 있어.

[해설] Sam의 마지막 말을 통해 집 주변에 좋은 레스토랑이 있음을 알 수 있다.

**26**

[해설] '차를 타고 가다'와 같이 방법, 수단을 나타낼 때에는 in the car가 아닌 by the car라고 해야 한다.

**27**

[해석] ① 나는 걸어서 멀리 갈 것이다.

③ 나는 걸어서 멀리 갔다.

④ 나는 걸어서 멀리 갈 것이다.

[해설] '~해야 한다'라는 의무를 나타낼 때에는 have to를 써야 한다.

[정답] 25 ③   26 ③   27 ②

**28**

**어휘**
- dietitian 영양사
- lecturer 강사, 강연자
- enviable 부러운, 선망의 대상이 되는
- reputation 명성, 평판
- impressive 인상적인, 인상 깊은
- whip up (식사·요리를) 잽싸게 만들어 내다
- batch of 한 묶음의, 한 통의
- gooey 끈적끈적한
- featured on 소개되다, 등장하다
- humble 겸손한, 보잘것없는

**해석** 세계에서 가장 사랑받는 달콤한 간식 중 하나인 초콜릿 칩 쿠키가 실제로 우연히 발명되었다고 상상하기 어렵다. 초콜릿 칩 쿠키의 발명은 1930년에 Ruth Graves Wakefield와 그녀의 남편 Kenneth가 매사추세츠주 휘트먼 근처 루트 18에서 톨하우스 인을 운영할 때 발생했다. 종종 필요는 발명의 어머니라고 말하는데, 이 이야기에서도 마찬가지였다. 어느 날 밤, Ruth는 인기 있는 전통적인 식민지시대 요리법인 버터가 들어간 초콜릿 쿠키 한 묶음을 만들어 손님에게 제공하기로 결정했다. 그러나 빵을 굽기 시작했을 때, Ruth은 베이킹용 초콜릿이 부족하다는 것을 알게 되었다. Ruth는 초콜릿 한 블록을 잘라 넣었다. Ruth는 초콜릿이 일반적인 베이킹 초콜릿처럼 쿠키 반죽 때문에 녹아 없어질 것으로 예상했다. 대신 초콜릿 조각은 개별적인 형태를 유지하여 촉촉하고 끈적끈적하게 연화되었으며 세계 최초의 초콜릿 칩 쿠키로 알려졌다. Ruth의 초콜릿 크런치 쿠키 레시피는 The Betty Crocker Cooking School of the Air 라디오 프로그램의 에피소드에 등장했고, 결국 그 초라한 초콜릿 칩 쿠키의 인기는 폭발했고 그 쿠키는 곧 미국 전역에서 인기 있는 쿠키가 되었다.

**해설** Ruth Graves Wakefield가 손님에게 버터가 들어간 초콜릿쿠키를 제공하기 위해 만들다가 우연히 초콜릿 칩 쿠키를 발명하게 되었다는 내용이므로 ④가 가장 적절하다.

**정답** 28 ④

---

※ 다음 글을 읽고 물음에 답하시오. [28~30]

It's difficult to imagine that the chocolate chip cookie, one of the world's most beloved sweet treats, was actually invented by accident. The invention of the chocolate chip cookie happened in 1930 when Ruth Graves Wakefield and her husband, Kenneth, were running the Toll House Inn on Route 18 near Whitman, Massachusetts. It's often said that necessity is the mother of invention, and so too it was in this story. One night, Ruth decided to whip up a batch of Chocolate Butter Drop Do cookies, a popular old colonial recipe, to serve to her guests. But as she started to bake, Ruth discovered she was out of baker's chocolate. Ruth then chopped up a block of chocolate. Ruth had expected the chocolate to melt and disperse through the cookie dough as regular baking chocolate would. Instead, the chocolate pieces retained their individual form, softening to a moist, gooey melt, and the world had its first known chocolate chip cookie. When Ruth's Chocolate Crunch Cookie recipe was featured on an episode of The Betty Crocker Cooking School of the Air radio program, _____ the popularity of the humble chocolate chip cookie exploded and the cookie soon became a favorite all across America.

**28** 윗글의 제목으로 옳은 것은?

① Who is the mother of invention ; Ruth Graves Wakefield
② How to make Chocolate Chip Cookie Dough
③ Why are Toll House Inn's chocolate chip cookies so popular?
④ The Chocolate Chip Cookie Was Invented By Accident

**29 윗글의 빈칸에 들어갈 말로 가장 적절한 것은?**

① however

② eventually

③ nevertheless

④ otherwise

**30 윗글의 내용과 일치하는 것은?**

① Wakefield가 운영하는 여관에서는 손님에게 식사가 제공되지 않았다.

② Ruth는 전통적인 레시피대로 쿠키를 만들었다.

③ Ruth는 반죽에 초콜릿 조각을 넣었으나 녹지 않았다.

④ Ruth의 초콜릿 칩 쿠키 레시피는 요리 학교를 통해 유명해졌다.

**31 다음 물음에 적절한 답을 고르시오.**

> Which one of these forms of energy sustainable?

① oil

② shale gas

③ coal

④ solar power

**32 다음 물음에 적절한 답을 고르시오.**

> Which of these words best describes something that shows sign of future success?

① amazing

② surprising

③ engaging

④ promising

**29**

해설 라디오 프로그램의 에피소드에 소개되었을 때, 결국 보잘것없는 초콜릿 칩 쿠키의 인기가 폭발하고 쿠키는 곧 미국 전역에서 인기를 얻었다.
① 그러나
② 마침내, 결국
③ 그럼에도 불구하고
④ 그렇지 않으면

**30**

해설 ① Wakefield 부부가 운영하는 여관에서는 손님에게 모든 음식이 제공되었다.
② Ruth는 베이킹용 초콜릿을 넣지 않았다.
④ Ruth의 초콜릿 칩 쿠키 레시피는 라디오 프로그램을 통해 유명해졌다.

**31**

어휘 • sustainable 지속 가능한
• shale gas 셰일가스, 셰일가스는 모래와 진흙 등이 단단하게 굳어진 퇴적암 지층인 셰일층에 매장되어 있는 천연가스이다.
• coal 석탄
• solar power 태양열 발전

해설 지속 가능한 에너지의 형태를 묻는 문제로 ④의 태양열 발전은 친환경적 무공해, 무제한 청정 에너지원이다.

**32**

어휘 • engaging 호감이 가는, 매력적인
• promising 유망한, 촉망되는; 조짐이 좋은

해석 다음 중 미래의 성공을 나타내는 것을 가장 잘 묘사한 단어는 무엇입니까?

해설 미래의 성공을 나타내는 단어를 묻는 문제로 ④ promising이 정답이다.

정답 29 ② 30 ③ 31 ④ 32 ④

**33**

해설 부정관사 a, an을 구별하는 문제이다. a는 뒤에 오는 명사의 첫소리가 자음일 때, an은 모음일 때 쓰이므로 honest 앞에는 an이 와야 한다.

**34**

해석 A : Mr. Lee 좀 바꿔 주시겠습니까?
　　 B : 잠시만 기다려 주세요.

해설 Mr. Lee를 바꿔 달라는 전화로 잠시만 기다려 달라는 대답이 가장 적절하다.

**33** 다음 문장의 밑줄 친 부분 중 어법에 맞지 <u>않는</u> 것은?

I <u>have</u> never <u>seen</u> such <u>a</u> honest boy <u>as</u> Peter.
　　　① 　　　　 ②　　　 ③　　　　　　④

**34** 다음 대화의 빈칸에 들어갈 말로 가장 알맞은 것은?

A : May I speak to Mr. Lee please?
B : _____

① Hold up a moment.
② Thank you for calling.
③ Here you are.
④ You are right.

※ 다음을 읽고, 물음에 답하시오. [35~36]

A : Get out of the car and put your hands over your head. boy! Now!
B : Okay. I'll follow you, sir. Don't shoot.
A : What's your name?
B : I'm David. I'm physician and I'm going to...
A : You just exceeded the speed limit boy!
B : No. The speed limit is 60 and I didn't exceeded it.
A : The fine is $250. If you don't do it right now, you will be arrested.
B : What? This is unfair. You're racist now. you're arresting me because I'm black?
A : I'm a police officer. I need to arrest you for the safety of the citizens.

정답 33 ③ 34 ①

**35** 두 인물의 대화에서 대화의 어조는?

① warm and cozy

② lively and festive

③ urgent and tense

④ neutral and approving

**36** 두 인물의 대화에서 인물 A의 태도는?

① lazy

② racist

③ generous

④ modest

**35**

**어휘** • exceed 초과하다
• fine 과태료, 벌금
• arrest 체포하다
• racist 인종차별하다
• urgent 긴박한
• tense 긴장된
• festive 활기찬
• neutral 중립적인
• approving 찬성하는

**해석** A : 차에서 내려서 머리 위에 손 올려. 당장!
B : 알겠습니다. 당신의 말을 따르겠습니다. 쏘지 마세요.
A : 당신의 이름은?
B : 전 David입니다. 전 내과의사이고 제가 하려고…
A : 당신은 방금 제한속도를 초과했습니다.
B : 아니에요. 제한속도는 60이고 저는 초과하지 않았어요.
A : 과태료는 $250입니다. 지금 당장 내리지 않으면 당신을 체포하겠습니다.
B : 뭐라고? 이건 불공평합니다. 당신은 지금 인종차별을 하고 있습니다. 당신은 제가 흑인이기 때문에 체포하려는 겁니까?
A : 나는 경찰입니다. 나는 시민들의 안전을 위해서 당신을 체포하겠습니다.

**해설** 경찰관이 흑인 운전자를 체포하려 하고 있으므로 정답은 ③ 긴박하고, 긴장된 어조이다.

**36**

**어휘** • lazy 게으른
• generous 너그러운, 관대한
• modest 겸손한, 신중한, 정숙한

**해설** A는 B가 흑인이기 때문에 체포하려고 하고 있다. 따라서 이는 인종차별적 행동으로 볼 수 있다.

**정답** 35 ③  36 ②

**37**

어휘
- book 예약하다, 예매하다
- starter (코스요리의) 전채요리 (= appetizer)

해석
c. 자리를 예약하다
a. 메뉴를 보다
d. 전채요리를 주문하다
e. 코스음식을 먹다
b. 계산서를 요청하다

**37** 다음 내용을 시간 순서대로 나열하면?

> a. Look at the menu
> b. Ask for the bill
> c. Book a table
> d. Order a starter
> e. Have the course menu

① a − b − c − d − e
② c − a − d − e − b
③ c − a − e − d − b
④ b − c − a − d − e

**38**

어휘
- take turns (= alternately) ∼을 교대로 하다, 차례대로 하다

해석
A : 금요일이 휴일인 거 알고 있니?
B : 응. 알고 있어. 벌써 흥분된다.
A : 휴일에 뭐 할 거야?
B : 글쎄. 무엇을 해야 할지 모르겠어.
A : 나랑 해변에 갈래?
B : 좋아. 그런데 내 차는 고장 났어.
A : 오, 그럼 내 차로 교대로 운전하자.
B : 그래. 금요일에 보자.

해설
A의 마지막 말로 미루어 보아 A와 B가 교대로 A의 차를 운전할 것이라는 것을 알 수 있다.

**38** 다음 대화에서 운전하기로 한 사람은?

> A : Do you know Friday is a holiday?
> B : Yes. I know. I'm already excited.
> A : What are you going to do on the holiday?
> B : Well. I don't know what to do.
> A : How about going to the beach with me?
> B : Okay, but my car is broken.
> A : Oh, Then let's take turns driving in my car.
> B : Ok. see you on Friday.

① A
② B
③ A, B
④ Not mention above

정답  37 ②  38 ③

**39** 다음 문장을 영어로 가장 잘 옮긴 것은?

> 교수는 모든 학생들이 퇴실할 때 컴퓨터의 전원을 필히 끌 것을 요청했다.

① Professor asked if all students had turned off their computers when they left.
② Professor asked that all students should turning the computer off when they left.
③ Professor asked all students to turn off the computer when they left.
④ Professor asked out all students turn off the computer when they left.

**39**

**어휘**
• ask ~을 묻다, 요청하다
• ask that~ (should) 동사원형 ~에게 요청하다
• ask to V ~을 요청하다
• ask around/after/over/out 초대하다, 데이트를 신청하다

**해설**
① '교수는 모든 학생들에게 퇴실할 때 컴퓨터의 전원을 껐는지 물어보았다'의 의미이다.
② should 뒤에는 동사원형이 와야 하므로 'turning'이 아니라 'turn'이 적절하다.
④ ask out은 '초대하다'라는 뜻이므로 '요청하다'라는 뜻과는 어울리지 않는다.

**40** 다음 문장을 우리말로 가장 잘 옮긴 것은?

> The deceased is survived by his wife and children.

① 그 질병은 그의 아내와 아이들에게 유전되었다.
② 그 질병은 그의 아내와 아이들에 의해 살아남았다.
③ 고인의 유가족은 그의 아내와 아이들이다.
④ 고인이 그의 아내와 아이들에 의해 살아났다.

**40**

**어휘**
• deceased 사망한, 고인
• A be survived by B A에게는 유족으로 B가 있다

**해설** survive의 뜻이 보통 '생존하다, 살아 남다, 견디다' 등으로 쓰이지만 수동형으로 쓰이면 '고인이 된 ~은 …을 남겼다', '고인의 유족으로는 ~가 있다' 등으로 쓰일 수 있음을 주의해야 한다.

**정답** 39 ③  40 ③

SD에듀와 함께, 합격을 향해 떠나는 여행

# 제 **1** 편

## <1단계, 4단계 대비>
# 객관식 문제

교육은 우리 자신의 무지를 점차 발견해 가는 과정이다.

− 윌 듀란트 −

# 제 1 장 | 어휘 & 이디엄(Vocabulary & Idiom)

## 01 어휘(Vocabulary)

**01** 다음 밑줄 친 부분과 의미가 가장 가까운 것을 고르시오.

> Experienced salespeople claim there is a difference between being assertive and being pushy.

① thrilled
② brave
③ timid
④ aggressive

**01**

**어휘**
- experienced 경험 있는
- assert 적극적인
- pushy 강요하는
- thrilled 흥분한
- timid 소심한
- aggressive 공격적인

**해석** 경험 많은 영업사원들은 적극적인 것과 강요하는 것에는 차이가 있다고 주장한다.

**02** 다음 밑줄 친 부분에 들어갈 말로 가장 적절한 것은?

> The campaign to eliminate pollution will prove _____ unless it has the understanding and full cooperation of the public.

① enticing
② enhanced
③ fertile
④ futile

**02**

**어휘**
- enticing 유인하는, 유혹적인
- enhanced 향상된
- fertile(= prolific) 비옥한, 다산의, 다작의
- futile 헛된, 소용없는

**해석** 오염을 없애고자 하는 그 캠페인은 만약에 그것이 대중들의 이해와 전적인 지지가 없다면 헛된 일이 될 것이다.

**정답** 01 ④  02 ④

**03**

**어휘** • mediocre(= commonplace) 평범한, 보통의
• suggestive ~을 연상시키는, 도발적인, 외설적인
• unsurpassed 추종을 불허하는, 전례 없는
• provocative 도발적인, 화를 돋우려는, 자극적인

**해석** Newton은 수학, 광학 그리고 기계 물리학에 전례 없는 공헌을 하였다.

**04**

**어휘** • adapt 적응하다, 맞추다
• overlapped 겹친, 포개진
• equivalent 동등한
• associative 공동의, 연합의
• disparate(= different) 다른
• adapt from ~로부터 적용하다

**해석** 두 개의 문화가 너무나도 완전히 다르기 때문에 그녀는 한쪽 문화를 다른 문화에 적용하기가 어렵다는 것을 알았다.

**해설** 'so ~ that' 구문과 'find + it(가목적어) + 목적격 보어 + 진목적어(to + V)' 구문으로 이루어진 문장이다. 적용이 어렵다는 내용과 문맥이 일치하도록 답을 선택한다.

**정답** 03 ③  04 ④

---

**03** 다음 밑줄 친 부분과 의미가 가장 가까운 것을 고르시오.

> Newton made <u>unprecedented</u> contributions to mathematics, optics, and mechanical physics.

① mediocre
② suggestive
③ unsurpassed
④ provocative

**04** 다음 밑줄 친 부분에 들어갈 말로 가장 적절한 것을 고르시오.

> The two cultures were so utterly _____ that she found it hard to adapt from one to the other.

① overlapped
② equivalent
③ associative
④ disparate

□□
05 다음 밑줄 친 부분에 들어갈 말로 가장 적절한 것을 고르시오.

> Penicillin can have an _____ effect on a person who is allergic to it.

① affirmative

② aloof

③ adverse

④ allusive

**05**

**어휘** • affirmative 긍정적인
• aloof 냉담한, 떨어져서
• adverse 부정적인, 반대의, 불리한
• allusive 암시하는, 넌지시 비치는

**해석** 페니실린은 그것에 알레르기 반응을 일으키는 사람에게 역효과를 끼칠 수도 있다.

**해설** allergic(알레르기 반응이 있는)이라는 단어의 의미가 키워드이므로 그에 맞는 답을 선택한다면 부정적 개념의 단어가 어울린다.

□□
06 다음 밑줄 친 부분과 의미가 가장 가까운 것을 고르시오.

> I absolutely <u>detested</u> the idea of staying up late at night.

① defended

② abhorred

③ confirmed

④ abandoned

**06**

**어휘** • absolutely 절대적으로, 몹시, 매우
• detest(= abhor) 몹시 싫어하다
• stay up 밤늦게까지 자지 않고 있다
• defend 방어하다
• confirm 확인시키다, 확인하다
• abandon 포기하다, 버리다

**해석** 나는 밤에 늦게까지 자지 않고 깨어 있어야 한다는 생각을 무척 싫어했다.

**해설** stay up late의 의미를 활용해 문맥을 유추할 수 있다.

**정답**  05 ③  06 ②

## 07

**어휘**
- uncanny 이상한
- ongoing 진행 중인, 계속되는
- obvious 분명한
- offensive 기분이 나쁜, 모욕적인
- odd 이상한, 남는, 홀수의, 다양한

**해석** 나는 이 장면을 전에 어디선가 본 듯한 이상한 느낌이 들었다.

**해설** 'see the scene before(전에 어딘가에서 보다)'라는 표현으로 오히려 혼란이 초래되었을 것 같다. 단어는 당락의 열쇠임이 분명하다.

## 07 다음 밑줄 친 부분과 의미가 가장 가까운 것을 고르시오.

> I had an <u>uncanny</u> feeling that I had seen this scene somewhere before.

① odd
② ongoing
③ obvious
④ offensive

## 08

**어휘**
- make a decision 결정하다→ make medical decision 의학적 결정을 하다
- proxy 대리(위임)권
- surrogate 대리의
- surrogate mother 대리모
- surrogate mothering 대리모 노릇
- sentry 보초
- predecessor 전임자
- plunderer 약탈자
- authorize 권한을 부여하다
- appoint 임명하다, 지명하다

**해석** 일부 최신 법률은 사람들에게 필요시 그들을 위해 의료행위에 대한 결정을 내릴 수 있는 대리인을 지명할 수 있는 권한을 부여한다.

**해설** 점점 고령화 사회로 접어드는 현대생활의 단면을 보여주는 문맥으로 유추해 볼 수 있다. '필요시 사람들을 대신해서 결정을 할 수 있는 대리인'을 세워두는 새로운 법률의 등장을 알 수 있다.

## 08 다음 밑줄 친 부분의 의미와 가장 가까운 것을 고르시오.

> Some of the newest laws authorize people to appoint a <u>surrogate</u> who can make medical decisions for them when necessary.

① proxy
② sentry
③ predecessor
④ plunderer

**정답** 07 ①　08 ①

## 09 다음 밑줄 친 부분에 들어갈 말로 가장 적절한 것을 고르시오.

> Our main dish did not have much flavor, but I made it more _____ by adding condiments.

① potable

② dissolvable

③ palatable

④ susceptible

**09**

**어휘**
- flavor 맛, 풍미
- condiment 조미료, 양념
- palatable 마음에 드는, 구미에 맞는, 맛 좋은
- dissolvable 분해할 수 있는
- potable 마셔도 되는
- portable 휴대가 쉬운, 휴대용의
- susceptible(= vulnerable) 민감한, 다치기 쉬운

**해석** 우리의 메인 요리가 풍부한 맛을 가지고 있지 않았는데, 내가 양념을 더해 그 요리를 더 맛있게 만들었다.

**해설** 등위 접속사 but을 기준으로 앞에는 풍부한 맛을 가지고 있지 않다고 했으므로 역접의미의 문장을 이끌도록 등위 접속사의 역할에 주목해야 한다. 'by adding condiments(양념을 첨가해서)'라는 의미와 잘 어울리는 단어를 찾는다. 'dissolvable(분해할 수 있는)'이라는 의미와 착각하지 않도록 한다.

## 10 다음 밑줄 친 부분과 의미가 가장 가까운 것을 고르시오.

> When my sister's elbow healed, her fears of never being able to play tennis were assuaged.

① heightened

② soothed

③ tormented

④ escalated

**10**

**어휘**
- elbow 팔꿈치
- heal 치료하다
- assuage 진정시키다
- heighten 고조시키다
- soothe(= placate = lull) 달래다, 완화시키다
- torment 괴롭히다
- escalate(= exacerbate = deteriorate = worsen) 악화시키다

**해석** 내 여동생의 팔꿈치가 치료되었을 때, 결코 테니스를 칠 수 없을 수도 있다는 그녀의 두려움은 진정되었다.

**정답** 09 ③  10 ②

**11**

**어휘**
- multiple 많은, 다양한, 여러 가지의
- remain 남다, 유지하다
- at peace 평화롭게
- occasional 이따금씩
- decisive 결정적인

**해석** 매일 매일 어떤 일로 인해서 화가 나는 많은 기회가 있지만, 우리는 그것들이 평화롭게 흘러가도록 내려놓을 수 있는 선택권도 역시 가지고 있다.

**12**

**어휘**
- indigenous(= native) 토착의
- ingenious(= imaginative) 창의적인, 독창적인
- ingenuous(= naive) 순진한
- legendary 전설의
- filmmaker 영화 제작자
- ravenous(= voracious) 게걸스럽게 먹는
- impoverished(= destitute) 빈곤한
- itinerant 여정의, 떠돌아다니는(순회하는)

**해석** 전설의 다큐멘터리 제작자, Robert J. Flaherty는 어떻게 토착민들이 식량을 채집했는지를 보여주려고 시도하였다.

**정답** 11 ① 12 ③

---

☐☐
**11** 다음 밑줄 친 부분과 의미가 가장 가까운 것을 고르시오.

> There are <u>multiple</u> opportunities each day to become upset about something, but we have the choice to let them go and remain at peace.

① various
② important
③ occasional
④ decisive

☐☐
**12** 다음 밑줄 친 부분의 의미와 가장 가까운 것은?

> Robert J. Flaherty, a legendary documentary filmmaker, tried to show how <u>indigenous</u> people gathered food.

① impoverished
② ravenous
③ native
④ itinerant

□□
## 13 다음 밑줄 친 부분의 의미와 가장 가까운 것을 고르시오.

> The police spent seven months working on the crime case but were never able to determine the identity of the underline{malefactor}.

① dilettante
② culprit
③ pariah
④ demagogue

**13**

**어휘** • malefactor(= culprit, criminal, perpetrator) 범죄자
• benefactor 은혜를 베푸는 사람
• identity 정체성, 신원
• dilettante 문학예술의 애호가, 아마추어 평론가
• pariah 천민, 부랑자
• demagogue 선동 정치가

**해석** 경찰은 그 범죄 사건에 대해 7개월 동안 수사했다. 그러나 범죄자의 정체를 전혀 추적할 수가 없었다.

**해설** 접두사(prefix) 'mal-'이 붙으면 나쁜 의미이다.

□□
## 14 다음 밑줄 친 부분과 의미가 가장 가까운 것을 고르시오.

> The underline{paramount} duty of the physician is to do no harm. Everything else - even healing - must take second place.

① chief
② sworn
③ successful
④ mysterious

**14**

**어휘** • paramount 중요한
• physician 의사
• do no harm 해를 주지 않는 정책, 의사들의 선언문인 '히포크라테스 선서'에 등장하는 정책
• take second place 덜 중요하다
• chief 주요한, 중요한
• sworn 선서한, 맹세한

**해석** 의사의 중요한 의무는 해를 주지 않는 것이다. 그 밖의 모든 것, 심지어 치료하는 것은 덜 중요하다.

**정답**  13 ② 14 ①

**15**

## 15 다음 밑줄 친 부분의 의미와 가장 가까운 것은?

> The student who finds the state-of-the-art approach <u>intimidating</u> learns less than he or she might have learned by the old methods.

① humorous

② friendly

③ convenient

④ frightening

**16**

## 16 다음 밑줄 친 부분과 의미가 가장 가까운 것을 고르시오.

> One of the most beguiling aspects of cyber space is that it offers the ability to connect with others in foreign countries while also providing <u>anonymity</u>.

① hospitality

② convenience

③ disrespect

④ namelessness

**[정답]** 15 ④  16 ④

☐☐
**17** 다음 밑줄 친 부분과 의미가 가장 가까운 것은?

> Moreover, our brains impel us not only toward vices, but also toward virtues. In recent years, researchers have found that generosity isn't always a sacrifice, instead, it often <u>exhilarates</u> us.

① exasperates

② excoriates

③ exalts

④ exhorts

☐☐
**18** 다음 밑줄 친 부분에 들어갈 단어로 가장 적절한 것은?

> We can shape our lives at home, including our relationships with our children and marriage itself. The home is the one place where we have the potential to create a world that is to our own liking; it is the _____ place where we should feel despair.

① last

② topmost

③ principal

④ complicated

**17**

**어휘**
- exhilarate(= exalt) ~을 유쾌하게 하다(들뜨게 하다)
- exasperate ~을 몹시 화나게 하다
- excoriate 찰과상을 입히다, 혹평하다
- exhort 열심히 권하다, 촉구하다
- impel ~을 몰아가다
- vice 악
- virtue 미덕
- generosity 관대함

**해석** 더군다나, 우리의 뇌는 우리를 악을 향해서 몰고 갈 뿐 아니라, 또한, 덕을 향해서도 몰고 간다. 최근 수년간, 연구자들은 관용이 항상 희생은 아니라는 것을 밝혀내었고, 대신, 그것은 종종 우리를 유쾌하게 한다.

**18**

**어휘**
- potential 잠재력
- liking(= fondness) 취향, 좋아함
- topmost 가장 높은
- principal 주요한
- complicated(= complex = intricate = sophisticated) 복잡한

**해석** 우리는 자녀들과의 관계와 결혼 생활 그 자체를 포함해서 우리의 삶들을 가정에서 형성할 수 있다. 가정은 우리 자신의 취향에 맞는 세상을 창조할 잠재력을 가지는 하나의 장소이다; 그것은 결코 절망감을 느낄 장소가 아니다.

**해설** 마지막 문장 the last place where~ 구문이 key point다. '결코~하지 않을 장소', '가정과 삶을 형성하는 장소', '창조적 잠재력을 가지는 장소'라고 했으므로 절망감을 느끼는 것과는 거리가 멀다.
구문 the last man to + V~ '결코 ~할 사람이 아니다'를 응용하여 마지막 문장은 "가정은 우리가 결코 절망감을 느낄 장소가 아니다."로 해석된다.

**정답** 17 ③ 18 ①

**19**

**어휘**
- envoy 사절, 특사
- dispatch 급파하다
- tension 긴장
- mission 사절단, 임무
- deploy ~을 배치하다
- reconciliation 화해, 중재
- governance 통치, 지배
- delude 속이다
- despond 낙담하다

**해석** 유엔 사절단은 위기를 진정시키고 갈등들을 협상된 타결안으로 중재하는 데에 조력하기 위해 전 세계 곳곳의 긴장 상태에 있는 지역들에 파견된다. 내전 이후 재건설하는 사회들에서 민간인들에 의해 운영되는 '정치 사절단'이 국내와 국가 간의 대화와 협력을 증진시킬 권한을 가지고 또는 화해와 민주적 통치를 촉진시킬 권한을 가지고 그 현장에 배치된다.

**해설** 첫 문장의 문맥상 빈칸은 뒤에 목적어 위기(crises)를 없앤다는 의미가 등장해야 한다. 따라서 '완화시키다, 진정시키다'를 의미하는 defuse가 적절하다.
④번의 degenerate는 '퇴화하다, 악화되다'라는 의미의 자동사이다. 어휘력을 묻는 문제는 수준별 단어를 철저히 평소에 연마해야만 한다.

**19** 다음 밑줄 친 부분에 들어갈 단어로 가장 적절한 것은?

> United Nations envoys are dispatched to areas of tension around the world to assist in _____ crises and brokering negotiated settlements to conflicts. Civilian-led 'political missions' are deployed to the field with mandates to encourage dialogue and cooperation within and between nations, or to promote reconciliation and democratic governance in societies rebuilding after civil wars.

① deluding
② defusing
③ desponding
④ degenerating

**20**

**어휘**
- scornful 경멸하는
- simulated 가장한, 흉내 낸
- condescending 생색을 부리는

**해석** 승자의 만족스러운 미소가 일부 청중들을 화나게 했다.

**해설** complacent는 '자기만족의'라는 의미로 self-satisfied(자기만족의)가 적절하다.

**20** 다음 밑줄 친 부분과 의미가 가장 가까운 것은?

> The winner's <u>complacent</u> smile annoyed some of the members of the audience.

① scornful
② simulated
③ self-satisfied
④ condescending

**정답** 19 ② 20 ③

□□
**21** 다음 밑줄 친 부분에 들어갈 단어로 가장 적절한 것을 고르시오.

> The usual way of coping with taboo words and notions is to develop euphemisms and circumlocutions. Hundreds of words and phrases have emerged to express basic biological functions, and talk about _____ has its own linguistics world. English examples include 'to pass on', 'to snuff the candle', and 'to go aloft'.

① death
② defeat
③ anxiety
④ frustration

**21**

**어휘** • cope with ~에 대처하다, ~에 대항하다
• euphemism 완곡 어구
• circumlocution 에둘러 말하기
• emerge 나오다, 생겨나다
• biological 생물학적인
• linguistic 언어(학)의
• pass on 세상을 떠나다(돌아가시다)
• snuff the candle 촛불을 끄다(심지를 끄다)
• go aloft 천당에 가다

**해석** 금기 단어와 그 단어의 개념을 극복(대항)하는 가장 평범한 방법은 완곡어법이나 에둘러 말하기를 만들어내는 것이다. 몇 백 개의 단어와 관용구는 기초적인 생물학적 기능을 표현하기 위해 생겼다. 그리고 죽음에 대한 말은 고유의 언어 세계를 가지고 있다. 영어의 예로는 '돌아가시다', '촛불을 끄다.' 그리고 '높은 곳으로 가다(천당에 가다)' 등이 있다.

**해설** 밑줄 다음 문장에서 예시가 나오고 있다. pass on은 '죽다', snuff the candle은 '(초의) 심지를 끄다', go aloft는 '천당에 가다'라는 뜻으로 모두 죽음과 관련되어 있다.

□□
**22** 다음 밑줄 친 부분과 의미가 가장 가까운 것을 고르시오.

> Jennifer's decision to quit her job is both risky and <u>audacious</u>, since the country is in a serious depression.

① plucky
② skeptical
③ effeminate
④ consummatory

**22**

**어휘** • audacious(= plucky) 대담한
• skeptical 회의적인
• effeminate 여자 같은(사내답지 못한)
• consummatory 완전한
• depression 불경기(불황), 우울증
• plucky 용기 있는, 담력 있는

**해석** 직장을 그만두기로 한 Jennifer의 결정은 위험하면서도 대담했는데, 왜냐하면 나라가 심각한 불경기이기 때문이다.

**해설** 무례할 만큼 넉살 좋고 대담하다는 의미를 지닌 audacious와 유사한 의미를 지닌 것은 plucky이다.

**정답** 21 ① 22 ①

**23**

**어휘**
- threatening(= menacing) 위협적인
- revealing 흥미로운 사실을 보여주는
- protrusive 불쑥 내미는
- attractive 매력적인

**해석** 치아에 대한 이야기는 다양한 의미들을 지니는 결정적인 구전 역사이다. 치아는 우리가 먹을 수 있게 하고, 그렇게 해서 생명의 상징인 것이다. 이 치아는 관상용이다-외모와 성적 매력에 있어서 중요한 측면이다. 아무것도 완전히 드러낸 치아보다 더 위협적으로 보일 수는 없다. 하지만 아무것도 밝고 훤히 트인 미소보다 더 유쾌하고, 더 깊이 인간적이지 않다.

**24**

**어휘**
- gene 유전자
- characteristic 특징, 특질
- regardless of ~와는 상관없이

**해석** 우성 유전자는 사람이 유전자를 한쪽 부모로부터 받든, 양쪽 부모로부터 받든지와 상관없이 하나의 독특한 특징을 만들어 내는 유전자이다.

**해설** 밑줄 뒤의 설명을 보면, "한쪽 부모의 유전자든, 양쪽 부모의 유전자든 상관없이 특별한 특징을 생산한다." 했으므로 '우세한, 지배적인'이라는 뜻이 정답이 된다. recessive gene은 '열성 유전자'이고 dominant gene은 '우성 유전자'라는 뜻이다.

**정답** 23 ② 24 ②

---

**23** 다음 밑줄 친 부분과 의미가 가장 가까운 것을 고르시오.

> The tale of teeth is the ultimate oral history which carries multiple meanings. Teeth allow us to eat, and so are emblematic of life. Teeth are ornamental - a significant aspect of appearance and sexual appeal. Nothing can look more <u>threatening</u> than fully bared teeth. Yet nothing is more inviting, more deeply human, than a bright open smile.

① revealing
② menacing
③ protrusive
④ attractive

**24** 다음 밑줄 친 부분에 들어갈 단어로 가장 적절한 것은?

> A _____ gene is one that produces a particular characteristic regardless of whether a person has only one of these genes from one parent, or two of them.

① recessive
② dominant
③ proficient
④ turbulent

**25** 다음 밑줄 친 부분에 들어갈 단어로 가장 적절한 것은?

> There are several places in the world that are famous for people who live a very long time. These places are usually in mountainous areas, far away from modern cites. Doctors, scientists, and public health experts often travel to these regions to solve the mystery of long, healthy life, the experts hope to bring to the modern world the secrets of _____.

① longevity
② security
③ innovation
④ loyalty

**26** 다음 밑줄 친 부분과 의미가 가장 가까운 것은?

> The metabolic machinery of the cell functions in a completely <u>analogous</u> fashion, with its own version of master plans, working blueprints, transfer agents, and all the rest.

① delicate
② weird
③ similar
④ novel

**25**

**어휘** • longevity 장수

**해석** 세계에는 아주 오래 사는 사람들로 유명한 몇몇 장소들이 있다. 이 장소들은 현대의 도시들로부터 멀리 떨어진 보통 산악 지역들이다. 의사, 과학자, 그리고 공중 보건 전문가들은 오랜, 건강한 삶의 미스터리를 풀기 위해서 종종 이 지역들을 여행한다. 그 전문가들은 현대 세계에 그 장수의 비밀을 가져오기를 바란다.

**해설** 첫 문장에서 이미 아주 오래 사는 사람들을 언급하고 있다. 장수하는 지역들을 여행하며 전문가들이 장수의 비결을 알고 싶어 한다는 내용이다.

**26**

**어휘** • metabolic 신진 대사의
• machinery 기계장치, 조직
• analogous 유사한
• master plan 기본 설계
• blueprint 청사진
• transfer 운반, 이동
• agent 매개물, 대리인
• delicate 섬세한
• weird(= odd, eccentric) 기묘한, 별난
• novel 참신한

**해석** 세포의 신진대사 장치는 그것의 기본 설계의 고유 형태, 활동하는 청사진들, 운반 매개물들, 그리고 모든 나머지 것을 가지고 완전히 유사한 방식으로 기능한다.

**해설** 밑줄 뒤에 'with its own version of master plans'와 문맥의 흐름을 맞추어 풀어간다.

**정답** 25 ① 26 ③

**27**

어휘
- biased 편향된
- warranty 보증서
- cover 보도하다, 부담하다
- cast 던지다

해석
- 다수의 전문가들은 TV와 라디오 방송망이 그 경기를 공정하게 보도하기에는 너무나 편향되어 있다고 비판한다.
- 나는 두 달 전에 당신들에게서 이 타이어들을 샀어요. 보증서가 수리비를 부담할까요?

해설 문맥상 TV와 라디오가 경기를 공정하게 보도한다고 표현하는 것이 가장 자연스럽고, cover는 덮는다는 기본 개념에서 '경비나 손실 따위를 부담하다, 감당하다'라는 뜻으로도 활용이 된다.

**28**

어휘
- commander 지휘관, 사령관
- ought to + V ~해야 한다
- command 명령하다, 지시하다
- justice 정의, 공정
- sobriety 술에 취하지 않음, 냉철함
- concern 우려, 걱정, 배려, 염려
- anguish 괴로움
- solicitude 배려
- sober 술 취하지 않은, 절주하고 있는

해석 이 배의 지휘관은 배의 경로를 명령해야 하며, 또한 선원들과 모든 승객들 사이의 정의, 평화, 절제를 명령해야 한다.

해설 sobriety와 temperance(절제)는 synonym(동의어)이다.

정답 27 ① 28 ④

---

□□
**27** 다음 밑줄 친 부분에 공통으로 들어갈 단어로 가장 적절한 것은?

> - Many experts criticized the TV and radio networks as being too biased to _____ the race fairly.
> - I got these tires from your guys two months ago. Will the warranty _____ the cost of the repair?

① cover
② cast
③ charge
④ claim

□□
**28** 다음 밑줄 친 부분과 의미가 가장 가까운 것은?

> The commander of this ship ought to command the ship's course and also command the justice, peace and sobriety both among the seamen and all the passengers.

① concern
② anguish
③ solicitude
④ temperance

**29** 다음 밑줄 친 부분과 의미가 가장 가까운 것을 고르시오.

> I will discuss the case of cannibalism, which of all savage practices is no doubt the one that <u>inspires</u> the greatest horror and digest.

① disappoints

② defeats

③ assembles

④ arouses

**29**

**어휘** • disappoint 실망시키다
• defeat 무찌르다
• assemble 모으다
• arouse 불러 일으키다

**해석** 인육을 먹는 것에 대해서 이야기를 할 것인데, 그것의 모든 야만적인 관행들이 의심의 여지 없이 엄청난 공포와 혐오감을 불러일으킨다.

**해설** inspire는 '고무하다, 격려하다'라는 사전적 의미가 있지만, 보통은 '~을 불러 일으키다'라는 의미로 일반적으로 쓸 수 있으므로, 문맥상 '유발하다, 불러 일으키다'라는 동사 arouse와 유의어로 쓰일 수 있다.

**30** 다음 밑줄 친 부분과 의미가 가장 가까운 것을 고르시오.

> At that time, it was so difficult for construction companies to <u>procure</u> raw materials.

① obtain

② proclaim

③ resolve

④ grind

**30**

**어휘** • proclaim 선언하다
• resolve 해결하다, 결심하다
• grind 갈다

**해석** 그때는 건설 회사들이 원재료를 구하는 것이 매우 어려웠다.

**해설** procure는 '구하다, 입수하다'라는 의미의 동사로 obtain, acquire, attain 등의 동의어가 있다.

**정답**  29 ④ 30 ①

## 31

**어휘**
- confirmed 만성의
- novice 초보자
- heedless 부주의한
- disciplined 훈육된
- covert(= clandestine = surreptitious) 비밀의, 은밀한

**해석** 고질적인 흡연자가 담배를 끊는 것이 초보자보다 더 어렵지만, 할 수 있다.

## 32

**어휘**
- issuance 발급, 발행
- minimize 최소화하다
- appreciate ~의 진가를 인정하다, 감사하다
- aggravate 악화시키다
- meditate 명상하다
- facilitate 용이하게 하다

**해석** Visaokay는 전체 비자 관련 조언과 비자발급 과정을 수월하게 함으로써 호주 관광산업, 기업들과 정부, 그리고 개인들을 지원한다. Visaokay는 여행 비자들을 신청하고 발급받는 것에 관련된 그 복잡성과 시간 지체를 최소화한다.

**해설** 두 번째 문장의 '시간 지연을 최소화하다(= minimizes time delays)'라는 의미에서 전 과정을 용이한 상태로 만든다는 문맥이 적절하다.

**정답** 31 ③  32 ④

---

## 31  다음 밑줄 친 부분에 들어갈 단어로 가장 알맞은 것을 고르시오.

> It is more difficult for a _____ smoker to give up the habit than for a beginner, but it can be done.

① heedless

② disciplined

③ confirmed

④ covert

## 32  다음 밑줄 친 부분에 들어갈 단어로 가장 적절한 것은?

> Visaokay assists the Australian travel industry, corporations and government, and individuals by _____ the entire visa advice and visa issuance process. Visaokay minimizes the complexity and time delays associated with applying for and obtaining travel visas.

① appreciating

② aggravating

③ meditating

④ facilitating

## 02    이디엄(Idiom)

□□
**01** 다음 밑줄 친 부분 중 의미상 옳지 않은 것은?

① I'm going to take over his former position.

② I can't take on any more work at the moment.

③ The plane couldn't take off because of the heavy fog.

④ I can't go out because I have to take after my baby sister.

---

**01**

**어휘** • take over 인수하다
• take on 책임을 떠맡다, ~을 띠다
• take off 이륙하다
• take after ~를 닮다
• look after 돌보다
• look into 조사하다

**해석** ① 나는 그의 이전 직책을 인계받게 될 것이다.
② 나는 현재 더 이상 어떤 일도 맡을 수 없다.
③ 비행기는 짙은 안개 때문에 이륙할 수 없었다.
④ 나는 나의 어린 여동생을 돌봐야 하기 때문에 외출할 수 없다.

---

□□
**02** 다음 밑줄 친 부분과 같은 의미가 아닌 것을 고르시오.

> He is willingly going to polish the apple to his supervisors in the company.

① curry favor with

② adulate

③ stand up

④ flatter

---

**02**

**어휘** • polish the apple(= butter up = curry favor with = adulate = flatter = kiss up) 아부하다, 아첨하다
예I'm flattered! 과찬이세요
• stand up to(= put up with) ~에 견디다, 참다

**해석** 그는 기꺼이 회사의 상사들에게 아부를 할 것이다.

**정답**  01 ④   02 ③

**03**

**해석** A : 그는 자신이 뭐든 해낼 수 있다고 생각하지.
B : 맞아, 그는 현실을 직시할 필요가 있어.

**해설** 문맥상 흐름으로 오답을 유추할 확률이 매우 높지만 시험에서 반복적으로 등장하는 이디엄으로 충분히 문제에 대처할 능력을 갖추고 있다면 문제없다. keep one's feet on the ground '기반을 굳히다, 들떠 있지 않다, 현실적이다'
① 자기만의 세계에 살다.
② 휴식을 취하고 즐겁게 지내다.
③ 대담하고 자신감을 가지다.

**03** 다음 밑줄 친 부분의 의미와 가장 가까운 것을 고르시오.

> A : He thinks he can achieve anything.
> B : Yes, he needs to keep his feet on the ground.

① live in a world of his own
② relax and enjoy himself
③ be brave and confident
④ remain sensible and realistic about life

**04**

**해석** 그녀는 루브르 박물관에 있는 모나리자를 보러갈 것인지 아직 결정하지 못했다.

**04** 다음 밑줄 친 부분의 의미와 가장 가까운 것을 고르시오.

> She is on the fence about going to see the Mona Lisa at the Louvre Museum.

① anguished
② enthusiastic
③ apprehensive
④ undecided

**정답** 03 ④   04 ④

□□
## 05 다음 밑줄 친 부분과 의미가 가장 가까운 것을 고르시오.

> The opposition party leaders promised to persist in their efforts to force the prime minister's resignation.

① consider
② continue
③ rescue
④ stop

□□
## 06 다음 밑줄 친 부분과 의미가 가장 가까운 것을 고르시오.

> Many people were taken in by his good-looking face and great manner of talking, so they gave him all their money to invest.

① were pleased
② were shocked
③ were deceived
④ were disillusioned

---

**05**

**어휘** • opposition 반대
• persist in 끝까지 해내다
• resignation 사임, 체념
• rescue 구하다
• promise + to + V 'to + V'를 목적 어로 취하는 동사이다.

**해석** 야당의 지도자들은 수상의 사임을 강 제하는 노력을 끝까지 계속하기로 약 속했다.

**해설** 야당 지도자와 수상(여당 측)의 관계 를 통상적으로 생각해 본다.

**06**

**어휘** • take in 속이다, 이해하다, 들이 마 시다, 숙박시키다
• deceive 속이다
• disillusion 환상을 깨트리다
• invest 투자하다

**해석** 많은 사람들은 그의 잘생긴 얼굴과 멋진 말솜씨에 속아 넘어갔다. 그래 서 그들은 그에게 투자할 수 있도록 자신들의 모든 돈을 주었다.

**정답** 05 ② 06 ③

**07**

**어휘** • a far cry from(= remote) ~와(과) 동떨어진
• on a par with ~와 동등한
• contingent to ~에 의존하는
• a prelude to ~에 대한 전조

**해석** 음악을 듣는 것은 로큰롤 스타가 되는 것과는 다르다. 모든 사람들은 음악을 들을 수 있지만, 음악가가 되는 데는 재능이 필요하다.

**해설** 두 번째 문장 but 이하에서 빈칸에 들어갈 말을 추론할 수 있다. "음악은 누구나 들을 수 있지만, 음악인이 되는 데는 재능이 필요하다." 따라서 상반되는 의미가 필요하다.

**07** 다음 밑줄 친 부분에 들어갈 말로 가장 적절한 것은?

> Listening to music is _____ being a rock star. Anyone can listen to music, but it takes talent to become a musician.

① on a par with
② a far cry from
③ contingent upon
④ a prelude to

**08**

**어휘** • repair 수리하다, 고치다
• get rid of ~을 제거하다, 없애다
• let go of ~을 놓아주다
• make do with ~으로 임시변통하다, 때우다
• break up with ~와 헤어지다

**해석** 에어컨이 지금 수리 중이기 때문에 그날은 회사원들이 선풍기로 임시변통해야 한다.

**08** 다음 밑줄 친 부분에 들어갈 말로 가장 적절한 것은?

> Since the air-conditioners are being repaired now, the office workers have to _____ electric fans for the day.

① get rid of
② let go of
③ make do with
④ break up with

**정답** 07 ② 08 ③

22 제1편 객관식 문제

□□
## 09 다음 밑줄 친 부분과 의미가 가장 가까운 것을 고르시오.

> I knew that restaurant was popular, but it didn't <u>cross my mind</u> to make reservations.

① come into my thought
② waste my time
③ alter my plan
④ use my maximum ability

□□
## 10 다음 밑줄 친 부분과 뜻이 같은 것을 고르시오.

> I wouldn't <u>be in his shoes</u> if I were offered a million dollars.

① boast of his shoes
② put myself on his shoes
③ pick up my shoes
④ put myself in his position

□□
## 11 다음 밑줄 친 부분과 뜻이 같은 것을 고르시오.

> I was able to pull the plane up <u>in the nick of time</u>.

① behind the times
② from time to time
③ on time
④ just in time

**09**

**어휘** • popular 인기 있는
• cross one's mind 머리에 스쳐가다, 떠오르다
• make reservations 예약하다

**해석** 나는 그 식당이 인기가 있다는 사실을 알고 있었지만, 예약을 해야 한다는 생각이 떠오르지 않았다.

**10**

**어휘** • in one's shoes 남의 입장이 되어, 남을 대신하여
• boast 자랑하다
• pick up 들다, 태우다
• put A in one's position A의 입장이 되어 보다

**해석** 만약에 내가 백만 달러를 제공받게 된다면 나는 그의 입장과는 다를 텐데.

**11**

**어휘** • behind the times 시대에 뒤떨어진
• from time to time 때때로
• on time 정각에
• just in time 딱 맞춰서, 제시간에, 마침 알맞은 때에
• pull up 멈추다, 뿌리째 뽑다, 가까이 대다

**해석** 나는 아슬아슬하게 그 비행기를 멈출 수 있었다.

**정답**  09 ① 10 ④ 11 ④

**12**

**어휘** • be in good company ∼을 못해도 걱정할 필요 없다

**해석** 만약 당신이 약간은 특이해 보이는 어떤 아이디어를 가지고 있더라도 당신이 그것을 시도하는 것으로부터 당신을 멈추게 하지 말라. 당신은 훌륭한 동료들 속에 있게 될 것이다.

**해설** If절(양보의미) 속에서 문맥을 찾기가 어렵다면, 주절의 'stop + 목적어 + from ∼ing' 구문, 즉 방해, 금지의 의미가 있는 동사를 기억하라. 또한, Don't let∼ : '∼하게 두지 마라'를 활용하라.
out in left field는 'unexpectedly 예기치 못한, strange 이상한'이라는 의미이다. 이런 사실은 모르더라도 문맥상 '어떤 것을 시도하지 못하게 막는' 것에는 뭔가 부정적인 어감이 어울린다는 문맥을 활용해서 답을 찾는다.

**13**

**어휘** • death duty 유산 상속세
• property 재산, 속성
• retire(= step down) 은퇴, 퇴직하다

**해석** 유산 상속세를 피하기 위하여, 그는 은퇴하자마자 그의 재산의 많은 부분을 자신의 외아들에게 양도했었다.
① ∼을 구성하다, 화장하다, ∼을 해결하다, ∼을 조작하다
② ∼을 양도하다, ∼을 고쳐 만들다
③ 이해하다, 작성하다
④ 보상하다, 보충하다

**정답** 12 ① 13 ②

---

**12** 밑줄 친 부분과 의미가 가장 가까운 것은?

> If you have an idea that seems a little out in left field, don't let that stop you from trying it. You'll be in good company.

① strange
② challenging
③ depressive
④ demanding

**13** 다음 밑줄에 들어갈 표현으로 가장 적절한 것을 고르시오.

> To avoid death duty, the man _____ the greater part of his property to his only son as soon as he retired.

① made up
② made over
③ made out
④ made up for

**14** 다음 밑줄 친 부분에 들어갈 표현으로 가장 적절한 것을 고르시오.

> The viability of reclaimed water for indirect potable reuse should be assessed _____ quantity and reliability of raw water supplies, the quality of reclaimed water, and cost effectiveness.

① regardless of

② with regard to

③ to the detriment of

④ on behalf of

**15** 다음 밑줄 친 부분에 공통으로 들어갈 표현으로 가장 적절한 것은?

> • At the funeral, family members gave ____ to their emotions and cried openly.
> • The result should in no ____ be seen as a defeat for the government.
> • European companies are putting their money into Asia in a big ____.

① way

② hand

③ sense

④ view

---

**14**

**어휘** • viability 실행 가능성
• reclaimed water 재생된 물
• potable reuse 마시기에 적합한 재활용
• assess 평가하다
• reliability 신뢰도
• raw water 원수

**해석** 간접적으로 마시기에 적합한 재사용을 위해 재생된 물의 실행 가능성은 원수(raw water) 공급의 양과 신뢰도, 재생된 물의 질, 그리고 비용 효율성에 관련해서 평가되어져야만 한다.

**해설** 문맥에 적절하게 들어갈 idiom의 의미 파악 여부를 묻는 문제이다.
① ~와 상관없이
② ~와 관련해서
③ ~을 희생하여
④ ~을 대신해서, ~위하여

**15**

**어휘** • give way to 굴복하다
• in no way 결코 ~가 아니다
• in a big way 대규모로

**해석** • 장례식에서, 가족들은 그들의 감정에 못 이겨 드러내놓고 울었다.
• 그 결과는 결코 정부의 패배로 보이지 않는다.
• 유럽의 회사들은 그들의 돈을 아시아에 대규모로 투자했다.

**해설** give way to는 '(감정에) 못 이기다, 무너지다'라는 뜻이며, in no way(= on no account = under no circumstances)는 '결코 ~않다'라는 뜻이고, in a big way는 '대규모로'라는 뜻이다. 따라서 공통으로 들어갈 단어는 way가 적절하다.

**정답**  14 ②  15 ①

## 16

**어휘**
- weasel out of~ 회피하다, 기피하다
- look back on~ ~을 뒤돌아보다
- steer clear of~ ~에 가까이 가지 않다
- zero in on~ ~을 겨냥하다, ~에 온 관심을 집중시키다.

**해석** 그 대통령의 연설은 라틴 아메리카에 주로 초점을 맞췄고, 특히, 콜롬비아에서의 마약 문제를 겨냥했다.

**해설** 'focus on~(~에 초점을 맞추다) and'로 이어지는 문맥을 찾아서 정답을 찾는다.

## 17

**어휘**
- mull over~(= ponder) ~을 숙고하다
- put it off(= postpone) 그것을 연기하다
- weigh it down ~을 무게로 짓누르다

**해석**
- A : 안녕, Emile. 네가 입사 제의를 받았다고 들었어.
- B : 응, 하지만 확신하지 못하겠어. 그것을 받아들여야 할지 말아야 할지
- A : 정말로? 나는 네가 너의 경력변화를 원한다고 생각했거든.
- B : 응, 하지만 결정하기 어려워. 그 사장과 인터뷰를 했고 그는 내게 약간 더 높은 월급을 제안했지만 현재 직업에 비교해보면 그 이득이 그렇게 충분할 만큼이 아니거든.
- A : 그래, 시간을 천천히 갖고 그것에 대해 숙고해봐.

**정답** 16 ④  17 ①

---

## 16 다음 밑줄 친 부분과 뜻이 가장 가까운 것은?

> The President's speech focused mostly on Latin America, and in particular, it aimed at the drug problem in Columbia.

① weaseled out of

② looked back on

③ steered clear of

④ zeroed in on

## 17 다음 밑줄 친 부분과 의미가 가장 가까운 것을 고르시오.

> A : Hey, Emile. I've heard that you got a job offer.
> B : Yes, but I'm not sure whether to take it or not.
> A : Really? I thought you wanted to make a change in your career.
> B : Yes, but it's hard to make decision. I had an interview with the boss and he offered me a slightly higher salary, but the benefits are not sufficient compared to my present job.
> A : Well, take your time and mull it over.

① ponder it

② put it off

③ do it again

④ weigh it down

**18** 다음 밑줄 친 부분에 들어갈 가장 적절한 것은?

> The Secretary General said the U.N. will put forward several action plans to _____ the multilateral nuclear security and safety. He said toughening financial sanctions are necessary to prevent the spread of weapons of mass destruction and nuclear terrorism.

① beef up
② dispense with
③ damp down
④ scratch off

**19** 다음 밑줄 친 부분에 들어갈 표현으로 가장 적절한 것을 고르시오

> The enjoyment of life, pleasure, is the natural object of all human efforts. Nature, however, also wants us to help one another to enjoy life. She's equally anxious for the welfare of every member of the species. So she tells us to make quite sure that we don't pursue our own interests _____ _____ other people's.

① at the discretion of
② at the mercy of
③ at loose ends of
④ at the expense of

**18**
**어휘** • beef up 강화시키다
• dispense with(= do without~) ~ 없이 지내다
• damp with 약하게 하다
• scratch off ~에서 지우다, 빨리 적다

**해석** 유엔사무총장은 UN이 다방면의 핵 안보와 안전을 강화할 여러 가지 조치를 제안할 것이라고 말했다. 그는 강력한 경제적 제재가 핵 테러와 대규모 상상 무기의 확산을 막는 데에 필수적이라고 말했다.

**19**
**어휘** • one another (셋 이상) 서로서로
• be anxious for~ ~을 열망하다
• welfare 행복, 복지
• make sure 확실하게 하다
• at the discretion of ~의 재량으로, 좋을 대로
• at the mercy of ~의 처분대로
• at loose ends of ~의 계획 없이, 일정한 직업 없이
• at the expense of ~의 희생으로, ~의 비용으로

**해석** 인생의 즐거움, 즉 기쁨은 모든 인간 노력의 자연적인 목표이다. 하지만, 자연 또한 우리로 하여금 다른 사람들이 인생을 즐길 수 있게 도와주기를 원한다. 그녀는 모든 종들의 행복을 똑같이 열망한다. 그래서 그녀는 우리가 다른 사람들의 이익을 희생하면서 우리의 이익을 추구하지 않도록 하라고 우리에게 말한다.

**해설** 문맥상 '다른 사람의 이익을 희생하여 자신의 이익을 추구하면 안 된다.'라는 내용이 되어야 하므로 'at the expense of(~을 희생하여)'가 적절하다.

**정답** 18 ① 19 ④

**20**

**어휘** • go ahead 앞서가다, 진행되다
• make up 이루다(구성하다)
• cover up 숨기다, 덮다
• follow up 추구하다, 따라가다

**해석** A : 너, 학기말 과제 벌써 했니?
B : 아니, 하지만 다음 주에 그것을 할 수 있는 충분한 시간이 있어?
A : 그런 말을 지난주에도 지지난주에도 그렇게 말했잖아. 너는 그것을 영원히 미룰 수 없어. 너는 한가한 시간의 짬을 이용해서 그것을 해야만 해.
B : 사실은 내가 모든 수업에서 뒤쳐져 있어, 그래서 그것을 어떻게 따라잡을지 걱정이야.
A : 미안하지만 그렇게 말하는 것도 이 시점에서 도움이 안 될 거야.
B : 네 말이 맞아. 나는 내일 그것을 시작할 거야.
A : 내일이 아니라, 오늘이지!

**해설** A의 대답에서 "그렇게 말하는 것은 이 시점에서 도움이 되지 않는다."고 했으므로 B의 대답은 부정적인 내용이 나와야 한다. ㉠에는 '뒤쳐지다'라는 뜻의 lag behind가 적절하며, ㉡에는 '따라잡다'라는 뜻의 catch up이 적절하다.

---

□□ **20** 다음 중 ㉠, ㉡에 들어갈 표현으로 가장 적절한 것은?

A : Have you written your term paper yet?
B : No, but I'll have plenty of time to do it next week.
A : That's what you said last week and the week before. You can't put it off forever. You should use your free time and do some work.
B : The truth is, I've ___㉠___ in all my classes and I don't know if I can ever ___㉡___.
A : I'm sorry. But talking about it won't help at this point.
B : You're right. I'll start on it tomorrow.
A : Not tomorrow! Today!

| | ㉠ | ㉡ |
|---|---|---|
| ① | gone ahead | make up |
| ② | kept leading | cover up |
| ③ | lagged behind | catch up |
| ④ | been enthusiastic | follow up |

---

**21**

**어휘** • down-to-earth(= practical) 현실적인, 세속적인, 실용적인
• conciliatory 회유적인
• compassionate 동정하는
• perverse 외고집의, 성미가 꼬인

**해석** Kimberly는 결코 어리석은 어떤 짓도 하지 않을 것이다. 그녀는 매우 현실적이다.

---

□□ **21** 다음 밑줄 친 부분과 의미가 가장 가까운 것을 고르시오.

Kimberly would never do anything stupid. She is very down-to-earth.

① conciliatory
② practical
③ compassionate
④ perverse

---

**정답** 20 ③  21 ②

## 22 다음 밑줄 친 부분에 들어갈 가장 알맞은 것은?

> The government is now trying to _____ the uprising with the help of some outside forces.

① put down

② drop by

③ fill up

④ abide by

**22**

**어휘** • uprising 반란, 폭동
• put down 내려놓다, 진압하다
• drop by 잠깐 들르다
• fill up 가득 채우다
• abide by 준수하다, 지키다

**해석** 정부는 지금 외부의 힘의 도움을 얻어, 폭동을 진압하려고 노력하고 있다.

**해설** 'to + V'의 의미가 앞에 명사구를 수식하는 관계를 이용하여, '~을 진정시키다, ~을 진압하다'라는 뜻의 put down이 적절하다.

## 23 다음 밑줄 친 부분에 들어갈 표현으로 가장 적절한 것을 고르시오.

> The satellite image shows 'brown clouds' over eastern China. The noxious cocktail of soot, smog and toxic chemicals is _____ the sun, fouling the lungs of millions of people in large parts of Asia.

① blotting out

② poring over

③ catering to

④ resorting to

**23**

**어휘** • blot out 가리다
• pore over(= delve into) 자세히 조사하다
• cater to ~에 맞추다, ~을 채워주다, ~에 영합하다
• resort to 의존하다

**해석** 인공위성상의 이미지는 중국 동부지역을 뒤덮은 '갈색 구름'을 보여준다. 검댕, 스모그, 그리고 독성의 화학 물질의 해로운 혼합물이 태양을 가리고 있는데, 이것은 아시아의 대부분 지역에 수백만 명의 폐를 망치고 있다.

**정답**  22 ① 23 ①

**24**

**어휘**
- hit the ceiling 화를 내다(= 뚜껑이 열리다 : 직역)
- come in handy 유용하다
- stand on one's own feet 독립하다

**해석** 미국인들은 주식 시장이 폭락했을 때 수천만 달러의 돈을 잃었으며, 그것은 금융 위기가 시작되기 전이었다.

**해설** 전반부에 '돈을 잃었다.'라고 했으므로, 주식이 폭락했음을 알 수 있다. take a nosedive는 '폭락하다'라는 의미의 동사구로 plunge, plummet의 동의어이다.

**24** 다음 밑줄 친 부분에 들어갈 표현으로 가장 알맞은 것을 고르시오.

> Americans already lost millions of dollars when the stock market _____, and that was even before the general financial crisis started.

① took a nosedive
② hit the ceiling
③ came in handy
④ stood on their own feet.

**25**

**어휘**
- take on ~을 떠맡다, ~을 띠다
- take over 인수(계)하다
- take down 해체하다
- take off 옷을 벗다, 이륙하다

**해석**
- 한국에서, 장남은 많은 책임을 떠맡는 경향이 있다.
- 같은 단어들이라도 다른 방식으로 쓰여 지면 다른 의미를 나타내기(띠기)도 한다.

**25** 다음 밑줄 친 ㉠과 ㉡에 공통으로 들어갈 표현으로 가장 적절한 것은?

> - In Korea, the eldest son tends to ____㉠____ a lot of responsibility.
> - The same words ____㉡____ different meaning when said in different ways.

① take over
② take down
③ take on
④ take off

**정답** 24 ① 25 ③

**26** 다음 밑줄 친 부분에 들어갈 표현으로 가장 적절한 것을 고르시오.

> A hypnotized person _____ a kind of trance, a state in which someone can move and speak but is not conscious in a normal way.

① looms on

② lapses into

③ levels at

④ laps against

**27** 다음 밑줄 친 표현과 의미가 가장 가까운 것은?

> We need to iron out a few problems first.

① conceive      ② review

③ solve      ④ pose

**28** 다음 밑줄 친 표현과 의미가 가장 가까운 것은?

> There is no need to make the final decision today. Why don't you go home and sleep on it?

① take a day off to sleep late

② take time to think about it

③ take it for granted

④ take a good rest

---

**26**

**어휘** • loom on ~에 나타나다
• lapse into ~이 되다
• level at ~을 비난하다
• lap against ~에 철썩거리다

**해석** 최면술에 걸린 사람은 일종의 최면 상태가 되는데, 즉 그 사람은 움직이고 말할 수는 있으나 정상적인 방법으로 의식은 하지 못하는 상태가 된다.

**27**

**어휘** • need 필요하다
• iron out 해결하다
• conceive 마음에 품다, 임신하다
• review 검토하다, 복습하다
• pose (위협이나 문제 등을) 제기하다

**해석** 우리는 몇 가지 문제들을 우선적으로 해결할 필요가 있다.

**28**

**어휘** • sleep on ~을 하룻밤 자면서 생각해 보다

**해석** 오늘 최종 결정을 내려야 할 어떠한 필요성도 없습니다. 집에 가서 하룻밤 자며 그것에 대해 신중히 생각해 보는 것이 어떨까?
① 늦게까지 잠을 자기 위해서 하루를 휴가 내다.
③ 그것을 당연히 받아들이다(여기다).
④ 휴식을 잘 취하다.

**해설** 오늘 최종 결정을 내려야 할 필요가 없다고 했으니 문맥상 'take time to think about it'이 올바른 답임을 알 수 있다.

**정답** 26 ②   27 ③   28 ②

**29**

**어휘** • look into 조사하다
• look up 올려다 보다
• look after 돌보다
• look up to 존경하다
• look down on 무시하다

**해석** 만약 당신이 나에게 증거를 제공한다면, 나는 그것을 서둘러서 조사하도록 할 것이다.

**해설** 'have 사역동사 + 목적어 + 목적격 보어(수동관계)'를 검증한다. 사역동사 have 뒤의 목적어와 목적격 보어와의 관계가 수동임을 알 수 있다. 자동사 전치사는 전치사의 목적어를 수동태의 주어로 만들어 줄 수 있다. 따라서 it(the evidence)과 수동적 의미의 관계 p.p를 선택한다.

**30**

**어휘** • make up to ~에게 아첨하다
• brush up on ~을 복습하다
• shun away from ~을 피하다
• come down with(= contract) ~(병)에 걸리다

**해석** 그녀가 지난 겨울에 멕시코로 여행하기 전에, 그녀는 대학 졸업 이후로 스페인어를 연습하지 않았기 때문에, 스페인어를 복습(연마)했어야 했다.

**31**

**어휘** • pore over ~을 자세히 보다
• examine 검토하다
• distribute 나누어주다
• discard 버리다, 포기하다
• correct 수정하다

**해석** 나는 짐에게 컴퓨터 유인물에 대해서 자세히 조사해 보도록 하라고 들었다.

**정답** 29 ③  30 ②  31 ①

---

**29** 다음 밑줄 친 부분에 들어갈 표현으로 가장 적절한 것을 고르시오.

> If you provide me with evidence, I will have it _____ urgently.

① look up

② look after

③ looked into

④ looked up to

**30** 다음 밑줄 친 부분에 들어갈 표현으로 가장 적절한 것은?

> Before she traveled to Mexico last winter, she needed to _____ her Spanish because she had not practiced it since college.

① make up to

② brush up on

③ shun away from

④ come down with

**31** 다음 밑줄 친 부분과 의미가 가장 가까운 것은?

> I was told to let Jim pore over computer printouts.

① examine

② distribute

③ discard

④ correct

**32** 다음 밑줄 친 부분과 의미가 가장 가까운 것을 고르시오.

> John had just started working for the company, and he was not dry behind the ears yet. We should have given him a break.

① did not listen to his boss

② knew his way around

③ was not experienced

④ was not careful

**33** 다음 밑줄 친 부분과 의미가 가장 가까운 것을 고르시오.

> She was sorry to tell her husband that she couldn't keep the appointment. She was up to her eyes in work at that moment.

① interested in

② prepared for

③ released from

④ preoccupied with

**32**

**어휘**
- not dry behind the ears(= wet behind the ears = not experienced) 미숙한, 풋내기의
- know his way around ~에 정통하다

**해석** John은 막 회사를 위해 일하기 시작했고, 아직 풋내기(미숙한)이었다. 우리는 그에게 기회를 주었어야만 했다.

**33**

**어휘**
- keep an appointment 약속을 지키다
- prepare for 준비하다
- release from ~에서 석방하다
- up to one's eye ~에 몰두하여, 몰입하여
- preoccupied with ~에 집착하는, 몰두하는

**해석** 그녀는 남편에게 그녀가 약속을 지킬 수 없을 거라고 말하게 되어서 유감스러웠다. 그녀는 그 순간 일에 몰두하고 있었다.

**해설** 문맥의 전후 관계를 따져 보아도 평소에 기본서의 수동태 관용표현에 나오는 preoccupied with와 가장 적절히 어울린다.

**정답**  32 ③  33 ④

# 제 2 장 | 문법(Grammar)

## 01 구두점(문장부호 요약정리)

**01** 다음 밑줄 친 부분 중 어법상 옳지 <u>않은</u> 것은?

A Caucasian territory ① <u>whose inhabitants</u> have resisted Russian rule almost since its beginnings in the late 18th century has been the center of the incessant political turmoil. It was eventually pacified by the Russians only in 1859, ② <u>though</u> sporadic uprisings continued until the collapse of Tsarist Russia in 1917. Together with Ingushnya, it formed part of the Soviet Union as an Autonomous Soviet Republic within Russian from 1936. Continuing uprising against Russian/Soviet rule, ③ <u>the last</u> was in 1934, caused the anger of Stalin. In retaliation, he dissolved Chechnyan autonomy in 1944, and ordered the deportation of the ethnic Chechnyan population to Central Asia, in which half of the population died. They were not allowed ④ <u>to return</u> to their homeland until 1957, when Khrushchev restored an autonomous status for Chechnya.

**어휘**
- inhabitant 주민
- resist 저항하다
- incessant 끊임없는
- turmoil 혼란, 소란, 소동
- sporadic 산발적인
- pacify 달래다, 진정시키다
- uprising 폭동
- collapse 붕괴시키다
- anger 분노
- autonomy 자치권
- retaliation 보복
- dissolve 녹다, 끝내다
- deportation 국외 추방, 이송
- return to ~로 되돌아가다
- return ~을 반환시키다, 되돌리다
- autonomous 자치의, 자주적인

**해설** 주절, 주절은 절대 불가능하다는 논리를 잘 증명해주는 문제이다. 이 문장에서 주어는 Continuing uprising 이고, 본동사는 cause이다. 여기에 the last was in 1934가 들어가려면 이 주어를 선행사로 받는 접속사와 함께 연결되어야 하므로 of which the last 구조가 적절하다.
① 명사 inhabitants를 수식해야 하므로 소유격 관계대명사이다.
② though는 양보의미의 접속사로 앞의 진술과 상반되는 내용을 연결한다.
④ '동사 allow + 목적어 + 목적격 보어'에서 목적격 보어 자리에 to 부정사를 취하는 동사임을 강조했다.

**해석** 그 지역의 주민들이 러시아 지배에 저항해왔던 한 백인 지역은 18세기 후반 그것이 시작된 이래로 끊임없는 정치적 혼란의 중심에 있어 왔다. 비록 산발적 폭동은 1917년에 러시아 차르 체제의 붕괴까지 계속되었을지라도 그것은 1859년에야 비로소 러시아인들에 의해 진정되었다. Ingushnya와 함께, 그것은 1936년부터 러시아 내의 자치적인 소비에트 공화국으로서 소비에트 연방의 일부를 형성했다. 러시아 소비에트의 통치에 대항한 계속적인 폭동은 그리고 그 통치의 마지막은 1934년이었는데, 스탈린의 분노를 일으켰다. 보복 조치로서, 그는 1944년에 체첸공화국의 자치 정부를 해산시키고, 중앙아시아로 체첸 민족의 이주를 명령하였는데, 그리고 그곳에서 인구의 반이 사망했다. 그들은 1957년이 되고 나서야 비로소 고국으로 돌아올 수가 있었다. 그때서야 흐루쇼프는 체첸공화국에 자치권 자격을 되찾게 되었다.

**정답** 01 ③

## 02 동사와 형식

□□
**01** 다음 밑줄 친 부분에서 어법상 가장 적절한 것은?

> • The daughter made her parents ㉠ <u>happily</u>.
> • Chaera ㉡ <u>lay</u> down on the bed and took a nap yesterday.
> • When he ㉢ <u>will retire</u> next month, we will give him a present.
> • Trees must be fitted for the places ㉣ <u>where</u> they live in.

① ㉠
② ㉡
③ ㉢
④ ㉣

---

**01**

**어휘** • take a nap 낮잠을 자다

**해석** • 그 딸은 그녀의 부모님들을 행복하게 만들었다.
• 채라는 어제 침대에 누워서 낮잠을 잤다.
• 그가 다음 달 물러날 때는 우리는 그에게 선물을 줄 것이다.
• 나무들은 그들이 살고 있는 곳에 잘 맞아야 한다.

**해설** lie – lay – lain(vi) '눕다'라는 의미로 took과 시제가 일치하므로 적절하다.
① make는 불완전 타동사(5형식 동사)이므로 happy(O.C)가 적절하다.
③ '시간 표시 부사절 will retire'는 현재형 동사가 미래를 나타내므로 retires가 적절하다.
④ they live in이라는 절은 불완전한 절이므로 전치사의 목적어가 될 수 있는 관계대명사 which or that이 적절하다.

**정답** 01 ②

## 02

**해설** lie – lied – lied(vi) '거짓말하다'의 의미로 타당하지 않다.

lay – laid – laid(vt) '~을 놓다, 두다'라는 뜻이므로 laid on the track이 적절하다.

① aboard는 전치사와 부사로서 활용된다.

예 aboard a train '기차를 타고'

② to + V의 부사적 기능 '~ 하도록' (목적의미) 의미상 주어로 Gandhi가 맞다.

③ 간접의문문 : '의문사 + 주어 + 동사'의 어순으로 명사절을 형성하고 있다.

☐☐

## 02 다음 밑줄 친 부분 중 어법상 적절하지 않은 것은?

As Gandhi stepped ① aboard a train one day, one of his shoes slipped off and landed on the track. He was unable to retrieve it as the train was moving. To the amazement of his companions, Gandhi calmly took off his other shoe and threw it back along the track ② to land close to the first. Asked by a fellow passenger ③ why he did so, Gandhi smiled. "The poor man who finds the shoes ④ lied on the track," he replied, "will now have a pair he can use."

**해석** 간디가 어느 날 기차에 올랐을 때, 그의 신발 중에 하나가 미끄러져서 철로 위에 떨어지고 말았다. 기차가 움직이고 있어서 그는 그것을 회수할 수 없었다. 그의 동료가 놀랍게도 간디는 조용히 그의 다른 한쪽 신발을 벗어서 철로를 따라 그 신발을 던져서 첫 번째 신발이 있는 가까이에 내려놓았다. 동료 승객이 왜 그렇게 했는지 물어보자, 그는 미소를 띠었다. "철로 위에 놓인 신발을 발견한 사람은 이제 그가 쓸 수 있는 한 켤레의 신발을 가질 수 있을 겁니다."라고 그는 대답하였다.

**03** 다음 밑줄 친 부분 중 어법상 옳지 <u>않은</u> 것은?

> A mutual aid group is a place ① <u>where</u> an indi-vidual brings a problem and asks for assistance. As the group members offer help to the individual with the problem, they are also helping ② <u>themselves</u>. Each group member can make associations to a similar ③ <u>concern</u>. This is one of the important ways in which ④ <u>give</u> help in a mutual aid group is a form of self-help.

① where        ② themselves

③ concern       ④ give

**[해석]** 부조집단은 개인이 문제를 가지고 와서 도움을 요청하는 곳이다. 집단의 멤버들이 문제가 있는 개인에게 도움을 줌으로써, 그들은 그들 자신을 또한 돕게 된다. 각 집단 멤버들은 비슷한 문제에 연관성을 만들게 된다. 이것은 중요한 방법 중 하나인데 그러한 방법으로 상호부조 그룹 내에서 도움을 주는 것은 스스로를 돕는 한 방법이 된다.

---

**04** 다음 중 어법상 옳지 <u>않은</u> 것을 고르시오.

① I met a student yesterday in the cafeteria who said she knew you.

② Even though Tim is your friend, he isn't to be trusted with other people's money.

③ We suggest you to take a copy of the final invoice along with your travel documents.

④ Surprisingly, she didn't have any objections to make to the proposal.

**[해석]** ① 나는 너를 알고 있다고 말하는 한 학생을 어제 식당에서 만났다.
② 비록 Tim은 너의 친구이지만, 그에게 다른 사람의 돈을 맡겨서는 안 된다.
③ 우리는 당신이 여행서류와 함께, 최종 송장의 사본을 가져올 것을 제안합니다.
④ 놀랍게도, 그녀는 제안에 대하여 어떤 반대도 하지 않았습니다.

---

**03**

**[어휘]** • mutual aid 상호부조
• assistance 원조, 도움
• concern 관계, 관심, 걱정

**[해설]** in which의 관계절 내에 동사 is가 있으므로 동사 give를 to give 또는 giving으로 바꾸어 주어로 만들어야 한다.
① 선행사가 장소이고 뒤에 완벽한 문장이므로 관계부사 where가 적절하다.
② 주어가 they이므로 재귀대명사 themselves는 적절하다.
③ 여기서 concern은 명사로 관사 a가 있으므로 단수 명사가 왔다.

**04**

**[어휘]** • even though 비록 ～라 할지라도
• invoice 송장
• surprisingly 놀랍게도
• objection 반대
• proposal 제안

**[해설]** '주장·요구·명령·제안 동사 + 목적어 + to V'의 형태로는 쓰지 않고, 'that + S + (should) R'의 형태로 써야 한다. 따라서 you to take를 you (should) take로 해야 한다.

**[정답]**  ( 03 ④   04 ③ )

**05**

자동사 evolve는 '진화하다'라는 의미이다. 따라서 능동태가 가장 적절하다.

① 오감각 동사이며 자동사 look은 수동태가 불가하다. 따라서 have looked가 적절하다.

③ 비교 대상이 the skeleton으로 단수 명사이므로 that of a modern shark's가 적절하다.

④ 목적어를 가지고 있는 문장이므로 had believed가 적절하다.

## 05 다음 중 어법상 옳은 것은?

① Sharks have been looked more or less the same for thousands of millions of years.

② "They have evolved through time to improve upon the basic models." says John Maisey, a paleontologist who helped identify the fossil.

③ The skeleton supporting this ancient shark's gills is completely different from those of a modern shark's.

④ Previously, many scientists had been believed that shark gills were an ancient system that predated modern fish.

해석 ① 상어는 수백만 년 동안 다소 같은 모습을 이어왔다.

② 화석을 분류해 내는 데 도움을 주었던 고생물학자, John Maisey는 "그들은 시간이 지나면서 기본적인 모형을 개선하기 위해서 진화해 왔다."라고 말한다.

③ 이런 고대 상어의 아가미를 지탱하는 골격은 현대 상어의 아가미의 골격과 완전히 다르다.

④ 이전에 많은 과학자들은 상어 아가미들이 현대 물고기를 앞서는 고대의 한 시스템이었다고 믿은 적이 있었다.

**06**

어휘 • heartbroken 비통한, 상심한
• extent 넓이, 범위, 정도, 크기, 규모
• to some extent 어느 정도까지

해설 affect는 타동사로서 전치사 on이 필요하지 않다.

① documentary를 수식하는 과거분사의 올바른 용법이다.

② 형용사인 heartbroken은 leave의 목적격 보어로 바르게 쓰였다.

③ 선행사인 extent는 원래 to a extent(어느 정도)의 경우처럼 to와 잘 연결이 된다.

## 06 다음 밑줄 친 부분 중 어법상 어색한 것을 고르시오.

Blue Planet II, a nature documentary ① <u>produced</u> by the BBC, left viewers ② <u>heartbroken</u> after showing the extent ③ <u>to which</u> plastic ④ <u>affects on</u> the ocean.

해석 영국 BBC에 의해 제작된 자연 다큐멘터리 Blue Planet II는 플라스틱이 바다에 영향을 미치는 정도를 방영한 뒤 시청자들을 비통함에 빠지게 했다.

정답 05 ② 06 ④

**07 다음 중 어법상 옳지 않은 것은?**

① Because of its perfect cone shape and proximity to the beautiful Albay Gulf, Mount Tarn is a popular tourist attraction.

② Its base is 80 miles wide in circumference, and it stands a dramatic 8,077 feet tall.

③ The volcano locates in the center of Gulf National Park, where many people come to camp and climb.

④ Authorities hope that by issuing early warnings, they will help avoid major destruction and danger.

해석 ① 그것의 완벽한 원뿔 모양과 아름다운 Albay Gulf에 대한 근접성 때문에 Tarn 산은 인기 있는 관광소이다.
② 그것의 토대는 둘레가 80마일이며, 높이는 극적인 8,077피트이다.
③ 그 화산은 많은 사람들이 캠핑하고 오르기 위해 오는 Gulf National Park의 중심에 위치하고 있다.
④ 정부 기관들은 초기 경고를 보냄으로써 그들이 주요 파괴와 위험을 피하는 것을 도울 것을 희망한다.

**08 다음 중 어법상 옳은 것은?**

① China's imports of Russian oil skyrocketed by 36 percent in 2014.

② Sleeping has long been tied to improve memory among humans.

③ Last night, she nearly escaped from running over by a car.

④ The failure is reminiscent of the problems surrounded the causes of the fatal space shuttle disasters.

해석 ① 중국의 러시아산 석유 수입은 2014년에 36%까지 치솟았다.
② 수면은 사람들 간에 기억력을 향상시키는 것에 오래오래 연관되어 왔다.
③ 지난 밤 그녀는 차에 치는 것을 가까스로 모면했다.
④ 그 실패로 인하여 치명적인 우주왕복선의 재난 원인을 둘러싼 문제들이 연상하게 된다.

---

**07**

해설 타동사 locate는 '위치하다'가 아닌 '~을 위치시키다'이므로 '위치하다'의 뜻으로 사용되려면 수동태가 알맞다. 즉, 'locates'가 아닌 'is located'를 써야 한다.
예 The volcano is/ lies/ is laid/ is located : 화산이 있다(존재하다).
① 고유명사 중에 산 이름은 무관사로 사용해야 하므로 알맞게 쓰였고, Because of 뒤의 소유격 대명사도 단수형(Mount Tarn's = its)에 적합하게 사용되었다.
② '숫자 + 단위'가 형용사일 경우만 그 단위가 단수로 사용되어야 하며, 이 문장에서는 단위가 형용사가 아닌 명사로 사용되었으므로 복수형(miles와 feet)이 알맞게 사용되었다.
④ 준 사역동사 help 뒤에 목적 보어로 동사원형인 avoid가 바르게 쓰였다.

**08**

어휘 • import 수입
• export 수출
• skyrocket 치솟다
• run over 치다
• reminiscent 연상시키는
• fatal 치명적인

해설 자동사 skyrocket은 '치솟다'라는 의미이며 전치사 by도 적절하다.
② be tied to + 동명사는 '~와 관련되다'라는 의미로 쓴다. improving으로 해야 적절하다.
③ '차에 치이다(당한다)'라는 개념이므로 running over를 수동인 being run over로 해야 적절하다.
④ surround는 타동사로 뒤에 명사구를 가지고 있어서 능동인 surrounding으로 바꿔야 적절하다.

**정답**  07 ③ 08 ①

## 09

**어휘**
- the old saying 속담, 격언
- performance 수행 능력
- obvious 분명한, 명백한
- influence 영향을 미치다
- handle 다루다, 처리하다
- stable 안정적인
- concentrate 집중하다
- motivate 동기를 부여하다
- sharpen 강렬하게 하다, 예리하게 하다
- speed 속도를 내다
- reduce 줄이다
- prevent 방해하다
- aging 노화

**해설** 'prevent, keep, stop, discourage, prohibit + 목적어 + from ~ ing' 구문이다.
① 주어와 동사 수일치 문제이다. 따라서 주어 saying이 단수이므로 go는 goes가 적절하다.
② 동사 affect를 수식하는 obvious(형용사)는 obviously(부사) '명백하게, 분명하게'로 바꾸어 주어야 한다.
③ help는 준 사역동사로 목적격 보어 자리에 being concentrated가 아니라 '(to) concentrate'가 적절하다.

**09** 다음 밑줄 친 부분 중 어법상 옳은 것은?

① As the old saying go, you are what you eat. The foods you eat ② obvious affect your body's performance. They may also influence how your brain handles tasks. If your brain handles them well, you think more clearly, and you are more emotionally stable. The right food can ③ help you being concentrated, keep you motivated, sharpen your memory, speed your reaction time, reduce stress, and perhaps ④ even prevent your brain from aging.

**해석** 옛 속담에 따르면 당신이 먹는 것은 당신을 형성한다. 당신이 먹는 음식은 분명히 당신의 신체적인 수행능력에 영향을 끼친다. 그들은 또한 당신의 뇌가 임무를 처리하는 방식에도 영향을 끼칠지 모른다. 만약에 당신의 뇌가 임무 수행을 잘 한다면, 당신은 더 명확하게 생각하고, 당신은 감정적으로 더 안정을 이룰 것이다. 올바른 음식은 당신이 더 집중하도록 도와줄 수도 있고, 당신의 동기를 활성화시킬 것이며, 당신의 뇌를 더 강렬하게 할 것이고 당신의 반응 시간을 빠르게 해주고, 스트레스를 줄여주며 아마도 심지어는 당신의 뇌가 노화하는 것을 막아줄 것이다.

## 03  시제

☐☐
**01** 다음 중 어법상 옳지 <u>않은</u> 것은?

① A few words caught in passing set me thinking.

② Hardly did she enter the house when someone turned on the light.

③ We drove on to the hotel, from whose balcony we could look down at the town.

④ The homeless usually have great difficulty getting a job, so they are losing their hope.

**해석** ① 언뜻 들은 몇 단어 때문에 나는 생각에 잠겼다.
② 그녀가 그 집으로 들어가자마자, 누군가가 불을 켰다.
③ 우리는 호텔로 운전해 갔는데, 그 호텔의 발코니에서 우리는 시내를 내려다 볼 수 있었다.
④ 노숙자들은 통상적으로 직업을 갖는 데 큰 어려움을 가진다. 그래서 그들이 희망을 잃어가고 있다.

**01**
**해설** '~하자마자 ~했다'의 시제관련 관용표현인 'hardly, scarcely~when (before)' 구문에서 부정어가 문두에 등장하면 주어와 동사가 도치되며, 동사는 과거완료 시제가 사용된다. 따라서 did she enter가 아닌 'had she entered'가 적절하다.

① words와 과거분사 caught의 사이에 which were가 생략되어 의미상 수동이므로 과거분사가 적절하다.
　◐ catch – caught – caught(3단 변화).
　例caught in passing '우연히, 무심코, 언뜻'

③ 선행사 the hotel을 수식하는 형용사절로 '전치사 + 관계대명사'는 뒤에 완전한 문장이 등장한다. 선행사 balcony를 수식하는 소유격 관계대명사 whose는 and its의 기능이다.

④ 'the + 형용사'는 복수보통명사의 원리로 동사 have가 적절하다. 동명사 관용표현 have difficulty (in) V-ing '~하는 데 어려움을 겪다.'에서 동명사 getting도 적절하다.

**정답** ( 01 ② )

## 04 가정법

### 01 다음 중 어법상 옳지 <u>않은</u> 것을 고르시오.

① Hardly had the new recruits started training when they were sent into battle.

② Disagreements over the treaty arose among the indigenous peoples of Africa.

③ If I had enough money, I would have bought a fancy yacht.

④ Do you want me to come with you, or do you want to go alone?

**해석** ① 그들이 전투현장에 보내졌을 때, 새 모집 병사들은 훈련을 거의 하지 못했다.
② 조약에 대한 반대가 아프리카 토착민들 사이에서 일어났다.
③ 내가 충분한 돈이 있었다면, 나는 멋진 요트를 샀을 텐데...
④ 당신은 내가 당신과 함께 가기를 원하나요, 아니면 당신 혼자 가기를 원하나요?

### 02 다음 중 어법상 옳은 것을 고르시오.

① If I had followed your advice, I would be very healthy now.

② I felt such nervous that I couldn't concentrate on my work.

③ John became great by allowing himself learn from mistakes.

④ Tom moved to Chicago, which he worked for Louis Sullivan.

**해석** ① 만약에 내가 당신의 충고를 따랐더라면, 나는 지금 무척 건강할 텐데.
② 나는 너무나 초조해서 내 일에 집중할 수가 없었다.
③ 존은 자신이 실수로부터 배우기를 수용하여 큰일을 해내었다.
④ 탐은 시카고로 이사를 했는데, 그곳에서 그는 루이스 설리반을 위해서 일했다.

---

**01**

**어휘** • recruit 신병
• send into battle 전투에 파견되다
• disagreement 의견 차이
• treaty 조약
• indigenous 토착의
• fancy 값비싼

**해설** 가정법의 문제로 '만약 내게 충분한 돈이 있다면, 호화스러운 요트를 살 텐데' 혹은 '만약 내게 충분한 돈이 있었다면, 호화스러운 요트를 샀을 텐데'가 적절하므로 would have bought를 would buy로 고치거나 had를 had had로 고쳐야 한다.
① Hardly, scarcely + had + S + p.p. ~ when[before] + S + 과거동사: 'S가 p.p.하자마자 S는 ~했다'라는 구문으로, 부정어 Hardly가 문두에 왔으므로 주절의 동사는 반드시 도치된다.
② arise – arose – arisen '일어나다, 발생하다'라는 완전 자동사이다.
④ 접속사 or를 중심으로 절과 절이 의문문 형태로 평행구조를 이루고 있다.

**02**

**해설** 혼합 가정법이다. '과거에 충고를 따랐더라면, 지금 건강할 것이다'라는 의미로 과거와 현재가 함께 나오는 혼합 가정법의 형식에 적절하다. now가 있으면 혼합 가정법이라고 생각해도 무방하다.
② such는 형용사이므로 다음에 형용사를 수식할 수 없다. 형용사 nervous는 부사 so가 수식해야 한다.
③ allow는 목적 보어 자리에 원형 부정사가 아니라 to learn이 와야 한다.
④ 선행사 Chicago는 그가 일을 했던 장소이므로 '관계부사 where'나, in which가 적절하다.

**정답** 01 ③ 02 ①

□□
## 03 다음 중 어법상 옳은 것은?

① She supposed to phone me last night, but she didn't.

② I have been knowing Jose until I was seven.

③ You'd better to go now or you'll be late.

④ Sarah would be offended if I didn't go to her party.

해석 ① 그녀는 내게 지난밤에 전화하기로 되어 있었는데 하지 않았다.
② 나는 일곱 살 이후로 Jose와 알고 지낸다.
③ 당신은 지금 가는 편이 낫다, 그렇지 않으면 늦을 것이다.
④ 내가 파티에 가지 않으면 Sarah는 기분이 상할 텐데...

□□
## 04 다음 중 어법상 적절한 것은?

① She objects to be asked out by people at work.

② I have no idea where is the nearest bank around here.

③ Tom, one of my best friends, were born in April 4th, 1985.

④ Had they followed my order, they would not have been punished.

해석 ① 그녀는 직장에서 사람들에게 데이트 신청받는 것을 싫어한다.
② 나는 어디에 가장 가까운 은행이 근처에 있는지 모른다.
③ Tom은 가장 친한 나의 친구들 중에 하나인데 1985년 4월 4일에 태어났다.
④ 그들이 나의 충고를 따랐더라면 그들은 벌을 받지 않았을 것이다.

## 03
해설 가정법 과거의 문장으로 주절 would be와 if절 didn't go가 적절하다.
① was supposed to가 적절하다. be supposed to + V~ '~하기로 되어 있다.'
② 인지나 지각의 상태를 말하므로 진행형을 쓸 수 없다. I had known으로 써야 적절하다.
③ 'had better + 동사원형'을 취하므로 to go가 아니라 go가 적절하다.

## 04
해설 가정법 if의 생략문제이다.
Had they followed my order(도치구문) = If they had followed my order
① object to (동)명사 '~에 반대하다'. 즉, "She objects to being asked out by people at work"로 바꿔야 한다.
② 간접의문문의 어순은 '의문사 + 주어 + 동사'이다. 즉, 'I have no idea where the nearest bank around here is'로 바꿔야 한다.
③ 삽입은 동사에 영향을 주지 않으므로 Tom에 동사의 수를 일치시킨다. 날짜에는 on을 쓴다. 즉, "Tom, one of my best friends, was born on April 4th, 1985"로 바꿔야 한다.

정답 03 ④  04 ④

**05** 간접의문문 & 부가의문문

**01**

□□
**01** 다음 밑줄에 들어갈 말로 가장 적절한 표현은?

> One basic question scientists have tried to answer is _____.

① people learn
② how do people learn
③ people learn how
④ how people learn

**01**
**해석** 과학자들이 해답을 찾으려고 애쓰는 한 가지 기본적인 질문은 '사람들이 어떻게 학습을 하는가'라는 문제이다.

**해설** scientists have tried to answer는 선행사 One basic question을 수식하는 형용사절이고 is 뒤에 보어로서 명사절인 간접의문문(의문사 + 주어 + 동사 어순)을 선택해야 한다.

□□
**02** 다음 중 어법상 옳은 것은?

① While worked at a hospital, she saw her first air show.
② However weary you may be, you must do the project.
③ One of the exciting games I saw were the World Cup final in 2010.
④ It was the main entrance for that she was looking.

**해석** ① 병원에서 근무하는 동안 그녀는 그녀의 첫 번째 비행쇼를 보았다.
② 아무리 당신이 지쳤다 하더라도, 당신은 그 프로젝트를 해야만 한다.
③ 내가 본 가장 흥미로운 경기들 중에 하나는 2010년도 월드컵 결승전이었다.
④ 그것은 그녀가 찾고 있었던 중앙출입구였다.

**02**
**어휘** • weary 피로한, 지쳐 있는, 싫증나는

**해설** However는 '접속사 + 부사'의 기능을 수행하며, 반드시 형용사 또는 부사를 옆에 붙이는 성질의 특징을 가지고 있다. 같은 계통의 부사로 how, as, so, too가 있다. 따라서 'However + 형용사/부사 + 관사 + 명사'의 어순을 기억해두고 또한 양보의미의 부사절을 이끈다.
① work는 자동사이므로 분사구문에서 work는 100% 현재분사가 되어야 하므로 worked를 working으로 고친다.
③ 주어의 핵심어가 단수 대명사 one이므로 주절의 동사 were도 단수형인 was가 되어야 한다.
④ 관계대명사 that은 전치사의 목적어로 쓰일 수 없으므로 관계대명사 that을 which로 고친다.

**정답** 01 ④ 02 ②

## 03  다음 밑줄 친 부분 중 어법상 적절하지 <u>않은</u> 것을 고르시오.

> Yesterday at the swimming pool everything seemed ① to go wrong. Soon after I arrived, I sat on my sunglasses and broke them. But my worst moment came when I decided to climb up to the high diving tower to see ② how the view was like. ③ Once I was up there, I realized that my friends were looking at me because they thought I was going to dive. I decided I was too afraid to dive from that height. So I climbed down the ladder, feeing very ④ embarrassed.

**해석** 어제 수영장에서 모든 것이 잘못되어가는 듯이 보였다. 내가 도착한 직후에, 나는 내 선글라스 위에 앉아서 그것을 박살내고 말았다. 그러나 나의 가장 최악의 순간은 내가 전망이 어떤지 보기 위해 높은 다이빙대를 올라가기로 결심했을 때 찾아왔다. 내가 그곳에 올라가자마자, 나는 내 친구들이 내가 다이빙을 할 것이라고 생각했기 때문에 나를 올려다보고 있음을 깨달았다. 나는 그 높이에서 뛰어내리기에는 너무 무섭다고 생각했다. 그래서 나는 사다리를 내려왔고, 굉장히 창피했다.

**03**

**어휘** • go wrong 잘못되다
• realize 깨닫다
• height 높이
• embarrassed 창피한, 당황한

**해설** how 이하의 간접의문문은 명사절로 목적어이다. how는 부사이므로 뒤에 완벽한 구조가 와야 하는데 전치사 like의 목적어가 없으므로 의문부사 how를 쓸 수 없다. 간접의문문의 의문대명사 what으로 고쳐주어야 한다.
① seem to R은 '~할 것 같다'라는 뜻이다.
③ once는 접속사로 '만약 ~한다면, ~하자마자'라는 두 가지 뜻이 있다. 여기서는 '~하자마자'라는 뜻으로 사용되었다.
④ embarrass는 '당황시키다'라는 뜻의 감정 동사로 주체가 I(사람)이고, 당황스러운 감정을 느낀 상태를 말하고 있으므로 과거분사가 적절하다.

**정답**  03 ②

## 06    조동사

□□
### 01    다음 중 어법상 옳은 것을 고르시오.

① The college newspaper prints only the news that are of interest to the students and faculty.

② As soon as I will get all the vaccinations, I will be leaving for a break.

③ Susan likes to lay down for a short nap every afternoon.

④ The instructions require that we not use a red pen.

**해석** ① 대학신문은 단지 학생들과 직원들이 관심 있는 뉴스만을 인쇄한다.
② 나는 모든 백신을 확보하자마자, 휴가를 떠날 것이다.
③ Susan은 매 오후마다 낮잠을 자기 위해서 눕는 것을 좋아하다.
④ 그 지시사항들은 우리가 적색 펜을 쓰지 않도록 요구하고 있다.

---

### 01

**해설** require는 주장의 동사로 that절에 '(should) 동사원형'이 온 것이다.

① 주격 관계대명사 다음에 나오는 동사는 선행사와 일치시킨다. news 는 모양은 복수이지만, 언제나 단수 취급하는 명사이므로 that is 가 되어야 한다.

② As soon as가 이끄는 시간 의미 의 부사절에서는 미래를 현재로 나타내므로 will get이 아니라 단순 현재 get이 되어야 한다.

③ lay down은 '누워 있다'라는 자동사가 되어야 하므로 lay가 아니라 lie가 되어야 한다.

✿ 자동사(눕다, 놓여 있다)
: lie – lay – lain
타동사(눕히다, 놓다)
: lay – laid – laid

**정답**  01 ④

□□
## 02 다음 중 어법상 옳은 것은?

① Jessica is a much careless person who makes little effort to improve her knowledge.

② But he will come or not is not certain.

③ The police demanded that she not leave the country for the time being.

④ The more a hotel is expensiver, the better its service is.

**해석** ① Jessica는 그녀의 지식을 향상시키기 위해서 노력을 거의 하지 않는 무척이나 부주의한 사람이다.

② 그가 올 것인지 아닌지는 확실치가 않다.

③ 경찰은 그녀가 당분간 고국을 떠나지 않기를 요구했다.

④ 호텔 비용이 비싸면 비쌀수록, 호텔의 서비스는 더 좋다.

---

## 02

**해설** 주장, 요구, 명령, 제안 동사가 이끄는 that절은 당위적 개념과 미래지향적 개념이 적용되면 (should) R을 취하는 구문을 써야 한다. 따라서 "The police demanded that she (should) not leave the country for the time being."은 맞는 문장이다.

① She is a very careless person. (o) 그녀는 무척 부주의한 사람이다. / She is a much careless person. (x)

❂ very는 형용사, 부사의 원급이나 현재분사를 수식하고 much는 형용사, 부사의 비교급, 최상급, 과거분사를 수식한다. 따라서 much는 very로 바뀌어야 한다.

② 등위 접속사 but은 종속절을 유도하지 못한다. 주어 자리에 종속절로 명사절이 등장해야 한다. 따라서 Whether he will come or not이 주어의 역할을 하는 명사절이다.

④ The + 비교급 (S + V)~, The + 비교급(S + V)~ 구문이다. '더 (덜)~하면 할수록, 더(덜)~하다' 구문으로 'The more expensive a hotel is, the better its service is'로 써야 한다. more expensiver처럼 비교급을 중복해서도 안 된다.

**정답** 02 ③

## 07 수동태

**01**

**어휘** • identify 인정하게 하다, 알아보게 하다

**해설** 뒤에 목적어 'the society and its traditions'가 있으므로 수동태가 아닌 능동태로 쓰여야 한다. 따라서 to maintain이 적절하다.

① 현재 완료 수동태로 has는 주어가 religion이므로 3인칭 단수로 쓰였다. 부사 closely도 be 동사 뒤, 일반 동사 앞으로 적절하게 위치했다.

② 부정관사 a는 people이 아닌 people's culture를 수식하는 것이다.

④ the society를 가리키는 소유대명사 its가 적절하다.

### 01 다음 밑줄 친 부분 중 어법상 옳지 않은 것을 고르시오.

> In countries where religion ① has been closely identified with ② a people's culture, as in Hinduism and Islam, religious education has been essential ③ to be maintained the society and ④ its traditions.

**해석** 힌두교와 이슬람교에서와 같이 종교가 사람들의 문화로 확실히 인정받아 온 나라들에서, 종교적인 교육은 그 사회와 전통을 유지하기 위해 필수적이었다.

**02**

**해설** 주동수태("주어와 동사는 수 일치와 태 일치를 검증하라."의 줄임말)는 습관적으로 문장을 볼 때마다 검증하는 것이 필요하다. '요구되다'의 문맥이므로 수동태(be required)로 쓰는 것이 적절하다.

① both A and B의 명사구가 주어이고, 동사는 be cognizant of(= be aware of~) '~을 인지하다, ~을 알고 있다'인데 aware의 형용사 의미는 뒤에 전치사 to가 아니라 of를 동반한다.

② 'so + 형(부사) + that절' 구문은 가능하지만, 'such + 형용사/부사 + that절'은 불가능하다. 따라서 such를 so로 바꾸어 주어야 한다. 'appear(seem) + to부정사' 구문은 적절하다.

④ releasing은 능동의미의 현재분사인데 의미상 과거분사(수동의 개념)가 필요하다. releasing을 released로 바꿔야 적절하다.

### 02 다음 중 문법적으로 올바른 문장은?

① Both adolescents and adults should be cognizant to the risks of second-hand smoking.

② His address at the luncheon meeting was such great that the entire audience appeared to support him.

③ Appropriate experience and academic background are required of qualified applicants for the position.

④ The major threat to plants, animals, and people is the extremely toxic chemicals releasing into the air and water.

**해석** ① 청소년과 성인 모두 간접흡연의 위험성을 알고 있어야 한다.

② 오찬 모임에서 그의 연설은 너무 훌륭해서 모든 청중은 그를 지지하는 것 같았다.

③ 적절한 경험과 학력이 그 직위에서 적임의 지원자들에게 요구되고 있다.

④ 식물, 동물과 사람에 주요한 위협은 공기와 물로 방출되는 극도의 독소 화학물질들이다.

**정답** 01 ③   02 ③

## 03 다음 밑줄 친 부분 중 어법상 옳지 않은 것은?

It would be difficult ① to imagine life without the beauty and richness of forests. But scientists warn we cannot take our forest for ② granted. By some estimates, deforestation ③ has been resulted in the loss of as much as eighty percent of the natural forests of the world. Currently, deforestation is a global problem, ④ affecting wilderness regions such as the temperate rainforests of the Pacific.

**해석** 숲의 미(美)와 풍부함이 없는 삶을 상상한다는 것은 어려울 것이다. 하지만 과학자들은 우리가 숲을 당연히 여기고 있다는 것을 경고하고 있다. 몇몇 추정치에 따르면 산림파괴는 세계 자연림의 80%를 훼손해 왔다. 현재 산림파괴는 태평양의 온대 강우림과 같은 야생 지역에 영향을 미치고 있기 때문에 전 세계적인 문제이다.

**03**

**어휘**
• warn 경고하다
• take 목적어 for granted ~을 당연하게 고려하다
• deforestation 산림파괴
• estimate 추정치
• temperate rain forests 온대 강우림

**해설** 자동사 'result in'은 수동태가 불가능하다. 따라서 has been resulted in은 has resulted in이 적절하다.
① 가주어 it에 대해 진주어인 to imagine은 적절하다.
② take + 목적어 + for granted '~을 당연하게 여기다'로서 맞는 구문이다.
④ affect가 명사구인 목적어(wilderness region)가 있는 것으로 보아, 현재분사가 적절하다.

**정답** 03 ③

## 08 부정사

**01** 다음 중 어법상 적절하지 <u>않은</u> 것은?

① Although there was no indication that either side planned to resume full-scale hostilities, the killings escalated tensions.

② The Islamist movement has vowed to resume rocket fire if Israel does not fully open the border crossings.

③ Egypt has also reacted coolly to suggestions that European troops be stationed on the border between Gaza and Egypt to monitor activity in smugglers' tunnels.

④ Hamas also agreed that day temporarily stop firing rockets into Israel.

**해석** ① 비록 양측이 대규모의 적대행위를 재개할 계획을 세웠다는 조짐이 없었을지라도 그 살인사건들은 긴장감을 고조시켰다.
② 이슬람 운동은 만약 이스라엘이 국경을 완전히 열지 않는다면 로켓 발포를 재개하겠다고 맹세했다.
③ 이집트는 또한 가자와 이집트 사이에 있는 국경지대에 밀수범들의 터널에서의 활동을 감시하기 위해 유럽 군대가 주둔해야 한다는 제안에 냉랭한 반응을 보여 왔다.
④ 하마스는 또한 일시적으로 이스라엘을 향한 로켓 발포를 멈추겠다고 그날 합의했다.

**01**

**어휘** • indication 암시, 조짐
• resume 재개하다
• full-scale 대규모의
• hostility 적대감, 적대행위
• escalate 높이다, 확대시키다
• smuggler 밀수범, 밀수업자
• fire rocket 로켓을 발사하다

**해설** 본동사가 agreed이므로 stop은 준동사가 되어야 한다. 그리고 'agree + to + V' 구문뿐만 아니라 목적의미 '~하기 위해서'의 문맥에 따라서 stop은 to stop이 적절하다.

**정답** 01 ④

**02** 다음 중 어법상 가장 적절하지 <u>않은</u> 것은?

> • He claims ㉠ <u>to be robbed</u> yesterday.
> • He found his favorite jar ㉡ <u>broken</u>.
> • We're looking forward to the time ㉢ <u>when</u> we can get together again.
> • ㉣ <u>Had</u> her father not told her to wear a seatbelt, she might have been more seriously injured.

① ㉠      ② ㉡
③ ㉢      ④ ㉣

**03** 다음 중 어법상 옳은 것을 고르시오.

① The poor woman couldn't afford to get a smart phone.
② I am used to get up early everyday.
③ The number of fires that occur in the city are growing every year.
④ Bill supposes that Mary is married, isn't he?

---

**02**

**해석**
• 그는 어제 강도를 당했다고 주장한다.
• 그는 가장 좋아하는 도자기가 깨진 것을 알았다.
• 우리는 다시 함께 할 수 있는 시간을 학수고대하고 있다.
• 만약에 그녀의 아버지가 그녀에게 안전벨트를 착용하도록 말하지 않았다면, 그녀는 심각하게 부상을 당했을지도 모른다.

**해설** to be robbed는 yesterday라는 시간 표시 부사가 있으므로 'to have been robbed'가 되어야 한다.

**03**

**해석**
① 그 가난한 여성은 스마트폰을 살 여유가 없었다.
② 나는 매일 같이 일찍 일어나는 일에 익숙하다.
③ 도시에서 발생하는 화재의 발생 건수는 매년 증가하고 있다.
④ Bill은 Mary가 결혼했다고 생각한다. 그렇지 않니?

**해설** can afford to + V~ : '~할 여유가 있다'
② be used to + R~ : '~하는 데 사용되다' ↔ be used to ~ing : '~하는 데 익숙하다'
③ the number of 복수명사~ : '~의 수(숫자)'라는 의미의 문장구조를 나타내므로 is growing이 적절하다.
④ suppose(판단하다) : 판단 동사가 that절을 유도할 때, that절 속의 주어가 부가의문문의 주어가 된다. 따라서 Mary는 여성이므로 he 대신에 she로 표기한다.

**정답** 02 ①   03 ①

## 04

**어휘**
- relatively 비교적
- relative 상대적인, 비교상의
- evidence 증거
- rapport (친밀한) 관계
- assure 확보하다
- risk ~의 위험을 무릅쓰다, ~을 위태롭게 하다
- confuse 혼동시키다

**해설** 주절의 주어 뒤에 is는 보어가 필요한 문맥이다. 그런데 to ~ing는 부사구로서 보어가 될 수 없다. 따라서 to proceed가 되어야(명사적 기능) 보어가 될 수 있다.

□□
## 04 다음 밑줄 친 부분 중 어법상 적절하지 <u>않은</u> 것은?

> A final way to organize an essay is to ① <u>proceeding</u> from relatively simple concepts to more complex ones. By starting with generally ② <u>accepted</u> evidence, you establish rapport with your readers and assure them that the essay is ③ <u>firmly</u> grounded in shared experience. In contrast, if you open with difficult material, you risk ④ <u>confusing</u> your audience.

**해석** 수필을 구성하는 마지막 방법은 상대적으로 간단한 개념들로부터 더 복잡한 것들로 진행하는 것이다. 일반적으로 받아들여지는 증거를 가지고 시작함으로써, 당신은 당신의 독자들과의 관계를 수립한다. 그리고 그들에게 그 수필이 견고한 기반을 가진 것이라고 확신시킨다. 공유된 경험 속에서. 대조적으로, 만약 당신이 어려운 소재를 가지고 펼친다면, 당신은 당신의 독자를 혼란시키는 위험을 맞게 된다.

## 05

**어휘**
- devotion 헌신
- obscure 모호한, 외딴, 벽촌의

**해석** 이 외딴 마을의 가난하고 무력한 사람들을 위한 그녀의 일생동안 헌신이 있었음에도 아직 해결되어야 할 과제들이 여전히 남아있다.

**해설** 밑줄 앞에 동사 remain이 있으므로 밑줄은 준동사가 들어가야 한다. 밑줄에는 밑줄 앞에 있는 주어 many issues를 수식하는 형용사형이 들어가야 한다. 밑줄 뒤에 목적어가 없고 수식어구가 나오므로 수동의 형태가 들어가야 한다.

□□
## 05 다음 밑줄 친 부분에 들어갈 표현으로 가장 적절한 것은?

> There still remain many issues _____ even after her lifelong devotion to the poor and helpless in this obscure village.

① having resolved
② resolve
③ to be resolved
④ resolving

**정답** ( 04 ① 05 ③ )

## 09 동명사

☐☐
## 01 다음 중 어법상 옳지 <u>않은</u> 것은?

① She approached me timidly from the farther end of the room, and trembling slightly, sat down beside me.

② When she felt sorrowful, she used to turn toward the window, where nothing faced her but the lonely landscape.

③ In evaluating your progress, I have taken into account your performance, your attitude, and for your improving.

④ The Main Street Bank is said to give loans of any size to reliable customers.

**해석** ① 그녀는 방의 멀리 끝에서부터 소심하게 내게 다가와서, 미세하게 떨며 내 옆에 앉았다.
② 그녀가 비통함을 느꼈을 때, 그녀는 외로운 풍경 외에는 아무것도 그녀와 마주하지 않는 창가로 몸을 돌리고는 했다.
③ 당신의 발전을 평가할 때, 나는 당신의 성과, 태도, 향상성을 고려했다.
④ The Main Street 은행은 신뢰할 만한 고객들에게는 얼마만큼의 양이든 대출을 해준다고 한다.

**01**

**해설** 'your performance ~ your improving'은 동사 have taken into account의 목적어가 병렬 관계로 놓인 것이다. 따라서 for your improving이 아니라 'your improving'으로 고쳐야 한다.
① 동사 approach는 '~로 다가가다'라는 의미로 전치사 to를 동반하지 않는다.
② used to + R은 '~하곤 했다'라는 의미로 과거의 습관을 나타낸다. 또한, '관계부사 where'은 계속적 용법으로 쓰이는 부사절을 이끌고 있으며, 다음에 완전한 문장이 왔다.
④ The Main Street Bank가 주어이므로 동사로 수동태가 쓰였다. be said to + R '~라고들 한다.'

☐☐
## 02 다음 중 어법상 옳은 것을 고르시오.

① That place is fantastic whether you like swimming or to walk.

② She suggested going out for dinner after the meeting.

③ The dancer that I told you about her is coming to town.

④ If she took the medicine last night, she would have been better today.

**해석** ① 그 장소는 네가 수영을 하러 가거나 산책을 하러 가기에 멋진 곳이야.
② 그녀는 미팅이 끝나고 저녁 먹으러 갈 것을 제안했다.
③ 내가 너에게 말했던 그 무용수가 시내로 오고 있다.
④ 만약에 그녀가 지난밤에 약을 먹었다면 그녀는 오늘 더 좋아졌을 텐데.

**02**

**해설** suggest는 동명사를 목적어로 취한다.
① swimming or walking 이거나 to swim or (to) walk로 병렬구조를 적용해야 한다.
③ The dancer를 선행사로 하고 있는 관계대명사가 이끄는 절은 불완전 문장이어야 한다. 따라서 about her에서 her를 제거해야 한다.
④ 과거(last night)에 대한 가정을 하고 있으므로 had taken이 적절하며 would be today로 혼합 가정법이 옳다.

 **정답** 01 ③  02 ②

## 10 분사

### 01

**해설** controlled는 과거분사이고 뒤에 전치사 by는 수동의 근거를 제시하고 있다. 따라서 적절하다.

① prompted는 준동사의 자리이고 뒤에 명사구를 두었으므로 과거분사가 아닌 현재분사가 적절하다.
③ 명사구를 뒤에 목적어로 두고 있으므로 citing이 적절하다.
④ '자동사 occur'는 수동태가 불가능하다. 따라서 occurred가 적절하다.

### 01 다음 밑줄 친 부분 중 어법상 적절한 것은?

Russians military vehicles crossed the border into Ukraine on Thursday, ① prompted a skirmish between Ukrainian and Russian forces, acting Ukrainian Interior Minister Arsen Avakov said. According to Avakov, tanks crossed the border at a checkpoint ② controlled by pro-Russian separatists in the Luhansk region of eastern Ukraine. Armored vehicles and artillery were part of the columns, Avakov said, ③ cited Ukrainian intelligence. The incident ④ was occurred in the midst of Ukrainian leaders' campaign of violence against people living in the largely pro-Russian east.

**해석** 러시아의 군 차량들이 화요일에 국경을 넘어서 우크라이나로 진입하여 우크라이나와 러시아간의 소규모 전투가 벌어졌다고 우크라이나의 내무부 장관 직무대행 Arsen Avakov가 발표했다. Avakov의 말을 빌리자면, 탱크가 동부 우크라이나 Luhansk 지역의 친러시아 분리주의자가 지배하고 있는 국경의 검문소를 통과했다고 한다. 무장한 차량들과 대포들이 행렬의 일부였다고 우크라이나 정보당국의 말을 인용하여 Avokov가 말했다. 이 사건은 우크라이나 지도자들의 친러시아 동부지역에 대체로 거주하는 사람들에 대한 폭력 운동의 한가운데에서 발생하였다.

**정답** 01 ②

## 02 다음 밑줄 친 부분 중 어법상 옳지 <u>않은</u> 것을 고르시오.

> Much of the debate over police drones in the United States ① <u>has</u> been over privacy. However, a new concern has come to light: the threat of hackers. Last year, security researcher Nils Rodday claimed he could take over a drone that ② <u>cost</u> between $30,000 and $35,000 ③ <u>used</u> just a laptop and forty dollars ④ <u>worth of</u> special equipment.

**[해석]** 미국에서 경찰용 드론에 대한 수많은 토론은 사생활에 대한 것이었다. 그렇지만, 새로운 걱정거리가 등장하게 되었다. 즉 해커들의 위협이다. 작년에, 보안 연구원인 Nils Rodday는 그가 노트북 컴퓨터 한 대와 40달러 가치의 특수 장비를 활용해서, 3만 달러에서 3만 5천 달러 가치인 드론을 빼앗을 수 있다고 주장했다.

## 03 다음 밑줄 친 부분 중 어법상 옳지 <u>않은</u> 것을 고르시오.

> A graph of monthly climatological data ① <u>shows</u> the warmest, coolest, wettest and driest times. Also, weekends are ② <u>highlighting on</u> the graph to help you quickly locate the weekend weather ③ <u>should you have</u> activities ④ <u>planned</u>.

**[해석]** 매달 기후학적인 데이터들의 그래프는 가장 온난하고 서늘하고 습하고 건조한 시기들을 보여준다. 또한, 당신이 활동을 계획해야 할 주말의 날씨를 빨리 찾도록 도와주기 위해 그래프 상에서 주말이 강조된다.

---

### 02
**[어휘]**
- debate 토론, 논쟁
- police drones 경찰이 사용하는 무인항공기
- come to light 알려지다, 등장하다
- threat 위협
- take over 인계받다, 떠맡다

**[해설]** 주절, 주절은 불가능하다. 따라서 과거동사 used를 using으로 고쳐야 한다. 'he could take over~'로 이미 동사가 나왔기 때문에 used는 현재분사인 using으로 고쳐야 한다.
- ① '부분표시 주어 Much(of the debate)'가 단수이기 때문에 동사도 has been으로 올바른 문장이다.
- ② 주격 관계대명사 뒤에 동사가 나오면 그것을 선행사의 수, 시제&태를 일치시켜야 한다. 시제가 과거이기 때문에 과거동사인 cost를 쓰는 것이 맞다(cost – cost – cost). 동사가 현재라면 선행사인 drone에 맞춰 '단수 동사 costs'로 고쳐야 한다.
- ④ 'forty dollars'라는 형용사 수식을 받는 worth는 명사로 올바른 표현이다. worthy '가치 있는, 가치'

### 03
**[어휘]**
- climatological 기후학적인
- locate ~의 정확한 위치를 찾아내다

**[해설]** 뒤에 목적어가 없을뿐더러 weekends는 무엇을 강조할 수 있는 주체가 될 수 없다. 그러므로 highlighting을 '과거분사 highlighted'로 고쳐 수동태로 쓰는 것이 적절하다.
- ① 주어가 A graph로 3인칭 단수이므로 적절하다.
- ③ 'should ~ planned'까지 의문문의 형태이긴 하나, 간접의문문은 아니고, if 접속사의 생략으로 should와 you가 도치된 형태에 해당되므로 옳은 문장이다.
- ④ 'have(사역동사) + 목적어 + 분사'의 형태로 활동이 계획되는 것이기 때문에 '과거분사 planned'가 적절하다.

**[정답]** 02 ③  03 ②

**04**

**05**

---

**04** 다음 중 어법상 옳지 <u>않은</u> 것은?

① The main reason I stopped smoking was that all my friends had already stopped smoking.

② That a husband understands a wife does not mean they are necessarily compatible.

③ The package, having wrong addressed, reached him late and damaged.

④ She wants her husband to buy two dozen of eggs on his way home.

**해석** ① 내가 담배를 끊은 주된 이유는 나의 모든 친구들이 이미 담배를
끊었기 때문이다.
② 남편이 아내를 이해한다는 것이 그들이 반드시 화합을 이룰 수 있
다는 것을 의미하지는 않는다.
③ 그 소포는 주소가 잘못 적혀있어서 그에게 늦게 도착하였고 훼손
되기까지 했다.
④ 그녀는 그녀의 남편이 집으로 오는 길에 달걀 두 판을 사오기를
원한다.

---

**05** 다음 밑줄 친 부분 중 어법상 옳지 <u>않은</u> 것을 고르시오.

> The middle-class Americans who chose ① <u>to avoid</u> the suburban lifestyle and ② <u>live</u> in the central city ③ <u>were</u> most often those least ④ <u>depended</u> on central-city government services.

**해석** 교외 지역의 생활방식을 회피해서 대도시에 살기를 선택한 미국의 중
산층들은 무척이나 자주 대도시의 정부 서비스에 거의 의존하지 않는
그런 사람들이었다.

□□
**06** 다음 밑줄 친 부분 중 어법상 옳지 <u>않은</u> 것을 고르시오.

---

In 1778 Carlo de Buonaparte, re-elected as one of the Council of Twelve Nobles, ① <u>was chosen</u> to be a member of a Corsican delegation to King Louis XVI. He took ten-year-old Giuseppe and nine-year-old Napoleone with him, ② <u>to begin</u> their life in their new country. They spent a night in a miserable inn at the port, sleeping on mattresses ③ <u>lay</u> out on the floor. En route from Corsica they visited Florence, where Carlo was able to procure a letter of introduction from the Habsburg Grand Duke Pietro Leopoldo to his sister Queen Marie Antoinette. Then they went on to France. Admittedly Carlo had something to celebrate, ④ <u>having been informed</u> by the Minister for War that Napoleone had been granted a scholarship and a place in the military school at Brienne as 'Royal Pupil' whose expenses would be paid by the King.

---

**해석** 1778년 Carlo de Buonaparte는 12명의 귀족위원회의 한 사람으로 재선출되어 루이 16세에게 보내지는 코르키스 대표단 일원으로 선발되었다. 그는 10살 된 Giuseppe와 9살 된 Napoleone을 데리고 새로운 국가로 가서 그들의 삶을 시작하였다. 그들은 보잘것없는 여관에서 하룻밤을 보내고, 방바닥에 놓여있는 매트리스 위에서 잠을 잤다. 코르시카의 여정 중에 그들은 플로렌스를 방문했다. 그곳에서 Carlo는 Habsburg 대공인 Pietro Leopoldo로부터 그의 누이인 Marie Antoinette 여왕에게 보내는 소개장을 구할 수 있었다. 그리고 그들은 프랑스로 갔다. 확실히 Carlo는 축하할 일이 있었는데 국방 장관한테 Napoleone이 국왕이 비용을 지급하는 Brienne 군사학교에 왕의 장학생으로 들어갈 수 있다는 정보를 받았기 때문이다.

**06**

**어휘**
- re-elect 다시 선출하다
- council 의회
- delegation 대표단
- miserable 보잘 것 없는
- en route 도중에
- letter of introduction 소개장
- procure 구하다
- admittedly 확실히
- celebrate 축하하다
- scholarship 장학금
- royal 왕의
- loyal 충성스러운, 성실한
- expense 비용
- grant 주다, 수여하다

**해설** lay의 위치는 앞에 주절의 본동사 they spent가 있으므로 준동사의 위치다. 즉, 'mattresses which are laid out on the floor'의 구조이다. 따라서 과거분사를 써야 한다.

**정답** 06 ③

**07**

• stuff 일, 재료, 물건
• entrepreneur 사업가
• innovation 혁신
• ingenuity 창의성, 독창성
• execute 실행하다
• dichotomy 이분법
• optimistic 낙관적인
• pessimistic 비관적인
• lens 렌즈, 관점
• pass by 지나가다
• pass away 죽다
• pass(vi) 지나가다
  pass(vt) 통과시키다

**해설** paying → paid
✿ pay attention to : '~에 주의 집중하다'에서 attention은 pay의 목적어이므로, attention을 뒤에서 꾸며주는 형태는 과거분사인 paid가 맞는 표현이다.
① get + 목적어 + p.p(목적어와 목적격 보어 관계가 p.p이며, 여기에서 getting의 형태는 동명사로서 mean의 목적어로 쓰였다)
② '주격 관계대명사 that'이 복수의 선행사인 issues를 꾸며주므로 문법적으로 맞는 표현이다.
④ 'let + 목적어 + 동사원형'이며, pass by에서 by는 부사로서 대명사의 목적어도 pass와 by 사이에 잘 나타났다.

**07** 다음 밑줄 친 부분 중 어법상 옳지 <u>않은</u> 것은?

Focus means ① getting stuff done. A lot of people have great ideas but don't act on them. For me, the definition of an entrepreneur, for instance, is someone who can combine innovation and ingenuity with the ability to execute that new idea. Some people think that the central dichotomy in life is whether you're positive or negative about the issues ② that interest or concern you. There's a lot of attention ③ paying to this question of whether it's better to have an optimistic or pessimistic lens. I think the better question to ask is whether you are going to do something about it or just ④ let life pass you by.

**해석** 집중은 일이 행해지는 것을 의미한다. 많은 사람들이 훌륭한 생각을 가지고 있지만 그것을 제대로 작동시키지 못한다. 예를 들면, 나에게 있어 사업가의 정의는 새로운 생각을 실행할 수 있는 능력과 함께 혁신과 독창성을 연결할 수 있는 사람이다. 일부 사람들은 삶의 중심이 되는 이분법은 자기를 흥미롭게 만들거나 신경 쓰게 하는 문제에 대해 그것이 긍정적인지 부정적인지라고 생각한다. 낙관적인 관점과 비관적인 관점에서 어떤 관점을 가지는 것이 더 나은지에 대한 이런 질문에는 많은 집중력을 필요로 한다. 나는 물어야 할 질문이 그런 좋은 생각에 대해 여러분이 무엇을 할 것인지 아니면 그냥 삶에서 지나가게 할 것인지가 되어야 한다고 생각한다.

**정답** 07 ③

## 08 다음 중 어법상 적절한 것은?

① The elite campus-based programs which he will be taking it next semester are scheduled to be extremely difficult.

② That happens in a particular period does not have any significant effects on the long-term investors in the stock market.

③ The newly built conference room, though equipped with more advanced facilities, accommodates fewer people than the old one.

④ With such a diverse variety of economical appliances to choose from, it's important to decide what it is best.

해석 ① 그가 다음 학기 수강하게 될 그 엘리트 대학 기반의 프로그램들은 몹시 어려울 것이다.

② 특정한 기간에 발생한 일은 주식 시장에서 장기 투자자들에 대해 어떠한 중대한 영향력도 끼치지 못한다.

③ 새롭게 지어진 회의실은, 비록 더 발전된 시설로 갖춰졌지만, 이전의 오래된 것보다 사람들을 더 많이 수용하지 못한다.

④ 그토록 여러 가지 다양한 경제적 가전제품들이 있어서, 무엇이 최선일지를 결정하는 것이 중요하다.

08

어휘 • facility 시설, 설비
• accommodate ~을 수용하다, 숙박을 제공하다
• a variety of 다양한, 여러 가지의
• economical 경제적인
• economic 경제의
• diverse 다양한
• appliance 가전제품

해설 though 이하는 주어 다음에 분사구문으로, 주어와의 관계가 수동관계이므로 적절하다.

① 관계대명사 which는 선행사 programs를 수식하며 불완전한 절을 형성하는 형용사절로 it을 없애야 한다.

② That절이 명사절로 주어이며 본동사 does not have가 이어지는데 that절이 완전하지 못한 절을 이루고 있으므로 선행사를 포함하는 관계대명사 what을 써야 한다.

④ decide의 목적어로 what it is best의 절은 불완전하지 않으므로 it을 없애고 what is best '최상의 것'으로 만들어야 적절하다.

## 11 명사, 관사, 대명사

□□
**01** 다음 중 어법상 옳은 것은?

① Humans share food, while monkeys fend for themselves.

② A sweat lodge is a tent which Sioux Indians take a ritual sweat bath.

③ If international trade doesn't exist, many products wouldn't be available on the market.

④ Corporations manufacturing computers with toxic materials should arrange for its disposal.

**해석** ① 인간들은 음식을 나눈다, 반면에 원숭이들은 그들 스스로 자립을 한다.
② sweat lodge는 수족 인디언들이 한증욕 의식을 거행하는 텐트이다.
③ 만약 국제 무역이 존재하지 않으면, 많은 상품들은 시장에서 이용 가능하지 않을 것이다.
④ 유독성의 물질들을 가지고 있는 컴퓨터들을 생산하는 기업들은 그것들의 폐기를 위한 준비를 해야만 한다.

---

**01**

**어휘** • fend for oneself 혼자 힘으로 꾸려 나가다, 자활하다
• sweat lodge (북미 인디언의) 몸을 씻거나 기도할 때 쓰는 오두막집
• take a ritual 의식을 거행하다
• arrange for ~을 준비하다

**해설** 문맥상 대조를 나타내는 부사절 접속사 while은 적절하며 재귀대명사 themselves는 monkeys를 가리키므로 적절하다.
② '관계대명사 which'가 쓰였는데 뒤의 형용사절에 불완전한 문장 성분이 없다. 문맥상 a tent를 장소로 받아 '관계부사 where'를 쓰거나 in which로 고쳐야 한다.
③ 문맥상 현재와 다른 사실을 가정하는 내용인데, if절에 현재시제를 썼고 주절에는 과거형 would를 썼으므로 가정법 시제가 적절하지 않다. doesn't를 didn't로 바꿔 가정법 과거로 만들어야 한다.
④ its가 가리키는 것은 computers이므로 적절하지 않다. 복수의 의미를 나타내는 their가 적절하다.

**정답** 01 ①

☐☐
**02** 다음 중 어법상 적절한 것은?

① All he wanted was sat with the paper until he could calm down and relax.

② Straddling the top of the world, one foot in China and the other in Nepal, I cleared the ice from my oxygen mask.

③ It is impossible to say how first entered the idea my brain, but once conceived, it haunted me day and night.

④ She was moving away from realistic copying of objects to things she perceiving with her own eyes and mind.

**해석** ① 그가 원했던 모든 것은 그가 진정하고 긴장을 풀 수 있을 때까지 신문을 가지고 앉아있는 것이었다.

② 한 발은 중국에 그리고 다른 한쪽은 네팔에 둔 채 세계의 꼭대기에 다리를 벌리고 서서, 나는 나의 산소마스크로부터 얼음을 제거했다.

③ 어떻게 처음에 그 생각이 나의 두뇌에 들어왔는지 말하는 것은 불가능하다, 하지만 일단 생각을 품었을 때 그것은 밤낮으로 내게 붙어 다녔다.

④ 그녀는 물체들의 실제적인 복사로부터 그녀 자신의 눈과 마음으로 인지한 것들로 벗어나고 있는 중이었다.

**02**

**어휘** • sit – sat – sat(vi) 앉다
• seat – seated – seated(vt) 앉히다
• straddle 다리를 벌리고 서다
• conceive 생각해내다, ~을 마음에 품다
• haunt (생각, 기억 등) 끊임없이 떠오르다
• perceive 인식하다
• object to(= be opposed to) 반대하다
• object 물체, 대상, 목표, 목적어

**해설** straddle은 타동사로 '다리를 양쪽에 떼어 놓고 단단히 서다'를 뜻하며, 장소를 목적어로 두고 있다. 분사구문의 주어와 주절의 주어가 일치하고, 내가 다리를 벌리고 있는 것이므로 능동을 나타내는 현재분사가 적절하다. 또한, 두 발 중 한쪽은 one, 다른 한쪽은 the other로 부정대명사를 바르게 적용했다.

① be 동사 뒤에 보어는 'to + V'를 써야 한다.

③ how가 명사절을 이끄는 간접의문이므로 'how the idea first entered'가 적절하다.

④ things 이하는 관계사절(형용사절)인데 동사가 없으므로 perceiving은 perceived가 되어야 적절하다.

**정답** 02 ②

**03**

해설 여기서 team은 구성원 개개인을 말하므로 군집 명사로 쓰였다. 따라서 복수 동사 work가 적절하며, '늦게'라는 뜻의 부사 late 또한 적절하다.
① leave는 '~을 떠나다'라고 할 때, 타동사이므로 전치사 from을 삭제해야 한다.
② 등위 접속사 and를 사이에 두고 형용사가 병치를 이루는 구조이다. exhaust를 분사 exhausted로 고쳐야 한다.
④ 의미상 '~외에도'라는 뜻이 되어야 하므로 전치사 beside를 besides로 고친다. beside는 전치사로 '~옆에'라는 의미이다.

□□
**03 다음 중 어법상 옳은 것은?**

① Without plants to eat, animals must leave from their habitat.
② He arrived with Owen, who was weak and exhaust.
③ This team usually work late on Fridays.
④ Beside literature, we have to study history and philosophy.

해석 ① 먹을 식물이 없다면, 동물들은 그들의 서식지를 떠나야만 한다.
② 그는 Owen과 함께 도착했는데, Owen은 힘이 없고 지쳐 있었다.
③ 이 팀(의 멤버들)은 금요일마다 항상 늦게 일을 한다.
④ 문학뿐만 아니라, 우리는 역사와 철학을 공부해야 한다.

**04**

해석 ① George는 아직 숙제를 끝내지 못했고, 그리고 Mark도 역시 마찬가지다.
② 내 여동생은 어젯밤 화가 났었는데, 그녀는 너무 많은 숙제를 해야 했기 때문이다.
③ 만약 그가 은행에서 더 많은 돈을 가져올 수 있었다면, 그는 그 신발을 살 수 있었을 텐데.
④ 그 방안은 너무나 조용했고 그래서 나는 밖에 나무에서 나뭇잎들이 바람에 날려 떨어지는 소리를 들을 수 있었다.

해설 셀 수 없는 명사(homework)는 복수형 불가, many, a few, few 수식 불가

□□
**04 다음 중 어법상 옳지 않은 것은?**

① George has not completed the assignment yet, and Mark hasn't either.
② My sister was upset last night because she had to do too many homeworks.
③ If he had taken more money out of the bank, he could have bought the shoes.
④ It was so quiet in the room that I could hear the leaves being blown off the trees outside.

정답 03 ③ 04 ②

## 12 형용사, 부사, 비교

**01** 다음 밑줄 친 부분 중 어법상 옳지 <u>않은</u> 것을 고르시오.

> Any manager of a group that wants to achieve a meaningful level of acceptance and commitment to ① <u>a planned</u> change must present the rationale for the contemplated change as ② <u>clear</u> as possible and provide opportunities for discussion ③ <u>to clarify</u> consequences for those who will ④ <u>be affected</u> by the change.

**해석** 계획된 변화에 의미심장한 수준의 수용과 헌신을 성취하기를 원하는 한 그룹의 어떤 경영자라도 그 심사숙고된 변화에 대한 근거를 가능한 한 명료하게 제시해야 하고 그 변화에 영향을 받게 될 사람들을 위해 그 결과들을 분명히 하기 위하여 토론을 위한 기회들을 제공해야 한다.

**02** 다음 중 어법상 옳은 것은?

① She was noticeably upset by how indignant he responded to her final question.

② Obviously, this state of affairs is known to the ambassadors, who reacts unfavorably to it.

③ I walked on as briskly as the heat would let me until I reached the road which led to the village.

④ Although there are some similarities in the platforms of both candidates, the differences among them are wide.

**해석** ① 그녀는 그가 그녀의 최종 질문에 얼마나 분이 나게 답하였는지 눈에 띄게 화가 났다.

② 분명히, 그 사태가 대사관들에게 알려졌고, 그들은 그것에 비호의적으로 반응한다.

③ 그 마을로 이어지는 그 길에 닿을 때까지 나는 그 열기가 나를 그렇게 하도록 허락하는 만큼 힘차게 걸었다.

④ 두 후보자들의 공약에는 몇 가지 유사점이 있음에도 불구하고, 차이점들의 간격은 넓다.

**01**

**어휘** • achieve 성취하다
• meaningful 의미심장한
• acceptance 수락
• commitment 헌신
• rationale 이론적 근거
• contemplate 심사숙고하다
• clarify 명료하게 하다
• consequence 결과

**해설** clear는 첫 번째 문장의 동사 must present를 수식하는 부사적 기능으로 present를 완전 타동사로 규정하는 '가능한 한 명료하게'를 의미해야 하므로 부사 clearly로 고쳐야 한다. 또한, 긍정문의 any는 전체 긍정의 의미를 나타낸다.

**02**

**어휘** • indignant 분개한
• the state of affairs 사태, 형세
• briskly 기분 좋게, 힘차게
• platform (정당의) 정견, 공약

**해설** 부사 briskly는 동사 walked on을 수식하는 것으로 알맞은 형태로 쓰였다.
① indignant는 동사 responded를 수식하는 것이므로 형용사가 아닌 부사의 형태 indignantly가 적절하다.
② who 이하의 관계대명사절은 선행사 ambassadors를 수식하고 있다. 따라서 선행사가 복수이므로 reacts가 아닌 react가 적절하다.
④ 그 두 후보자 사이의 공약을 비교하는 것이므로 among이 아닌 between이 적절하다.

**정답** 01 ② 02 ③

**03**

03 다음 중 어법상 옳은 것은?

① Many a careless walker was killed in the street.

② Each officer must perform their duties efficient.

③ However you may try hard, you cannot carry it out.

④ German shepherd dogs are smart, alert, and loyalty.

[해석] ① 많은 부주의한 보행자가 거리에서 사망했다.
② 각각의 관리는 그들의 임무를 효율적으로 수행해야만 한다.
③ 아무리 당신이 노력한다 한들, 당신은 그것을 실행할 수 없다.
④ 독일산 사냥개들은 영리하고, 민첩하며, 충성심이 강하다.

[해설] 'many + 복수 명사 + 복수 동사'이지만, 'many + a + 단수 명사 + 단수 동사'를 적용한다.
② 'each + 단수 명사 + 단수 동사, 대명사의 소유격(their)'은 'his(or her) + 명사(duties)'로 바꾸고, 형용사 efficient는 동사를 수식하는 부사인 efficiently로 바꿔야 한다.
③ 'however + 형용사(부사) + 주어 + 동사' 어순을 주의해야 한다. 'However hard you may try~'로 바꿔야 한다.
④ 병치법의 '형용사, 형용사, and 형용사' 규칙에 따라서 명사 loyalty는 and loyal(형용사)로 바꿔야 한다.

**04**

04 다음 밑줄 친 부분 중 어법상 가장 옳은 것은?

> More than 150 people ① have fell ill, mostly in Hong Kong and Vietnam, over the past three weeks. And experts ② are suspected that ③ another 300 people in China's Guangdong province had the same disease ④ begin in mid-November.

[어휘] • fall ill 병에 걸리다
• suspect 의심하다
• province 지방, 분야

[해석] 지난 3주에 걸쳐서 주로 홍콩과 베트남에서, 150명 이상의 사람들이 질병에 걸렸다. 그리고 전문가들은 중국의 광동 지방에 있는 또 다른 300명의 사람들도 11월 중순에 시작된 똑같은 질병을 앓고 있다고 의심하고 있다.

[해설] 'another + 복수 명사'는 불가, 하지만 'many a 단수 명사, every two years'처럼 근접 일치법칙(가까운 수식어가 뒤의 명사를 지배한다)에 'another + 300 + 복수 명사'는 가능하다. 복수 명사는 300이라는 복수의 개념이 지배한다(근접어구 일치법칙)
① fall − fell − fallen의 동사의 3단 변화에 맞게 have fallen ill로 해야 한다.
② 주어가 that절이라는 목적어를 가지고 있으므로 주동수태 법칙의 검증에서 suspect(의심하다)라는 능동의미가 적절하다. 따라서 are suspecting '의심하고 있다'가 적절하다.
④ 앞에 본동사 had가 있으므로 which began 또는 which had begun 등으로 바꾸면 문맥에 자연스럽다.

[정답] 03 ①  04 ③

**05** 다음 중 어법상 옳은 것은?

① They didn't believe his story, and neither did I.

② The sport in that I am most interested is soccer.

③ Jamie learned from the book that World War I had broken out in 1914.

④ Two factors have made scientists difficult to determine the number of species on earth.

[해석] ① 그들은 그의 이야기를 믿지 않았고, 나도 역시 마찬가지였다.
② 내가 가장 관심을 가지고 있는 스포츠는 축구다.
③ Jamie는 1차 세계대전이 1914년에 발발했음을 그 책을 통해 알았다.
④ 두 가지 요소 때문에 과학자들이 지구의 종들의 숫자를 결정하는 데 어려움을 겪어왔다.

**05**

[어휘] • neither 역시, 둘 다 아닌
• determine 결정하다
• species 종

[해설] and 뒤에 'neither + 동사 + 주어'가 올바르게 도치된 역시 부사 구문이다.
② '관계대명사 that'은 전치사를 앞에 둘 수 없으므로 in that을 in which로 해야 적절하다.
③ 역사적 사실은 언제나 단순과거 시제를 쓴다. had broken out을 broke out으로 고쳐야 적절하다.
④ 난이도 형용사 difficult는 사람을 주어로 쓸 수 없다. 따라서 'made scientists difficult to determine'을 'made it difficult for scientists to determine'으로 가목적어를 사용해야 적절하다.

[정답] 05 ①

**06**

**해설** The prematurely aged wife~
(premature와 aged는 의미상 비슷한 내용이므로 연결해서 wife를 수식할 수는 없고 prematurely라는 부사가 되면 자연스럽게 뒤의 형용사를 수식할 수 있게 된다)
✿ -ved형 형용사 앞에 -ly형 부사가 정답임을 잊지 말아야 한다.
① 'come to count on(의존하게 되다)', goods(상품), which는 to forget의 목적어 역할을 수행하는 관계대명사, 'allow + 목적어 + to + R'의 문형을 기억해 두어야 한다.
② be equated with : '~와 동일시하다, 동등하게 다루다'
③ school(vt) : '~에게 (예의범절을) 가르치다'라는 (who is schooled by the hazards)의 개념으로 과거분사가 옳다. to which에 전치사 to는 be exposed to~에 연결되는 전치사이므로 적절하다.

**06** 다음 중 문법적으로 적절하지 <u>않은</u> 것은?

① Housewives came to count on certain brands of goods, which advertisers never allowed them to forget.

② It is not true that prosperity must be equated with 'gentle' inflation - whatever that means.

③ The child sits quietly, schooled by the hazards to which he has been earlier exposed.

④ The premature aged wife was coming to be the exception rather than the rule.

**해석** ① 가정주부들은 어떤 브랜드에 의존하게 되었고, 그것을 광고주들은 결코 그들이 잊지 않도록 하고 말았다.
② 번영은 그것이 무엇을 의미하든지 간에 온건한 인플레이션과 동일시되어야 한다는 것은 사실이 아니다.
③ 아이는 조용히 앉아있는데, 그가 좀 더 일찍 노출된 위험에 의해서 예의범절을 배우기도 한다.
④ 조숙하게 나이가 든 아내가 일반적이라기보다는 오히려 예외적인 존재가 되어가고 있었다.

**정답** 06 ④

## 13 관계사

□□
**01** 다음 밑줄 친 부분 중 어법상 가장 적절하지 <u>않은</u> 것은?

> ㉠ Most readers of novels intuitively feel that their favorite authors have ㉡ distinctive styles, and some sensitive readers can even attribute passages ㉢ what they have not read previously ㉣ to one or another of these authors.

① ㉠

② ㉡

③ ㉢

④ ㉣

□□
**02** 다음 밑줄 친 부분 중 어법상 옳지 <u>않은</u> 것은?

> The United States national debt was relatively small ① until the Second World War, during ② when it grew ③ from $43 billion to $259 billion ④ in just five years.

**해석** 미국 국가부채는 제2차 세계대전 전까지 상대적으로 적었는데, 그 전쟁 동안 그것이 단 5년 만에 430억 불에서 2590억 불로 증가했다.

---

**01**

**어휘** • attribute A to B : A를 B의 탓이라고 여기다

**해석** 대부분의 소설 독자들은 직관적으로 그들의 가장 좋아하는 작가가 독특한 스타일을 가지고 있다고 느끼며, 일부 민감한 독자들은 그들이 이전에 읽어보지 못했던 구절들을 심지어 이런 작가들 중에 한 두 사람에 탓이라고 여기기도 한다.

**해설** ㉢ 이하의 절은 불완전한 절이기는 하지만 선행사 passages가 있으므로 what 대신에 which or that을 써야 한다.

**02**

**어휘** • national debt 국채
• relatively 비교적으로, 상대적으로

**해설** '전치사 during' 뒤에 절은 불가능하다. 따라서 대명사와 접속사의 역할을 동시에 수행하도록 관계대명사 which로 바꾸어야 한다. 만약 when 이하를 during의 대상절로 본다면 앞에 콤마를 쓸 이유가 없고, 의미도 '부채가 ~ 늘어났던 기간 동안, 2차 대전 전까지'로 어색해지므로 옳지 않다.
① until은 전치사와 접속사로 쓸 수 있고, 여기서는 전치사로 바르게 쓰였다.
③ 각각 43 billion dollars, 259 billion dollars를 말하므로 billion이 한정사로 쓰였고, 따라서 복수형을 쓰지 않은 것이다.
④ 둘러싸인 공간을 연결하는 '전치사 in'이 시간개념으로 확장되어 기간을 나타낼 수 있다.

**정답** 01 ③ 02 ②

## 03

**해설** '관계대명사 which'가 사용되어야 한다면 뒤에는 불완전한 문장이 와야 하는데 뒤에는 동사가 수동태인, 즉 목적어나 보어가 필요하지 않은 문장으로 완전한 절이 쓰였다. 따라서 뒤에 완전한 절을 취하는 관계부사인 where가 쓰여야 한다.

② 전치사(from) 뒤에 위치하며 뒤에 목적어(the national dress)를 취할 수 있는 동명사가 적절하게 사용되었다.

③ 부사절 접속사로 원래는 뒤에 절을 취하지만 주어와 being을 생략한 분사구문을 사용하는 것도 가능하다.

④ 전치사 on이 명사 ban과 함께 사용되어 '~에 대한 금지'라는 뜻으로 사용된다.

## 04

**어휘** • identify 확인시키다
• go unnoticed 지나쳐버리다
• illegible 알아보기 힘든

**해설** 선행사인 old coin을 받아서 뒤의 명사 date를 수식해야 하므로 which를 소유격 관계대명사인 whose로 고쳐야 한다. and its(= whose) date had become~의 중문을 생각해보면 쉽게 이해된다.

## 03 다음 밑줄 친 부분 중 어법상 옳지 <u>않은</u> 것은?

> Officials in the UAE, responding to an incident ① <u>which</u> an Emirate tourist was arrested in Ohio, cautioned Sunday that travelers from the Arab country should 'refrain from ② <u>wearing the national dress</u>' in public places ③ <u>while visiting the West</u> 'to ensure their safety' and said that women should abide by bans ④ <u>on face veils in European countries,</u> according to news reports from Dubai.

**해석** 한 Emirate 관광객이 오하이오에서 체포되었던 사건에 반응하며 UAE의 관리들은 아랍 국가에서 온 여행객들은 '그들의 안전을 확실히 하기 위해' 서양을 방문하는 동안 공공장소에서 '국가의 옷을 착용하는 것을 자제'해야 한다고 일요일에 경고했으며, 두바이의 뉴스 보도들에 따르며 유럽 국가에서는 여성들이 얼굴에 착용하는 베일에 대한 금지도 준수해야 한다고 말했다.

## 04 다음 중 어법상 옳지 <u>않은</u> 것은?

① Two hours from now, the hall will be empty. The concert will have ended.

② The lab test helps identify problems that might otherwise go unnoticed.

③ The police found an old coin which date had become worn and illegible.

④ Tom made so firm a decision that it was no good trying to persuade him.

**해석** ① 지금부터 두 시간 후에, 그 홀은 비워질 것이다. 콘서트는 끝나게 될 것이다.

② 실험실의 실험은 그렇지 않으면 눈에 띄지 않은 채 지나쳐 버릴 수도 있는 문제들을 확인하도록 도와준다.

③ 경찰은 동전의 날짜가 닳아서 알아보기 어렵게 된 오래된 동전을 찾았다.

④ 톰은 아주 확고한 결정을 내렸으므로 그를 설득하려 해봤자 아무런 소용이 없었다.

**정답** 03 ① 04 ③

## 14 접속사, 전치사

**01** 다음 밑줄 친 부분 중 어법상 옳지 <u>않은</u> 것을 고르시오.

> When the Dalai Lama fled across ① the Himalayas into exile in the face of ② advancing Chinese troops, ③ little did the youthful spiritual leader know ④ what he might never see his Tibetan homeland again.

**02** 다음 중 어법상 옳은 것은?

① Few living things are linked together as intimately than bees and flowers.

② My father would not company us to the place where they were staying, but insisted on me going.

③ The situation in Iraq looked so serious that it seemed as if the Third World War might break out at any time.

④ According to a recent report, the number of sugar that Americans consume does not vary significantly from year to year.

**[해석]** ① 살아있는 것들 중 벌들과 꽃보다 더 친밀하게 연결된 것은 거의 없다.

② 우리 아버지는 그들이 머무는 곳까지 우리와 함께 가지 않으려고 하셨다. 하지만, 내가 가야 한다고 주장하셨다.

③ 이라크의 상황은 하도 심각해서 마치 3차 세계대전이 언제든 발발할 것처럼 보였다.

④ 최근의 한 보고에 따르면, 미국인들이 소비하는 설탕의 양이 해마다 상당히 달라지지는 않는다.

---

**01**

**[어휘]** • exile 망명
• spiritual 정신적인
• homeland 고향

**[해석]** 달라이라마가 진군해오는 중국 군대에 직면한 상황에서 피난하여 히말라야산맥을 가로질러 망명길에 올랐을 때, 그 젊은 정신적 지도자는 그가 다시는 티벳의 고향을 볼 수 없을지도 모른다는 것을 거의 알지 못했다.

**[해설]** what절은 앞에 동사 know의 목적어 역할을 하는 자리에서, what은 형용사의 역할을 하거나 명사의 역할을 해서 뒤의 문장구조가 불완전해야 하지만 문장의 주성분을 다 갖추고 있으므로 접속사 that이 들어갈 자리이다.

**02**

**[해설]** so~ that 용법으로 잘 되었다.

① as ~ as 용법이나 비교급 ~ than 용법에 맞는 문장을 선택한다.

② '명사 company'가 아닌 accompany를 쓰고 동명사의 의미상 주어는 my를 쓴다.

④ the number가 아니라 the amount를 써야 한다.

**[정답]** 01 ④  02 ③

**03**

[해석] 소음공해는 몇 가지 방식들에서 다른 유형들의 공해와 다르다. 소음은 일시적이다 : 일단 그 공해가 멈추면, 그 환경은 그것에서 벗어난다. 예를 들어, 이것은 공기 오염의 경우에는 적용되지 않는다. 우리는 공기 안으로 도입된 화학물질들의 양을 측정할 수 있다. 반면에 누적되는 소음에의 노출을 검사하기는 극도로 어렵다.

[해설] whereas는 접속부사로 완전한 문장이 이어져야 하며, 난이도 형용사가 있으므로 가주어 it가 등장해야 한다.
It is extremely difficult to monitor∼

**03** 다음 밑줄 친 부분 중 어법상 옳지 <u>않은</u> 것은?

> Noise pollution ① is different from other forms of pollution in ② a number of ways. Noise is transient: once the pollution stops, the environment is free of it. This is not the case with air pollution, for example. We can measure the amount of chemicals ③ introduced into the air, ④ whereas is extremely difficult to monitor cumulative exposure to noise.

[정답] 03 ④

## 04 다음 밑줄 친 부분 중 어법상 옳은 것은?

Compared to newspapers, magazines are not necessarily up-to-the-minute, since they do not appear every day, but weekly, monthly, or even less frequently. Even externally they are different from newspapers, mainly because magazines ① resemble like a book. The paper is thicker, photos are more colorful, and most of the articles are relatively long. The reader experiences much more background information and greater detail. There are also weekly news magazines, ② which reports on a number of topics, but most of the magazines are specialized to attract various consumers. For example, there are ③ women's magazines cover fashion, cosmetics, and recipes as well as youth magazines about celebrities. Other magazines are directed toward, for example, computer users, sports fans, ④ those interested in the arts, and many other small groups.

해석 신문과 비교해 볼 때, 잡지는 꼭 최신일 필요는 없다. 왜냐하면, 잡지는 매일 나오는 것이 아니라 주간, 월간 혹은 그보다 덜 자주 나오기 때문이다. 잡지는 책과 같이 생겼기 때문에 외형적으로도 신문과 다르다. 종이도 더 두껍고, 사진도 더 화려하며, 기사의 대부분이 상대적으로 길다. 독자들은 훨씬 더 많은 배경 정보와 세부 내용 들을 경험한다. 또한, 수많은 주제에 대해서 보도하는 주간지도 있다. 하지만 잡지의 대다수는 다양한 소비자를 끌어들이기 위해 특화되어 있다. 예를 들면, 유명인에 관한 젊은이들의 잡지뿐만 아니라 패션, 화장품, 요리법을 다루고 있는 여성 잡지도 있다. 예를 들어보면, 다른 잡지들은 컴퓨터 사용자들, 스포츠팬들, 예술에 관심 있어 하는 사람들과 많은 다른 작은 단체에 대해서 영향을 미친다.

## 04

어휘 • not necessarily 꼭 ~은 아니다
• up-to-minute 최신의
• externally 외형적으로
• detail 세부적인 내용
• cover 포함하다, 다루다
• celebrity 유명인사
• direct 지시하다, 영향을 주다
• toward ~를 향해서, ~에 대해서

해설 'computer users, sports fans, those interested in the arts, and many other small groups'는 모두 전치사 toward의 목적어로 쓰인 명사구이다. those와 interested 사이에는 'who are'가 생략되었음을 알 수 있다.
① resemble은 완전 타동사이므로 전치사와 함께 쓸 수 없다. 따라서 전치사 like를 삭제한다.
② '관계대명사 which'는 선행사 magazines를 받고 있으므로 복수 취급해야 한다. 따라서 관계절 내 동사 reports도 복수 형태인 report가 되어야 한다.
③ 하나의 절에는 하나의 동사가 있어야 하므로 cover는 부적절하므로, cover를 앞에 있는 명사 magazines를 꾸며주는 분사 형태로 바꿔야 한다. 따라서 cover를 covering으로 고친다.

정답 04 ④

**05**

해설 주어인 The software developer가 3인칭 단수이므로 동사 works도 적절하게 사용되었다. 또한, to maximize와 to reduce는 병렬구조로 옳게 사용되었다.

① 'interested in~' 다음에는 명사나 명사구가 나와야 한다. 따라서 enhancing에 맞춰서 design도 원형이 아닌 designing이 되어야 한다.

② 문장이 과거 Darwin 시대에 대한 내용을 서술하고 있으므로 과거 시제가 와야 문맥상 적절하다. 따라서 than 다음에 do가 아닌 did가 적합한 표현이다.

③ despite(그럼에도 불구하고)는 of가 필요 없는 전치사이다. of를 사용하고 싶다면 in spite of를 사용해야 한다.

✪ 'in spite of / despite + 구' ↔ 'although / though / even if / even though + 절'

---

**05** 다음 중 어법상 옳은 것은?

① This book is intended for educators, new or veteran, interested in enhancing student understanding and design more effective curricula.

② Darwin knew far less about the various species he collected on the Beagle voyage than do experts in England at the time who classified these organisms for him.

③ A challenge in reading a text is to gain a deep understanding of what the text might mean, despite of the obstacles of one's assumptions and biases.

④ The software developer works to maximize user-friend-liness and to reduce bugs that impede results.

해석 ① 이 책은 학생들이 이해하는 것을 더 강화하는 것과 더 효과적인 교육 과정을 디자인하는 것에 관심이 있는 신입이거나 베테랑인 교육자들을 위해 의도된 것이다.

② Darwin은 그를 위해 이러한 유기체들을 분류했던 그 시대 영국의 전문가들이 한 것보다 Beagle 여행에서 그가 수집했던 다양한 종들에 대해 훨씬 더 조금 알고 있었다.

③ 사람의 가정들과 편견들의 장벽에도 불구하고 텍스트를 읽는 도전은 그 텍스트가 무엇을 의미하는 것인지에 대해 깊은 이해를 얻는 것이다.

④ 소프트웨어 개발자들은 사용자들의 편의를 최대화하고 결과를 방해하는 버그를 줄이기 위해 작업하는 것이다.

정답 05 ④

## 15  특수 구문

□□
01  다음 밑줄 친 부분 중 어법상 옳지 <u>않은</u> 것은?

> Allium vegetables - edible bulbs ① <u>including</u> onions, garlic, and leeks - appear in nearly every cuisine around the globe. ② <u>They</u> are fundamental in classic cooking bases, such as French mirepoix (diced onions, celery, and carrots), Latin American sofrito(onions, garlic, and tomatoes), and Cajun holytrinity(onions, bell peppers and celery). ③ <u>While</u> we sometimes take these standbys for granted, the flavor of allium vegetables can not be replicated. And neither their health benefits ④ <u>can</u>, which include protection from heart diseases and cancer.

해석  식용 구근(球根)식물인 파과(科) 채소들은 양파, 마늘, 부추를 포함하며 전 세계에서 거의 모든 요리에서 쓰인다. 파과 채소들은 프랑스 mirepoix, 남미의 sofrito, 카잔 스타일의 holytrinity와 같은 전통적인 요리에서 필수적이다. 우리는 때때로 이런 재료들이 항상 있다는 것을 당연시 여기지만, 파과 채소들의 맛은 대체 될 수 없다. 그리고 심장병과 암 예방을 포함하는 파과 채소들의 건강의 이점들도 대체 될 수 없다.

01
해설  조동사는 Neither(Nor) + 동사 + 주어 : '역시 ~도 아니다'의 도치 구문으로 neither can their health benefits로 바꿔야만 한다.
① 전치사로 기능을 제대로 수행하고 있다. 의미는 '~를 포함해서'
② they는 대명사(복수)로 Allium vegetables를 받고 있다.
③ while은 접속사로 '비록 ~이지만(양보), ~ 동안(시간)' 두 가지 의미로 쓰는데 여기서는 양보 의미의 접속사이다.

정답  01 ④

## 02

**02 다음 밑줄 친 부분 중 어법상 가장 옳지 <u>않은</u> 것은?**

**어휘**
- independence 독립
- discussion 토론
- argue 논쟁하다
- through ~을 통해

> His survival ① <u>over</u> the years since independence in 1961 does not alter the fact that the discussion of real policy choices in a public manner has hardly ② <u>never</u> occurred. In fact, there have always been ③ <u>a number of</u> important policy issues ④ <u>which</u> Nyerere has had to argue through the NEC.

**해설** 준 부정어 hardly, scarcely는 부정부사 not, never와 한 문장 속에 중복 사용할 수 없다. 따라서 never는 불필요하다.
① over는 '~에 걸쳐서'의 전치사이다.
③ a number of는 many의 의미이므로 뒤에는 복수 명사가 온다.
④ '관·대 불완전, 관·부 완전'이라는 절대 법칙 6번과 7번의 공식에 따라서 선행사가 issues로 사물이고 뒤에 argue의 목적어가 생략된 불완전한 절이 왔으므로 관계대명사 which는 옳다.

**해석** 1961년의 독립 이후로 수년 동안의 그의 생존이 진정한 정책 문제에 대한 공공의 토론이 결코 일어나지 않았다는 사실을 바꾸지는 못한다. 사실상 (대통령) Nyerere는 NEC를 통하여 주장해 오던 수많은 중요한 정책이슈들이 있다.

## 03

**03 다음 밑줄 친 부분 중 어법상 가장 옳지 <u>않은</u> 것은?**

**어휘**
- generally(= in general = on the whole = by and large) 대체로

> I'm ① <u>pleased</u> that I have enough clothes with me. American men are generally bigger than Japanese men so ② <u>it's</u> very difficult to find clothes in Chicago that ③ <u>fits</u> me. ④ <u>What</u> is a medium size in Japan is a small size here.

**해설** '관계대명사 that'의 선행사가 clothes이므로 복수 동사는 fit이 적절하다.
① please는 감정류의 타동사는 과거분사를 적용하여 I'm pleased가 적절하다.
② 'It ~ to + V' 구문은 부정사를 진주어로 하는 가주어 it의 용법이다.
④ 주절의 주어로 명사절 역할의 '관계대명사 what'이 불완전한 절을 이끌고 있으므로 적절하다.

**해석** 나는 충분한 옷을 내가 가지고 있어서 기쁘다. 미국 사람들은 일반적으로 일본사람들보다 커서 나에게 맞는 옷을 시카고에서 찾기란 어렵다. 일본에서 보통 사이즈가 여기에선 작은 사이즈이다.

**정답** 02 ② 03 ③

## 04 다음 중 어법상 옳지 않은 것은?

① You might think that just eating a lot of vegetables will keep you perfectly healthy.

② Academic knowledge isn't always that leads you to make right decisions.

③ The fear of getting hurt didn't prevent him from engaging in reckless behaviors.

④ Julie's doctor told her to stop eating so many processed foods.

**해석** ① 당신은 단순히 많은 채소를 먹는 것만으로도 당신이 건강을 유지할 것이라고 생각할지도 모른다.
② 학문적 지식이 항상 당신이 옳은 결정을 하도록 이끌어 주는 것은 아니다.
③ 다치는 것에 대한 두려움조차도 그가 무모한 행동에 가담하는 것을 막아주지는 못했다.
④ Julie의 주치의는 그녀에게 너무 많은 가공식품을 먹는 것을 중단하라고 말했다.

### 04

**어휘** • academic knowledge 학문적 지식
• engage in 종사하다, 참여하다
• reckless 무모한
• processed food 가공식품

**해설** 접속사 that을 선택한다면 완전한 문장을 구성해야 한다. 관계대명사 that은 불안전한 문장을 이끌며 반드시 앞에 선행사를 가지고 등장한다. 하지만 선행사를 가지고 있지 않은 문장이므로 what을 선택해야만 한다. not always는 '반드시 ~한 것은 아니다'라는 의미의 부분부정을 유도하는 문장이다. 즉, always와 부정어 not이 함께 쓰여 '언제나 ~한 것은 아니다'를 나타낸다.
① 접속사 that 속의 불완전 타동사 keep은 '유지, 지속' 의미의 동사로 목적 보어로 형용사 형태인 healthy가 적절하다. 부사 perfectly는 형용사 healthy를 수식하고 있다.
③ 방해, 금지의 동사로 사용되는 완전 타동사 'prevent + 목적어 + from ~ing'는 적절하다.
④ '말하다' 동사의 일종으로 tell이 to 부정사를 목적 보어로 갖는 불완전 타동사로 적절하다.

**정답** 04 ②

**05**

**어휘**
- contain 함유하다
- form of life 생물(체)
- Saturn 토성
- telescope 망원경
- famine 기근, 굶주림
- neighboring country 인접 국가, 이웃 국가
- children's story 동화

**해설** be 동사 다음의 현재분사, 과거분사는 be 동사 앞에 등장하여 강조되는 문장으로 사용이 가능하다. 이때 주부가 긴 경우에 주로 이용되는 문장 서술 방식이다. 문장의 정치 구문과 도치 구문은 출제 포인트의 핵심기술이다. 보어인 included가 문두에 오고 주어와 주격보어가 도치된 형태이다. 주어가 "The Enchanted Horse"라는 작품의 이름이고, 동사가 단수 형태 is로 적절하다.

① 선행사-주격 관계대명사절 속에 동사 수 일치가 옳지 않다. 선행사가 many forms of life이므로 관계대명사 that에 이어지는 동사 has는 복수 형태인 have로 고쳐야 적절하다(has → have).

② too ~ to + V의 구문으로 '너무 ~해서 ...하지 못하다'라는 의미를 표현할 때는 so ~ that can't와 함께 사용한다. 따라서 so distant를 too distant로 고쳐야 한다(so → too).

③ 4형식의 수동태 구문으로 활용되지 않는 한 목적어가 뒤에 위치할 수 없다. 동사 protect 뒤로 Egypt라는 목적어가 있으므로 4형식에서 간접 목적어가 수동태로 바뀌지 않는 한 능동태로 고쳐야 한다(has been protected → has protected).

□□
**05 다음 중 어법상 옳은 것은?**

① The oceans contain many forms of life that has not yet been discovered.

② The rings of Saturn are so distant to be seen from Earth without a telescope.

③ The Aswan High Dam has been protected Egypt from the famines of its neighboring countries.

④ Included in this series is "The Enchanted Horse," among other famous children's stories.

**해석** ① 바다는 아직 발견되지 않은 생명의 많은 형태를 포함하고 있다.
② 토성의 고리들은 너무나 멀리 있어서 지구에서 망원경 없이는 볼 수가 없다.
③ 아스완 하이댐은 이웃 국가들의 기근으로부터 이집트를 보호해왔다.
④ "마법의 말"은 다른 유명한 동화 중 이 시리즈에 포함되어 있다.

**정답** 05 ④

## 06 다음 밑줄 친 부분 중 어법상 적절하지 <u>않은</u> 것은?

A few weeks earlier I had awoken just after dawn to find the bed beside me ① empty. I got up and found Jenny sitting in her bathrobe at the glass table on the screened porch of our little bungalow, bent over the newspaper with a pen in her hand. There was ② nothing unusual about the scene. Not only ③ were the Palm Beach Post our local paper, it was also the source of half of our household income. We were a two-newspaper-career couple. Jenny worked as a feature writer in the Post's 'Accent section', I was a news reporter at the ④ competing paper in the area, the South Florida Sun-Sentinel, based an hour south in Fort Lauderadale.

**해석** 몇 주 전에 새벽이 갓 지나서 나는 내 옆의 침대가 비어 있다는 것을 발견했다. 나는 일어나 Jenny가 우리의 작은 방갈로의 screened porch 위에 있는 유리 테이블에 손에는 펜과 접어져있는 신문을 가지고 욕실용 옷을 입고 앉아있는 것을 발견했다. 이상한 장면이 아니었다. 그 신문은 Palm Beach Post였고 우리 가계 소득의 반이나 되는 원천이었다. 우리는 부부가 모두 신문 관련 직업을 가지고 있다. Jenny는 Post지의 'Accent'라는 section의 특집기사 전문기고가로 일하고 있었다. 나는 Fort Lauderdale에 있는 한 시간 거리에 있는 South Florida Sun−Sentinel이라는 그 지역의 경쟁 신문사에서 기자로 일하고 있었다.

---

**06**

**어휘**
- bathrobe 욕실용 옷
- screened porch (비·바람·벌레 등을 막기 위해) 방충망을 쳐 놓은 베란다
- household income 가계 소득
- feature writer 특집기사 전문기고가
- competing 경쟁하는
- (be) based (on)~ ~에 토대를 두고 있는

**해설** 문두에 only로 시작하는 문장이라서 주어와 동사가 도치되어 있다. 따라서 주어가 the Palm Beach Post 단수이기 때문에 동사도 was 단수로 써야 한다.
- ① find는 불완전 타동사로 목적어(the bed)와 목적격 보어(형용사 empty)가 적절하며 그 사이에 (beside me)는 수식어이므로 적절하다.
- ② nothing, something과 같은 대명사는 형용사가 앞에서 수식하지 못한다. 즉 후치 수식 해야 한다. 따라서 nothing unusual의 문장구조는 적절하다.
- ④ '경쟁(하고 있는) 신문사'의 올바른 표현은 competing paper로 적절하다.

**정답** 06 ③

## 01

**해설** 내 자전거가 도난당한 이후 늘 나는 정확하게 귀중품들이 어디에 있는지를 보여주는 GPS 추적 장치를 내 귀중한 물품들에 부착해 놓았다.

**해설** '물건 + be stolen', 선행사(devices)를 꾸며주는 관계대명사 which를 선택한다.

## 02

**해석** Mind Tool은 학생들의 작문기술을 향상시켜주는 혁신적인 제품이다. 그것은 학생들에게 그들 자신의 힘으로 지식을 습득할 수 있는 자신감을 불어 넣어준다. 그것은 학생들이 자발적으로 학습자가 되도록 하는 독특한 세트의 도구들이다.

**해설** ㉠은 동사 improves 앞에 선행사 product를 수식하는 관계대명사를 찾고, ㉡은 provide A with B: 'A에게 B를 제공하다', ㉢은 'enable + 목적어 + to + V' 구문이다.

**정답** 01 ② 02 ①

---

# 16 문법 복합 문제

## 01 다음 글의 빈칸에 들어갈 말로 가장 적절한 것은?

> Ever since my bike ( ㉠ ), I put on my invaluable items GPS tracking devices ( ㉡ ) show me exactly where they are.

| | ㉠ | ㉡ |
|---|---|---|
| ① | stole | in which |
| ② | was stolen | which |
| ③ | stole | which |
| ④ | was stolen | in which |

## 02 다음 글의 빈칸에 들어갈 말로 가장 적절한 것은?

> Mind Tool is an innovative product ( ㉠ ) improves student's writing skills. It provides students ( ㉡ ) the self-confidence to acquire knowledge on their own. It is a unique set of tools which enables students to ( ㉢ ) self-directed learners.

| | ㉠ | ㉡ | ㉢ |
|---|---|---|---|
| ① | that | with | become |
| ② | that | into | becoming |
| ③ | who | with | become |
| ④ | who | into | becoming |

**03** 다음 ⊙, ⓒ에 들어갈 말로 가장 적절한 것은?

> • ( ⊙ ) the adult smoking rate is gradually dropping is not good news for big tobacco companies.
> • She requested that he ( ⓒ ) longer for dinner.

| | ⊙ | ⓒ |
|---|---|---|
| ① | That | stay |
| ② | What | stay |
| ③ | That | stayed |
| ④ | What | stayed |

**04** 다음 중 빈칸에 들어갈 표현으로 가장 적절한 것은?

> • I'm considering ( ⊙ ) my job.
> • She accused the CEO of her company ( ⓒ ) embezzlement.
> • He felt ( ⓒ ) at being the center of attention.

| | ⊙ | ⓒ | ⓒ |
|---|---|---|---|
| ① | to quit | on | embarrassed |
| ② | to quit | of | embarrassing |
| ③ | quitting | of | embarrassed |
| ④ | quitting | on | embarrassing |

**03**

해석 • 성인 흡연율이 점차 떨어지는 것은 대형 담배 회사들에게 좋은 소식이 아니다.
• 그녀는 그가 저녁 식사를 위해 좀 더 머물 것을 요청했다.

해설 ⊙은 완전한 절을 이끄는 접속사가 필요하고, ⓒ은 주장 동사가 이끄는 that절 속에 '(should) + 동사원형'의 구문을 이용하자.

**04**

해석 • 나는 일을 그만둘까 생각 중이다.
• 그녀는 그녀가 일하는 회사의 대표이사를 횡령 혐의로 고발하였다.
• 그는 그에게 관심이 집중되자 당황했다.

해설 ⊙에서 consider는 동명사를 목적어로 취하는 타동사이다. ⓒ은 accuse A of B : 'A의 B를 고발하다' 구문을 이용하고, ⓒ의 감정류 타동사는 사람이 의미상 주어가 될 때 과거분사(p.p)를 적용한다.

 정답 03 ① 04 ③

**05**

**해석** 패턴북은 반복되는 어구, 자주 반복되는 불평, 그리고 때때로 운(운문)을 이용하는 이야기를 포함한다. 게다가 패턴북은 종종 이야기의 이해를 용이하게 할 수도 있는 그림을 포함한다. 그러한 예측 가능한 패턴은 제2외국어를 하는 사람들이 제2외국어로 글을 읽고 쓸 줄 아는 일에 즉시 참여하도록 하는 것을 허락해 준다. 더군다나 패턴북의 사용은 학생들의 현재의 언어적 능력에 도전의식을 북돋아 줌으로써 간단한 문장 패턴의 반복을 통하여 이해도를 지원해 줌으로써 읽고 쓰는 능력의 토대를 위한 기준을 충족시켜 준다.

**해설** (A)에는 선행사가 앞에 있으므로 that을 쓰고, (B)는 형용사를 수식하는 부사가 적합하며, (C)는 주어(the use)에 맞게 동사 단수형을 취한다.

**05** 다음 글의 (A), (B), (C)에서 어법상 옳은 것을 모두 고른 것은?

> Pattern books contain stories that make use of repeated phrases, refrains, and sometimes rhymes. In addition, pattern books frequently contain pictures (A) (that / what) may facilitate story comprehension. The predictable patterns allow beginning second language readers to become involved (B) (immediate / immediately) in a literacy event in their second language. Moreover, the use of pattern books (C) (meet / meets) the criteria for literacy scaffolds by modeling reading, by challenging students current level of linguistic competence, and by assisting comprehension through the repetition of a simple sentence pattern.

|   | (A) | (B) | (C) |
|---|-----|-----|-----|
| ① | that | immediate | meet |
| ② | what | immediately | meets |
| ③ | that | immediately | meets |
| ④ | what | immediate | meet |

**정답** 05 ③

## 01 대의 파악

**01** 다음 글의 제목으로 가장 적절한 것은?

Drama is doing. Drama is being. Drama is such a normal thing. It is something that we all engage in every day when faced with difficult situations. You get up in the morning with a bad headache or an attack of depression, yet you face the day and cope with other people, pretending that nothing is wrong. You have an important meeting or an interview coming up, so you talk through the issues with yourself beforehand and decide how to present a confident, cheerful face, what to wear, what to do with your hands, and so on. You've spilt coffee over a colleague's papers, and immediately you prepare an elaborate excuse. Your partner has just run off with your best friend, yet you cannot avoid going in to teach a class of inquisitive students. Getting on with our day-to-day lives requires a series of civilized masks if we are to maintain our dignity and live in harmony with others.

① Dysfunctions of Drama

② Drama in Our Daily Lives

③ Drama as a Theatrical Art

④ Dramatic Changes in Emotions

**해석** 드라마는 하는 것이다. 드라마는 존재하는 것이다. 드라마는 아주 일상적인 것이다. 그것은 우리 모두가 어려운 상황들에 직면하게 됐을 때 일상에 참여하는 어떤 것이다. 당신이 아침에 일어나 두통이나 우울함이 찾아올 때, 하지만 당신은 하루를 맞이하고 다른 사람들을 대해야 할 때 아무 일도 잘못이 없는 것처럼 가장한다. 당신이 중요한 미팅이나 곧 해야 할 인터뷰가 있다. 그러면 당신은 스스로 사전에 그

---

**01**

**어휘**
- be faced with ~에 직면하다
- cope with ~에 대처하다
- talk through ~에 대해 설명하다
- pretend ~인 척하다
- with yourself 당신 스스로
- spill 쏟다
- elaborate 정교한
- inquisitive 호기심이 가득한
- dysfunction 역기능, 기능장애
- emotion 감정

**해설** 본문은 드라마가 일상적인 것이며, 그것에 대한 예로, 아침에 두통과 우울함을 가졌을 때, 중요한 미팅이나 면접이 있을 때, 커피를 동료 서류에 쏟았을 때, 그리고 놀러가고 싶지만 교실에 들어갈 때 우리는 모두 그렇지 않은 척 마스크를 쓰고 연기를 한다는 예를 보여주고 있다. 따라서 우리의 일상생활에서의 드라마가 가장 적절하다.

**정답** 01 ②

이슈들을 끝까지 말해보고, 어떻게 하면 자신 있고 즐거운 얼굴을 보여주고, 무엇을 입고, 당신의 손은 무엇을 할까 기타 등등을 결정한다. 당신이 동료의 서류에 커피를 엎지르고는 즉시 그럴듯한 변명을 준비한다. 당신의 파트너가 당신의 가장 친한 친구랑 도망을 갔지만, 당신은 호기심이 가득한 학생들이 있는 반을 가르치기 위해 가는 것을 피할 수 없다. 일상의 삶을 계속 살아가는 것은 만일 우리가 우리의 위엄을 유지하고 다른 사람들과 조화롭게 살아가고자 한다면 일련의 문명화된 마스크들이 요구되는 것이다.

① 드라마의 역기능들
② 우리의 일상에서 삶의 드라마
③ 무대예술로서의 드라마
④ 감정의 극적인 변화들

## 02 다음 글을 읽고 적절한 제목을 선택하시오.

The conception of the dignity of toil did not enter into Greek philosophy. It was considered beneath the dignity of a free-born citizen to undertake manual labor, rather as in Victorian times 'trade' was beneath the dignity of a gentleman. Thus artists, who were regarded as a class of craftsmen, held no high place in the social scale. Arnold Hauser in 'The Social History of Art quotes Plutarch' as saying: "No generous youth, when contemplating the Zeus of Olympia, will desire to become a Phidias." Classical scholars point out that this picture is somewhat exaggerated. The sculptor Phidias was the friend of the great statesman Pericles. The painter Apelles and the sculptor Lysippus were court artists to Alexander the Great. The surviving anecdotes represent some of the more famous Greek artists as eccentrics, men of enormous wealth and notable for arrogance. By and large, however, the artists in antiquity was treated as a workman.

---

**02**

**어휘**
• dignity of toil 노동의 존엄성
• enter into ~의 일부가 되다
• manual labor 육체노동
• gentleman 귀족 아래의 특권층
• quote sb as saying 누가 ~라고 말한 것을 인용하다
• contemplate 심사숙고하다
• classical scholars 고전파 학자들
• sculptor 조각가
• court artist 왕실 예술가
• notable for ~로 유명한

**해설** 그리스인들의 사고 속에 있는 노동의 개념에 대한 생각을 기술하고 있는 글이고, 장인 계층에 속하는 예술가들에 대하여 신이 조각가가 되고 싶어 하지는 않을 것이라는 인용을 하면서까지 사회적인 지위를 격하시키고 있다. 그에 맞는 title을 고르면 된다.

① Greek Artists and Craftsmen

② The Dignity of the Manual Labor

③ The Social Position of the Greek Artists

④ The Development of Art Theory in Greece

**해석** 노동의 존엄성이란 개념은 그리스인의 사고에는 반영되지 못했다. 육체노동을 수행한다는 것은 자유롭게 태어난 시민의 존엄을 떨어뜨리는 것으로 여겨졌으며, 이는 빅토리아 여왕 시대에 '장사'가 신사의 품위를 떨어뜨린 것과 상당히 비슷했다. 따라서 예술가들은 장인 계층으로 간주되었으며, 사회 계급에서 전혀 높은 지위를 차지하지 못했다. Arnold Hauser는 '예술 사회사'를 통해 "그 어떤 이해심 깊은 젊은이라도 올림피아의 Zeus 신을 생각해보면 Phidias와 같은 조각가가 되고 싶어 하진 않을 것이다."라고 한 Plutarch의 말을 인용하고 있다. 고전파 학자들은 이런 설명이 다소 과장되어 있다고 지적한다. 조각가 Phidias는 위대한 정치가 Pericles의 친구였고, 화가 Apelles와 조각가 Lysippus는 알렉산더 대왕의 왕실 예술가들이었다. 현존하는 일화는 보다 유명했던 그리스의 예술가들을 기인으로, 엄청난 부를 소유한 이로, 그리고 거만으로 잘 알려진 이들이었음을 알려준다. 그러나 전반적으로 고대의 예술가들은 장인으로 취급되었다.

**정답** 02 ③

**03**

**어휘**
- on earth 도대체, 대체
- strangle 목 졸라 죽이다
- globalization 세계화
- stem 막다
- disparity 차이
- undeniable 부정할 수 없는
- leave out 배제하다
- one-for-one 일대일
- per capita GDP 1인당 국내 총생산
- sector 부분
- proportionately 비례해서
- to the same extent ~와 같은 정도로
- benefit 혜택, 이득
- deepen 깊어지게 하다
- status 지위, 신분
- revive 소생시키다.

**해석** 도대체 만일 정부가 세계 경제의 세 가지 요소들인, 즉 무역, 정보, 자본의 흐름을 차단함으로써 세계화를 차단한다면 어떻게 가난한 사람들을 도울 것인가? 부와 가난 사이의 그 차이들이 여전히 너무 크다는 것은 부정할 수 없다. 그러나 세계화와 시장 경제를 반대하는 사람들이 우리가 믿도록 하듯이 경제적 성장이 오로지 부자들에게만 이익이 되고, 가난한 사람들을 배제하는 것은 아니다. "성장은 가난한 사람들을 위한 것이다"라고 제목 붙여진 최근의 World Bank 연구가 인구의 하위 5%의 수입과 1인당 GDP 사이의 일대일 관계를 적나라하게 보여주고 있다. 다시 말해서 모든 분야들의 소득은 같은 속도로 비례해서 증가한다. 그 연구는 해외 무역 개방은 그것이 전체 경제에 도움이 되는 것만큼 가난한 사람들에게도 도움이 된다는 것을 지적한다.

**해설** 전문의 but 이하의 부분에 제시되고 있는 것처럼 본문의 요지는 세계화는 부자들뿐 아니라 가난한 사람들에게도 이익을 가져온다고 제시하고 있다.
① 세계화가 부자들과 가난한 사람들 간의 갈등을 심화시킨다는 내용은 본문에서 확인할 수 없다.
③ 경제적 지위와 무관하게 이익을 준다는 빈부의 차이를 부정할 수 없다고 했으므로 틀린 선택지이다.
④ 세계 경제를 소생시키기 위해서 거래를 통제한다는 것은 세계화를 거스른다.

**정답** 03 ②

---

**02  주제파악**

☐☐
**03** 다음 글의 요지로 가장 적절한 것은?

How on earth will it help the poor if governments try to strangle globalization by stemming the flow of trade, information, and capital — the three components of the global economy? That disparities between rich and poor are still too great is undeniable. But it is just not true that economic growth benefits only the rich and leaves out the poor, as the opponents of globalization and the market economy would have us believe. A recent World Bank study entitled "Growth Is Good for the Poor" reveals a one-for-one relationship between income of the bottom fifth of the population and per capita GDP. In other words, incomes of all sectors grow proportionately at the same rate. The study notes that openness to foreign trade benefits the poor to the same extent that it benefits the whole economy.

① Globalization deepens conflicts between rich and poor.
② The global economy grows at the expense of the poor.
③ Globalization can be beneficial regardless of one's economic status.
④ Governments must control the flow of trade to revive the economy.

## ※ 다음 글을 잘 읽고 물음에 답하시오. [04 ~ 05]

While we teach knowledge, we are losing that teaching which is the most important one of human development: the teaching which can only be given by the simple presence of a mature, loving person. In previous epochs of our own culture, or in China and India, the man most highly valued was the person with outstanding spiritual qualities. Even the teacher was not only, or even primarily, a source of information, but his function was to convey certain human attitudes. If one considers the fact that a man like Albert Schweitzer could become famous in the United States, if one visualizes the many possibilities to make our youth familiar with living and historical personalities who show what human beings can achieve as human beings, and not as entertainers in the broad sense of the word, if one thinks of the great works of literature and art of all ages, these seem to be a chance of creating a vision of good human functioning, and hence of sensitivity to malfunctioning. If we should not succeed in keeping alive a vision of mature life, then indeed we are confronted with the probability that our whole cultural tradition will (a) _____. This tradition is not primarily based on the transmission of knowledge, but of human traits. If the coming generations will not see these traits any more, a five-thousand-year-old culture will (b) ___ _____, even if its knowledge is transmitted and further developed.

**04 ~ 05**

**어휘**
- presence 존재
- loving 애정 있는
- malfunctioning 고장
- keep alive 유지하다
- be confronted with ~에 직면하다
- transmission 전달
- trait 속(특)성, 특질
- prosper 번창하다
- survive ~보다 오래 살다
- break down 붕괴하다, 고장 나다
- stay steady 안정적으로 유지하다

**해석** 우리가 지식을 가르치고는 있지만, 우리는 인간의 발달에 가장 중요한 가르침을 상실하고 있다. 다시 말해 성숙되고 애정을 가진 그러한 이의 존재에 의해서만 주어질 수 있는 가르침을 상실하고 있다는 것이다. 우리 문화의 이전 시대에서나, 혹은 중국과 인도 문화에서 가장 존중받는 사람은 뛰어난 정신적 자질을 갖춘 이었다. 교사조차도 단순히, 아니 심지어는 본래가 정보의 근원일 뿐만 아니라, 교사의 역할이란 일정한 인간의 자세를 전해주는 것이었다. 만일 슈바이처 같은 사람이 미국에서 유명해질 수도 있다는 사실을 고려해 본다면, 또한 인간이 연예인으로서 가(넓은 의미에 있어서) 아닌 인간으로서 무엇을 성취할 수 있는지를 보여주는 현존 및 역사 속의 인물들에 우리 젊은이들을 친숙하게 만들 수 있는 많은 가능성을 떠올려본다면, 그리고 모든 시대의 위대한 문학 및 예술 작품들을 생각해 본다면, 이러한 것들은 바람직한 인간의 역할에 대한 미래상을 만들어주고 따라서 결과적으로는 인간의 역할 비전에 대해 민감하게 만들 수 있는 기회인 것 같다. 만일 우리가 성숙된 삶의 비전을 유지하지 못한다면, 그렇다면 진정 우리는 우리의 문화적 전통 전체가 붕괴될 가능성에 직면하는 것이다. 이러한 전통은 우선적으로 지식이 아니라 인간의 특성을 전달하는 데 그 토대를 두고 있는 것이다. 만일 신세대가 이러한 특성을 지금 이상 파악하지 못한다면, 인류의 5천년 문화는 비록 그 지식이 전승되고 더욱 발전된다고 해도 붕괴하고 말 것이다.

가르침에 있어서 상실하고 있는 것은 성숙한 애정을 보유한 존재의 가치를 상실하고 있다고 주제를 이야기하고 있다.

또한, 빈칸의 내용을 찾으면 "우리가 성숙한 인간의 특질을 계속해서 살아 있도록 유지하지 못한다면…"이라는 전제가 바탕을 깔고 있으므로 우리의 모든 문화적 전통이 붕괴할 가능성을 결론으로 하는 것이 타당하다.

☐☐
## 04 윗글의 주제로 가장 알맞은 것은?

① the transmission of cultural history

② the great works of literature

③ Chinese cultural tradition

④ teaching of human traits

☐☐
## 05 빈칸 (a)와 (b)에 공통으로 들어갈 말로 가장 알맞은 것은?

① prosper

② survive

③ break down

④ stay steady

## 06 다음 글의 주제로 가장 적절한 것은?

As the digital revolution upends newsrooms across the country, here's my advice for all the reporters. I've been a reporter for more than 25 years, so I have lived through a half dozen technological life cycles. The most dramatic transformations have come in the last half dozen years. That means I am, with increasing frequency, making stuff up as I go along. Much of the time in the news business, we have no idea what we are doing. We show up in the morning and someone says, "Can you write a story about (pick one) tax policy/immigration/climate change?" When newspapers had once-a-day deadlines, we said a reporter would learn in the morning and teach at night-write a story that could inform tomorrow's readers on a topic the reporter knew nothing about 24 hours earlier. Now it is more like learning at the top of the hour and teaching at the bottom of the same hour. I'm also running a political podcast, for example, and during the presidential conventions, we should be able to use it to do real-time interviews anywhere. I am just increasingly working without a script.

① a reporter as a teacher
② a reporter and improvisation
③ technology in politics
④ fields of journalism and technology

### 06

**어휘**
- revolution 혁명
- upend 거꾸로 하다
- transformations 변화들
- half dozen years 6년
- frequency 잦음, 빈도

**해석** 디지털 혁명이 전국의 뉴스 룸에 근본적 변화를 일으키게 됨에 따라 여기 기자들에게 주는 내 조언들이 있다. 나는 25년 동안 기자였기 때문에, 여섯 번 정도의 기술적 라이프 사이클을 겪었다. 가장 극적인 변화들은 마지막의 6년간에 왔다. 이는 내가 더욱 잦은 빈도로 진행하면서 뭔가를 만들어가고 있음을 의미한다. 뉴스 업계에 있어 많은 시간 동안 우리는 우리가 하고 있는 것에 대해 모른다. 우리는 아침에 출근을 하고, 누군가는 "세금 정책/이민/기후변화에 관해 글을 써주실래요?"라고 말한다. 기자들이 하루에 한 번씩 마감이 있었을 때, 우리는 기자들은 아침에는 배우고 밤에는 가르쳐야 한다고 말을 했다. - 그 기자가 24시간 전에는 알지 못했던 주제에 관해 내일의 독자들에게 알려주는 기사를 쓰는 것 말이다. 이제 이것은 마치 정시에는 배우고 30분에는 가르치는 것과 같다. 예를 들면 나는 또한 정치 팟 캐스트를 운영 중인데 대통령 정당 대회 중에 우리는 실시간 인터뷰를 하기 위해서 어디에서든 그것을 이용할 수 있어야만 한다. 나는 점점 더 대본 없이 일하고 있다.
① 교사로서의 기자
② 기자와 즉흥성
③ 정치학에서의 기술
④ 저널리즘과 기술의 분야들

**해설** 주제문인 "내가 더욱 잦은 빈도로 진행하면서 뭔가를 만들어가고 있다."라는 내용으로부터 정답을 유추할 수 있다.

**정답** 06 ②

**03　세부사항 파악**

**07**　다음 밑줄 친 부분에 들어갈 말로 가장 적절한 것을 고르시오.

> One well-known difficulty in finding new things has been termed the 'oasis trap' by the cognitive psychologist David Perkins. Knowledge becomes centered in an 'oasis' of rich findings and it is just too risky and expensive to leave that still productive and well-watered zone. So people stick to _____. This is what happened to a certain extent in China over many centuries. The huge physical distances between centers of knowledge in China and the fact that the distant centers turned out to be little different from one another discouraged exploration.

① what they know

② the undiscovered world

③ their dream and imagination

④ how things are going to change

---

**07**

**어휘** • well-waterd 물이 풍부한
• certain extent 어느 정도까지
• exploration 탐사, 탐구

**해석** 새로운 것들을 찾는 데 있어서 한 가지 알려진 어려움은 인식 심리학자 David Perkins의 말을 인용하자면 '오아시스 함정'이라고 불려왔다. 지식은 풍부한 발견의 오아시스 속에 모여지게 되고 그것이 여전히 생산적이고 물이 풍부한 지역으로 떠나기에는 너무나도 위험하고 비용이 드는 일이다. 그래서 사람들은 자신이 알고 있는 것에 집착을 한다. 이것은 수세기 동안 중국에서 어느 정도까지 벌어졌던 일이다. 중국에서 지식의 중심지들 사이에 엄청난 물리적 거리감과 그 멀리 떨어진 중심지들이 서로서로 거의 별다른 차이가 없음이 밝혀진 사실로 인하여 탐구를 좌절시켜 왔다.

**해설** 문맥상 오아시스 함정이라는 말을 인용해, 사막의 한가운데 있는 오아시스가 그 지역을 벗어나 다른 곳으로 이동한다는 것은 위험천만하다는 이야기로서, 자신이 알고 있는 지식을 오아시스에 비유하여, 다른 방향으로 가거나 옮기는 일이 어렵다는 그래서 자기가 알고 있는 것에 집착하게 된다는 내용의 글이다.

**정답**　07 ①

## 08 글의 흐름상 밑줄에 들어갈 말로 가장 적절한 것은?

> Ever since the time of ancient Greek tragedy, Western culture has been haunted by the figure of the revenger. he or she stands on a whole series of borderlines: between civilization and barbarity, between _____ and the community's need for the rule of law, between the conflicting demands of justice and mercy. Do we have a right to exact revenge against those who have destroyed our loved ones? Or should we leave vengeance to the law or to the gods? And if we do take action into our own hands, are we not reducing ourselves to the same moral level as the original perpetrator of murderous deeds?

① redemption of the revenger from a depraved condition

② divine vengeance on human atrocities

③ moral depravity of the corrupt politicians

④ an individual's accountability to his or her own conscience

**08**

**어휘**
- tragedy 비극
- haunt 시달리다
- revenger 복수하는 자
- stand on ~위에 서다
- borderline 경계
- civilization 문명
- barbarity 야만
- community 공동체
- conflicting 상충되는
- mercy 자비
- revenge 복수
- vengeance 복수
- moral 도덕적인
- perpetrator 가해자
- deed 행위
- redemption 구원
- divine 신성한
- atrocity 잔악함
- depravity 타락
- corrupt 부패한
- accountability 책임

**해석** 고대 그리스의 비극의 시대 이후로 지금까지, 서양의 문화는 복수를 펼치는 자에 의해서 시달려 왔다. 그와 그녀는 모든 일련의 경계, 즉 문명과 야만 사이에 <u>그 혹은 그녀의 스스로의 양심에 대한 개인의 책임</u>과 법규에 대한 공동체의 요구 사이에, 상충되는 정의의 요구와 자비 사이에 있다. 우리는 우리가 사랑하는 사람들을 파괴한 자들에게 복수를 가할 권리가 있는가? 아니면 우리는 복수를 법이나 신들에게 맡겨야 하는가? 그리고 만약에 우리가 진정으로 조치를 취한다면 우리는 스스로를 원래 살인 행위의 가해자와 같은 도덕적 수준으로 전락시키지는 않겠는가?

① 타락한 상황으로부터의 복수자의 구원

② 인간의 잔학한 행위에 대한 신의 복수

③ 부패한 정치가들의 도덕적 타락

**해설** 앞 문장에서 경계에 서 있다는 말과 밑줄 다음에 between A and B 구조가 이어지면서 문맥의 전체 흐름을 잘 이어가는 응집력 있는 글을 찾는다. 즉 반복되어온 복수가 어떤 의미의 말로 대신할 수 있을지?라는 문맥의 의미를 되새김하도록 한다.

**정답**  08 ④

## 09

**어휘**
- hover 빙글빙글 맴돌다
- poverty line 빈곤라인
- band together 단결하다
- make it through tough time 힘든 시간을 헤쳐 나가다
- astute 기민한
- secure 확보하다
- supplies 물자들
- pitch in 열심히 협력하기 시작하다
- conduit 도관
- altruism 이타주의
- heroism 영웅적 행위
- indifferent 무관심한
- attentive to ~관심을 보이는
- in the clutches 견디기 어려운 상황에서
- preoccupied ~에 사로잡힌
- involved 연루된

**해설** 역접의미의 접속사 But 이전에는 가난 때문에 사람들이 도움이 필요하여 연대한다는 내용이 나왔지만, but 이후에 강조되는 내용은 "가난이 공감과 사회적 반응의 거의 필수 조건은 아니며, 우리가 잘 아는 고통 속에 있는 누군가를 보게 되면, 우리 자신의 고통이 우리로 하여금 다른 사람들의 고통에 귀 기울이는 애타주의나 영웅주의의 발로로 개입하게 된다"라는 것이다.

**정답** 09 ③

---

## 09 다음 밑줄 친 부분에 들어갈 말로 가장 적절한 것을 고르시오.

Why might people hovering near the poverty line be more likely to help their fellow humans? Part of it, Keltner thinks, is that poor people must often band together to make it through tough times - a process that probably makes them more socially astute. He says, "When you face uncertainty, it makes you orient to other people. You build up these strong social networks." When a poor young mother has a new baby, for instance, she may need help securing food, supplies, and childcare, and if she has healthy social times, members of her community will pitch in. But limited income is hardly a prerequisite for developing this kind of empathy and social responsiveness. Regardless of the size of our bank accounts, suffering becomes a conduit to altruism or heroism when our own pain compels us to be ___ other people's needs and to intervene when we see someone in the clutches of the kind of suffering we know so well.

① less involved in
② less preoccupied with
③ more attentive to
④ more indifferent to

**해석** 왜 빈곤 라인 주위에서 맴돌고 있는 사람들은 그들의 동료 사람들을 더 도와줄 수 있을까요? Keltner는 생각하기를 그것의 부분적 이유로는 가난한 사람들은 힘든 시기를 극복해 나가기 위해서 종종 더 많이 단결해야 한다고 본다. 힘든 시기는 그들을 좀 더 사회적으로 기민하게 만들어 준다. 그는 말하기를 "당신이 불확실성에 직면했을 때, 그것이야말로 당신을 다른 사람들에게 향하게 한다. 당신은 이러한 강한 사회적인 네트워크를 형성한다." 한 가난한 젊은 엄마가 아이를 가졌을 때, 예를 들어, 그녀는 음식과 물자들을 확보하고 육아를 하는 데 도움을 필요로 할 것이고, 만일 그녀가 건강한 사회의 시대를 누리고 있다면 그녀의 지역 사회의 주민들은 열심히 협력하기 시작할 것이다. 하지만 제한된 수입은 이런 종류의 공감대와 사회적인 반응을 발전시켜나가는 거의 필수 조건은 아니다. 우리의 은행 계좌의 규모와 무관하게 고통은 우리 자신의 고통이 우리가 다른 사람들의 어려움에 <u>더욱 관심을 보이게</u> 하고, 우리가 잘 알고 있는 그런 종류의 고통에 대한 견디기 어려운 상황 속에서 우리가 누군가를 보게 될 때 고통은 곧 이타주의나 영웅주의의 도관이 되어 그 속에 개입하도록 하게 만든다.

☐☐
## 10 다음 글의 내용과 일치하는 것은?

Taste buds got their name from the nineteenth-century German scientists Georg Meissner and Rudolf Wagner, who discovered mounds made up of taste cells that overlap like petals. Taste buds wear out every week to ten days, and we replace them, although not as frequently over the age of forty-five : our palates really do become jaded as we get older. It takes a more intense taste to produce the same level of sensation, and children have the keenest sense of taste. A baby's mouth has many more taste buds than an adult's, with some even dotting the cheeks. Children adore sweets partly because the tips of their tongues, more sensitive to sugar, haven't yet been blunted by trying to eat hot soup before it cools.

① Taste buds were invented in the nineteenth century.

② Replacement of taste buds does not slow down with age.

③ Children have more sensitive palates than adults.

④ The sense of taste declines by eating cold soup.

해석 미뢰는 19세기에 독일의 과학자들 Georg Meissner과 Rudolf Wagner에 의해 명명되었으며, 그들은 꽃잎처럼 겹쳐져 있는 미각 세포들로 구성된 올라온 더미들을 발견했다. 미뢰는 매주에서 10일 사이에 낡아서 떨어진다. 우리는 그것을 교체하는데 비록 45세 이상이 되면 그렇게 자주 교체가 일어나지 않는다. 즉 우리의 미각은 나이가 먹어감에 따라서 쇠퇴된다. 같은 수준의 감각을 만들어내기 위해서는 좀 더 강한 맛이 필요하며, 아이들은 가장 예리한 미각을 가지고 있다. 아기의 입은 성인들보다 더 많은 미뢰들을 가지고 있는데, 심지어 일부는 볼에 산재해 있다. 아이들은 허끝이 단맛에 더 예민하며, 부분적으로는 뜨거운 스프가 식기 전에 먹으려고 시도하면서 둔화되지 않았기 때문에 단맛을 매우 좋아한다.
① 미뢰들은 19세기에 발명되었다.
② 미뢰의 교체는 나이가 들면서 느려지지 않는다.
③ 아이들은 어른들보다 더 민감한 미각을 가지고 있다.
④ 미각은 식은 스프를 먹음으로써 쇠퇴한다.

## 10
어휘 • taste buds (혀의 미각기관) 미뢰
• mound 올라온 더미
• taste cell 미각세포
• petal 꽃잎
• wear out 낡아서 떨어지다
• palate 미각
• jaded 쇠퇴된
• keen 날카로운
• dotting 분포하는
• adore 아주 좋아하다
• blunt 둔화시키다
• decline 감소하다

해설 글의 상단부위부터 한 문장씩 읽어보고 접근한다. 미뢰가 19세기 독일 과학자에 의해서 명명되고, 매주에서 10일 사이에 낡아서 떨어진다고 했고, 아이들이 어른들보다 더 민감한 미각을 가지며, 미각은 뜨거운 스프를 먹음으로써 쇠퇴한다고 했으므로 ①, ②, ④번은 모두 잘못된 언급이다.

정답 10 ③

**11**

**어휘**
- plain 평원
- foothill 구릉
- Canadian Shield 캐나다 순상지
- anchor 단단히 고정시키다
- stony 암석의
- descend to ~로 내려가다
- erode 부식하다
- mountain range 산맥
- coastal lowland 해안 저지대
- cut through ~를 통해 나아가다
- traverse 횡단하다, 가로지르다

**해설** 캐나다의 순상지 분포에 관한 내용으로 첫 문장에 Mississippi, Appalachian Mountains란 고유명사와 내용을 통해 미국 지형에 관한 이야기임을 기억하고, 다섯 번째 문장(The heavily eroded Appalachian Mountains are North America's oldest mountains and the continent's second-longest mountain range. They extend about 1,500 miles from Quebec to central Alabama. Coastal lowlands lie east and south of the Appalachians)에서 애팔래치아 산맥은 북아메리카에서 두 번째로 긴 산맥이라고 설명이 나온다.

□□

**11** 다음 글의 내용과 일치하지 <u>않는</u> 것은?

> East of the Mississippi, the land rises slowly into the foothills of the Appalachian Mountains. At the edge of the Canadian plains, the Canadian Shield, a giant core of rock centered on the Hudson and James Bays, anchors the continent. The stony land of the Shield makes up the eastern half of Canada and the northeastern United States. In northern Quebec, the Canadian Shield descends to the Hudson Bay. The heavily eroded Appalachian Mountains are North America's oldest mountains and the continent's second-longest mountain range. They extend about 1,500 miles from Quebec to central Alabama. Coastal lowlands lie east and south of the Appalachians. Between the mountains and the coastal lowlands lies a wide area of rolling hills. Many rivers cut through the Piedmont and flow across to the Atlantic Coastal Plain in the Carolinas.

① Centered on the Hudson and James Bays is a giant core of rock, the Canadian Shield.

② The Appalachian Mountains are North America's longest mountain range.

③ From Quebec to central Alabama, the Appalachian Mountains stretch.

④ The Piedmont is traversed by many rivers that flow toward the Plain.

**해석** 미시시피 동부의 땅은 애팔래치아 산맥의 작은 언덕 쪽으로 완만하게 올라간다. 캐나다 평원들인, 캐나다 평원(순상지)의 가장자리에, 허드슨만과 제임스만에서 중심이 되는 암벽의 거대한 핵심부가 대륙에 단단히 뿌리내리고 있다. 순상지의 암석 땅은 캐나다 동부의 절반과 미국 북동부를 차지한다. 퀘벡 북부에서, 캐나다 순상지는 허드슨만으로 내려간다. 상당히 침식된 애팔래치아 산맥은 북미의 가장 오래된 산이고 그 대륙의 두 번째로 긴 산맥이다. 애팔래치아 산맥들은 퀘벡에서 앨라배마 중앙부까지 1500마일 가량 뻗어있다. 해안 저지대는 애팔래치아 산맥의 동쪽과 남쪽으로 놓여있다. 산과 해안 저지대 사이에 구불구불한 언덕의 넓은 지대가 펼쳐진다. 많은 강들이 Piedmont

**정답** 11 ②

고원을 통과하여 나아가며 Carolinas의 대서양 해안평야를 가로질러 흐른다.
① 허드슨만과 제임스만에 중심이 되는 건 캐나다 순상지인 암벽의 거대한 핵심부이다.
② 애팔래치아 산맥은 북미의 가장 긴 산맥이다.
③ 퀘벡부터 앨라배마 중앙부까지, 애팔래치아 산맥이 뻗어있다.
④ Piedmont 고원은 평야를 향해 흐르는 많은 강들에 의해 가로질러 진다.

## 12 밑줄 친 부분에 들어갈 말로 가장 적절한 것을 고르시오.

Language proper is itself double-layered. Single noises are only occasionally meaningful: mostly, the various speech sounds convey coherent messages only when combined into an overlapping chain, like different colors of ice-cream melting into one another. In birdsong also, _____: the sequence is what matters. In both humans and birds, control of this specialized sound-system is exercised by one half of the brain, normally the left half, and the system is learned relatively early in life. And just as many human languages have dialects, so do some bird species: in California, the white-crowned sparrow has songs so different from area to area that Californians can supposedly tell where they are in the state by listening to these sparrows.

① individual notes are often of little value
② rhythmic sounds are important
③ dialects play a critical role
④ no sound-system exists

**12**

어휘 • Language proper 언어의 의식
• coherent 일관성 있는
• white crowned sparrow 흰 줄무늬 참새

해석 언어의 의식은 그 자체가 이중적 층을 이루고 있다. 개별적 소음들은 단지 가끔씩만 의미가 있다: 대부분 경우 다채로운 말의 소리가 중복되는 연결고리를 통해 결합되었을 때에만 이 의미 있는 메시지를 전달하게 되는데 이는 마치 다양한 색깔의 아이스크림이 녹아 서로 섞이는 것과 같다. 새소리에 있어서도 또한 <u>개별적 음조들은 종종 거의 의미가 없다</u>: 배열순서가 중요하다. 인간과 새 둘 다에게 있어 이러한 특화된 음성 체계를 조절하는 것은 뇌의 절반, 주로 왼쪽 절반에 의해 행하여지며 그 체계는 상대적으로 삶의 초기에 학습된다. 그리고 많은 인간의 언어가 방언을 가지고 있듯이 몇몇 종의 새들 역시 그러하다: 캘리포니아에서 흰줄무늬 참새는 지역마다 다른 노랫소리를 갖고 있어서 캘리포니아 사람들은 아마도 이러한 참새 소리를 들음으로써 자신이 그 주의 어디에 있는지를 구별할 수 있을 것이다.
② 리듬감 있는 소리가 중요하다.
③ 방언이 중요한 역할을 한다.
④ 어떤 소리 체계도 존재하지 않는다.

해설 문장 속의 중요한 언어적인 단서 also를 통해서 새의 노랫소리에서 중요한 지점은 앞에서 언급된 인간의 언어에 있어 중요한 지점과 동일함을 유추할 수 있다.

정답  12 ①

## 04 결론 도출

### 13 밑줄 친 부분에 들어갈 내용으로 추론할 수 있는 것은 무엇인가?

The Soleil department store outlet in Shanghai would seem to have all the amenities necessary to succeed in modern Chinese retail: luxury brands and an exclusive location. Despite these advantages, however, the store's management thought it was still missing something to attract customers. So next week they're unveiling a gigantic, twisting, dragon-shaped slide that shoppers can use to drop from fifth-floor luxury boutiques to first-floor luxury boutiques in death-defying seconds. Social media users are wondering, half-jokingly, whether the slide will kill anyone. But Soleil has a different concern that Chinese shopping malls will go away completely. Chinese shoppers, once seemingly in endless supply, are no longer turning up at brick-and-mortar outlets because of the growing online shopping, and they still go abroad to buy luxury goods. So, repurposing these massive spaces for consumers who have other ways to spend their time and money is likely to require a lot of creativity. _____.

① Luxury brands are thriving at Soleil

② Soleil has decided against making bold moves

③ Increasing the online customer base may be the last hope

④ A five-story dragon slide may not be a bad place to start

**어휘**
- department store 백화점
- amenities 오락시설
- retail 소매
- exclusive 배타적인, 독점적인
- death-defying 스릴 넘치게, 죽음에 도전하는
- half-jokingly 반농담조로
- wondering 염려하는, 의아해하는
- brick and mortar (재래식의) 소매의
- repurpose 다른 목적에 맞게 다시 만들다
- thrive 번성(창)하다

**해설** 상하이에 Soleil 백화점은 온라인 쇼핑과 해외 고가제품 쇼핑 때문에 중국 내 오프라인 백화점 아울렛이 고객을 잃어가고 있다는 것이다. 그 문제를 해결하기 위해 무언가 창의적 조치가 필요한 시점에서 Soleil 백화점이 거대한 용 모양 미끄럼틀을 공개하면 그 해결책의 시발점으로 나쁘지 않다는 것이 빈칸에 적절한 내용이다.

**해석** 상하이에 있는 Soleil 백화점 아울렛이 현대적 중국 소매점에서 성공하는 데 필요한 모든 오락시설을 갖추고 있는 것처럼 보였다: 고가의 물건들의 브랜드와 독점적인 위치. 하지만 이러한 장점들에도 불구하고 상점의 경영진은 그것이 고객들을 끌어 모으기에는 여전히 역부족이라고 생각했다. 결국, 다음 주 그들은 5층 고가의 물건들 점포에서 1층의 명품 점포까지 스릴넘치게 빠른 속도로 내려가기 위해 사용할 거대한, 꼬불꼬불한 용 모양의 미끄럼틀을 공개할 것이다. 소셜 미디어 사용자들은 반은 농담조로 그 미끄럼틀 때문에 누군가 사망할 수 있다고 염려해 하고 있다. 그러나 Soleil 측은 중국 쇼핑 고객들이 완

**정답** 13 ④

전히 사라질 것이라는 다른 우려를 가지고 있다. 중국 고객들은 한때 겉으로 보기에는 끝없이 유입되었었는데, 현재는 증가하는 온라인 쇼핑과 그들이 여전히 고가의 제품을 사기 위해 해외로 나가기 때문에 더이상 오프라인 아울렛을 이용하지 않고 있다. 그래서 그들의 시간과 돈을 소비할 다른 방식들을 가지고 있는 고객들을 위한 이러한 거대한 공간들을 용도에 맞게 고치는 것이야 말로 많은 창의력을 요구하는 것 같다. 5층의 용 모양 미끄럼틀이 시작하기에 나쁘지 않은 장소일 것이다.

① 호화 브랜드들은 Soleil에서 번창하고 있다.
② Soleil은 대담한 움직임들을 실행하는 것에 반대 결정을 해왔다.
③ 온라인 고객의 기본을 확보하는 것이 마지막 희망일지도 모른다.

## 05 논조 이해

**14**

어휘
• lack in ~이 모자라다
• constitutional 헌법상의
• superficial 피상적인
• adapt to ~에 적응하다
• misinformation 오보
• left wing 좌익의

해석 단일 세계 정부의 내가 반대하는 이유는 지금의 문제들에 상당히 집중되어 있다. 단기적으로 가장 커다란 문제는 세계 정부가 그 어떤 민주적 절차도 결여되어 있으며, 헌법사의 인권이라는 기준에서 운영되지 않는다는 사실이다.

다소 피상적이긴 해도 한 가지 평가를 해보면, 단일 세계 정부에 적용할 새로운 정책 방향들이 현재 취해지고 있다는 사실을 대중이 듣지 못하는 경우가 흔하다는 사실이다. 오히려 엄청난 오보가 판을 치고 있다. 재정적인 면과 여타의 면들에서 얼마나 비용이 들지, 그리고 그로부터 무엇을 얻게 될지 하는 것들은 기본적인 질문들이다. 만일 숨길 것이 없다면, 우리는 그 대답을 듣게 될 것이다. 그러나 국내적 협의 사항과 국제적 협의사항간의 관계는 대체로 대중들에게 공개되지 않고 있다. 우리의 헌법에 토대를 둔 민주적인 절차이기는커녕, 나라의 장래가 소수의 까다로운 좌익 관료들에 의해 계획되고 있는 것이다.

해설 글의 말미에 등장하는 문맥(민주적인 절차라기보다는 오히려 소수의 까다로운 좌익의 관료들에 의해서...)을 통해서 비판적인 시각을 가지고 있음을 알 수 있다.

**14** 다음 글에서 'crusty'라는 수식어를 통해 작가가 left wing bureaucrats에 대해서 갖는 태도는?

My opposition to the one world government has been rather focused on current events. The greatest short term problem is that it's absolutely lacking in any sort of democratic process and that the one world government does not operate in terms of constitutional human rights.

One rather superficial test is the fact that the public is not often told that new policy directions are being taken to adapt to the one world government. Instead, there's a huge misinformation campaign. What's it going to cost, financially and otherwise, and what will we get from it? Those are basic questions. If there was nothing to hide, we'd have answers. Instead, the relationship between the domestic agenda and the international agenda is generally kept hidden from the public. Rather than a democratic process, based on out Constitution, the future of the country is being designed by a few <u>crusty</u> left wing bureaucrats.

① 객관적                ② 비판적
③ 무관심                ④ 우호적

정답 14 ②

## 15 다음 글을 읽고 필자의 심정을 알맞게 표현한 것은?

Most men, even in this comparatively free country, through mere ignorance and mistake, are so occupied with the factitious cares and superfluously coarse labors of life that its finer fruits cannot be clucked by them. Their fingers, from excessive toil, are too clumsy and tremble too much for that. Actually, the laboring man has not leisure for a true integrity day by day: he cannot sustain the manliest relations to men: his labor would be depreciated in the market. He has not time to be anything but a machine.

① lamentable

② happy

③ stable

④ appreciative

**15**

**어휘** • mere 단순한
• be occupied with ~에 종사하다
• superfluous 여분의
• toil 노고
• clumsy 꼴사나운
• sustain 지탱하다
• appreciative 감상적인
• lamentable 슬픈
• stable 안정적인

**해석** 이처럼 비교적 자유로운 나라에서조차도 대부분의 사람들은 단지 무지와 실수로 인해 인생의 인위적인 걱정거리들과 불필요하게 하찮은 일들에 너무도 몰두하다 보니 인생의 보다 멋진 결실들을 거둘 수가 없다. 그들의 손가락은 과도한 지나친 노동으로 인해 너무 볼품이 없고 또한 떨리고 있다. 사실 노동자는 매일 매일 진정한 고결함을 누릴 여가가 없으며 사람들과 가장 인간다운 관계를 유지할 수 없다. 그의 노동은 시장에서 가치가 떨어지게 될 것이다. 그에게는 기계 이외의 그 어떤 것도 될 수 있는 시간이 없는 것이다.

**해설** 현대사회를 살아가는 현대인들의 바쁜 일상과 인간성 상실의 허무함을 표현하는 느낌의 전체적인 글이다. 따라서 그에 맞는 어구를 고르면 된다.

**정답** 15 ①

**16**

**어휘**
- against cancer 암과 맞서 싸우다
- prove 증명하다
- lung cancer 폐암

**해석** 발전(진전)은 점차로 암에 대한 싸움에서 진척을 이루고 있다. ① 1900년대 초에 암 환자들은 오래 살 것이라는 희망은 거의 없었다. ② 그러나 의학 기술의 발달과 더불어 발전(진전)은 10명의 암환자 중에 4명이 현재 살아날 수 있을 만큼 그렇게 진전되어 왔다. ③ 흡연은 폐암의 직접적인 원인이라고 증명되어져 왔다. ④ 그렇지만 암과의 싸움은 아직 끝나지 않았다. 비록 일부 형태의 암은 치료제가 발명되었을지라도 다른 형태의 암은 여전히 증가 추세에 있다.

**해설** 암에 대한 싸움이 계속해서 의학과 더불어 발전하고 있다는 내용을 전개하면서 폐암의 원인을 제시하는 문장은 논리적으로 적절하지 못하며, 마지막 문장에도 발전을 하였지만 갈 길이 멀다는 문장을 쓰고 있으므로 전반적인 암에 대한 의학적 진행을 기술하는 것이 적절하다.

**16** 다음 글의 흐름상 가장 <u>어색한</u> 문장은?

Progress is gradually being made in the fight against cancer. ① <u>In the early 1900s, few cancer patients had any hope of long-term survival.</u> ② <u>But because of advances in medical technology, progress has been made so that currently four in ten cancer patients survive.</u> ③ <u>It has been proven that smoking is a direct cause of lung cancer.</u> ④ <u>However, the battle has not yet been won.</u> Although cures for some forms of cancer have been discovered, other forms of cancer are still increasing.

**정답** 16 ③

**17** 다음 글을 문맥에 맞게 순서대로 연결한 것은?

> (A) Many people don't realize that soap can strip the good oils from your skin, as well as the bad oils.
>
> (B) Oil of Lavender has been rated the most popular product for toning and firming skin on the face, neck and around the eyes.
>
> (C) Why? Because you can actually see a difference in just one week when you use it daily.
>
> (D) Oil of Lavender facial products were created to add natural oils back to your skin, thereby reducing signs of aging.

① (B) − (A) − (C) − (D)

② (C) − (D) − (B) − (A)

③ (D) − (A) − (C) − (B)

④ (A) − (D) − (B) − (C)

---

**17**

**어휘** • strip 제거하다
• thereby 그로 인해
• sign 흔적
• aging 노화
• tone 색조를 조정하다
• firm 단단하게 하다

**해석** (A) 많은 사람들이 비누가 피부에서 나쁜 기름뿐 아니라 좋은 기름도 제거할 수 있다는 것을 알지 못합니다.
(D) 라벤더 오일 화장품은 천연 오일을 당신의 피부에 되돌려 주도록 만들어졌습니다. 그로 인해 노화의 흔적을 줄여주게 됩니다.
(B) 라벤더 오일은 얼굴과 목, 눈 주변의 피부를 밝게 하고 탄력 있게 하기 위한 가장 인기 있는 상품으로 평가받아왔습니다.
(C) 왜냐구요? 당신이 이것을 매일 사용하시면 단 일주일 후면 그 차이를 볼 수 있으니까요.

**해설** 문장의 어순을 찾을 때, 주로 언어적인 단서가 힌트로 활용이 될 수 있는데 이 문제는 연결사나 지시어가 등장하지 않아서 전반적으로 내용을 분석하여 푸는 문제이다.
문맥상, 비누에 대한 문제점을 지적한 (A)가 처음에 나와야 된다. 라벤더 오일에 관해서 언급한 (B)와 (C)는 문맥상 연결되고 있으므로 이 둘의 순서를 정해야 하는데, 라벤더 오일 관련 상품의 장점을 얘기한 (D)가 먼저 오고, 그로 인해 라벤더 오일이 높게 평가된다는 (B)가 뒤에 들어가야 한다. 또한, 그렇게 높게 평가되는 이유를 (C)에서 언급하고 있으므로 순서는 (A) − (D) − (B) − (C)가 된다.

**정답** 17 ④

**18**

**어휘** • assemble 조립하다
• scan 훑다
• come up with 찾아내다, 제안하다
• ignore 무시하다
• metaphor 은유
• jump across 건너 뛰다

**해석** 네 종류의 독서, 즉 독특한 형식과 목적을 가진 것을 이름 짓는 것은 나에게 가능할 것 같다. 첫 번째는 정보를 위한 독서, 무역, 정치, 또는 무언가를 성취하는 방법에 관해 배우기 위한 독서이다. ① 우리는 이런 식으로 신문을 읽거나 대부분의 교과서 또는 자전거를 조립하는 방법에 대해서 설명서를 읽는다. ② 이러한 자료의 대부분을 가지고 독자는 빨리 훑어보는 법을 배울 수 있고, 필요한 것을 찾아내고, 문장의 운율이나 은유 구사와 같은 자신과 무관한 것들을 무시한다. ③ 우리는 또한 은유와 단어의 연상으로 감정의 궤적을 나타낸다. ④ 속독 수업은 눈이 페이지를 빠르게 건너뛰도록 훈련시켜 우리가 이러한 목적을 위해 책을 읽는 데 도움을 줄 수 있다.

**해설** ①, ②, ④번은 앞에서 제시한 독서법과 관련하여 기술하고 있지만 ③번은 은유와 연상으로 감정의 궤적을 나타낸다는 내용이므로 ③번은 글의 흐름에 적절하지 않다.

**18** 다음 글의 흐름상 가장 적절하지 <u>않은</u> 문장은?

> It seems to me possible to name four kinds of reading, each with a characteristic manner and purpose. The first is reading for information - reading to learn about a trade, or politics, or how to accomplish something. ① <u>We read a newspaper this way, or most textbooks, or directions on how to assemble a bicycle.</u> ② <u>With most of this material, the reader can learn to scan the page quickly, coming up with what he needs and ignoring what is irrelevant to him, like the rhythm of the sentence, or the play of metaphor.</u> ③ <u>We also register a track of feeling through the metaphors and associations of words.</u> ④ <u>Courses in speed reading can help us read for this purpose, training the eye to jump quickly across the page.</u>

**정답** 18 ③

## 19 다음 〈보기〉의 문장이 들어갈 위치로 가장 적절한 것은?

— 보기 —

In this situation, we would expect to find less movement of individuals from one job to another because of the individual's social obligations toward the work organization to which he or she belongs and to the people comprising that organization.

Cultural differences in the meaning of work can manifest themselves in other aspects as well. ( ① ) For example, in American culture, it is easy to think of work simply as a means to accumulate money and make a living. ( ② ) In other cultures, especially collectivistic ones, work may be seen more as fulfilling an obligation to a larger group. ( ③ ) In individualistic cultures, it is easier to consider leaving one job and going to another because it is easier to separate jobs from the self. ( ④ ) A different job will just as easily accomplish the same goals.

**19**

**어휘** • obligation 책임
• manifest 명백한
• comprise 구성하다
• collectivistic 집단주의적인
• fulfill 달성하다
• accomplish 성취하다

**해석** 직업적인 의미에서 문화적 다양성은 역시, 다른 측면에서도 드러나게 된다. 예를 들어서 미국 문화에서 직업은 단순히 돈을 모으고 생계를 꾸리기 위한 수단으로 쉽게 생각한다. 다른 문화에서 특히 집단주의적인 문화의 경우에 직업은 더 상위적인 조직에 대한 책임 달성을 하는 것으로 더욱 더 여겨질 수 있다. (이러한 상황에 우리는 그 또는 그녀가 속한 직장 조직에 대한, 그리고 그 조직을 구성하고 있는 사람들에 대한 개인의 사회적 책임으로 인하여 개개인이 하나의 직업에서 또 다른 직업으로 더 적게 이동할 것임을 기대하게 된다.) 개인주의적인 문화의 경우 한 직업을 떠나서 다른 직업으로 이동하는 것이 더 쉽게 여겨질 수 있는데, 왜냐하면 직업을 개인으로부터 더욱 쉽게 분리할 수 있기 때문이다. 다른 직업도 그만큼 쉽게 동일한 목적을 달성하게 될 것이다.

**해설** 문화에 따라서 직업을 생각하는 인식을 기술하고 있다. 미국, 집단, 개인이라는 측면으로 기술하고 있으며, '이 상황에서' 뒤에 나오는 내용이 "개인주의적인 문화의 경우 한 직업을 떠나서 다른 직업으로 이동하는 것이 더 쉽게 여겨질 수 있는데"와 문맥을 맞게 선택하면 된다.

**정답** 19 ③

## 20

**어휘**
• obligation 책임
• manifest 명백한
• comprise 구성하다
• collectivistic 집단주의적인
• fulfill 달성하다
• accomplish 성취하다

**해설** 소형박쥐의 생태를 소재로 하고 있으므로 구체적인 사실보다 일반적인 사실을 앞세운다. 그리고 구체적인 소형박쥐의 활동을 묘사하면서 인간과 비교해가며 언어적인 단서가 될 수 있는 부분을 이용하여 조합을 행하며 논리와 일치를 풀어 나간다. 문장의 꼬리에 있는 어구를 이어가며 생활사, 활동, 특징 따위를 설명한다. 소형박쥐-작은 눈-그렇지만 대단한 능력(= 반향 정위법), 어둠 속 항해시 반향 정위법을 어떻게 활용하는가? (구체적 사례)-자세한 반향 정위법의 설명으로 이어진다.

## 20 다음 글을 문맥에 가장 어울리는 순서대로 배열한 것은?

ⓐ To navigate in the dark, a microbat flies with its mouth open, emitting high-pitched squeaks that humans cannot hear. Some of these sounds echo off flying insects as well as tree branches and other obstacles that lie ahead. The bat listens to the echo and gets an instantaneous picture in its brain of the objects in front of it.

ⓑ Microbats, the small, insect-eating bats found in North America, have tiny eyes that don't like they'd be good for navigating in the dark and spotting prey.

ⓒ From the use of echolocation, or sonar, as it is also called, a microbat can tell a great deal about a mosquito or any other potential meal. With extreme exactness, echolocation allows microbats to perceive motion, distance, speed, movement, and shape. Bats can also detect and avoid obstacles no thicker than a human hair.

ⓓ But, actually, microbats can see as well as mice and other small mammals. The nocturnal habits of bats are aided by their powers of echolocation, a special ability that makes feeding and flying at night much easier than one might think.

① ㉠ - ㉢ - ㉡ - ㉣
② ㉡ - ㉣ - ㉠ - ㉢
③ ㉡ - ㉢ - ㉣ - ㉠
④ ㉠ - ㉣ - ㉢ - ㉡

**해석** ㉡ 소형박쥐들, 북아메리카에서 발견되는 작고 곤충을 먹는 박쥐들, 어둠 속에서 길을 찾고 먹이를 발견하는 데 쓸모가 있어 보이지 않는 아주 작은 눈을 가지고 있다.

㉣ 그러나 사실상, 소형박쥐들은 쥐나 다른 포유동물들만큼이나 잘 볼 수 있다. 밤에 먹이를 찾고 비행하는 것을 우리가 생각하는 것보다 훨씬 쉽게 만들어주는 특별한 재능인 반향 정위법이라는 능력에 의해서 그들의 야행성 성향은 도움을 받는다.

㉠ 어둠 속에서 길을 찾기 위해 소형박쥐는 입을 벌리고 인간이 들을 수 없는 고주파의 찍찍거리는 소리를 내며 비행한다. 이런 소리 일부가 앞에 나뭇가지나 다른 장애물들뿐만 아니라 날고 있는 곤

**정답** 20 ②

충들로부터 반향을 일으키게 된다. 박쥐는 그 반향을 듣고 그것의 앞에 있는 물체의 상을 두뇌 속에 즉각적으로 얻게 된다.

ⓒ 반향 정위법은, 또는 그것이 불려 지듯이, 소형박쥐는 모기 혹은 어떤 다른 가능한 먹이에 관하여 많은 것을 확인할 수 있다. 극도의 정확성으로 반향 정위법은 소형박쥐들이 움직임과 거리, 속도, 행동, 그리고 형태를 인식하도록 해 준다. 박쥐들은 또한 인간의 머리카락만큼이나 가느다란 장애물들을 감지하고 피하도록 할 수도 있다.

# 제 4 장 | 영작문(Writing)

## 01

**해설** Hardly + had + S + p.p.~, when (before) + S + V(과거)로 '~하자마자 곧 ...했다'의 관용표현이다. 즉, "Hardly had I dream before he became such a famous musician." 으로 바꾸어야 한다.
① be sure to~는 '반드시 ~을 하다'라는 표현으로 문장에서 적절하게 사용되었다.
② manage to + V는 '간신히 ~을 하다'라는 뜻을 가진 표현으로 문장에서 적합하게 사용되었다.
③ vice versa는 '거꾸로, 반대로'라는 표현으로 문장에서 올바르게 사용되었다.

## 02

**어휘** • cheat at a test 시험에 부정행위를 하다
• be held 열리다, 개최되다, 치러지다
• wicked(= malicious) 사악한

**해설** see가 지각 동사로 to cheat 대신에 cheat로 바꿔야 한다.
② '머지않아서 곧 ~할 것이다.' = It will not be long before + S + V(현재~)
③ need not have + p.p~ : '~할 필요가 없었는데(했다)'
④ '주장 동사 (that) S + (should) + 동사원형' : 미래 지향성, 당위성 내포

**정답** 01 ④  02 ①

---

## 01 다음 중 우리말을 영어로 잘못 옮긴 것은?

① 내일 아침 일찍 저를 반드시 깨워주세요.
→ Be sure to wake me up early tomorrow morning.

② 사람들은 우리가 파산할 것으로 여겼으나, 우리는 그럭저럭 견뎌 나갔다.
→ People thought we would go bankrupt, but we managed to get by.

③ 수요가 공급을 초과하면 가격이 오르고 그 반대가 되면 내린다.
→ Prices go up when demand exceeds supply, and vice versa.

④ 나는 그가 그렇게 유명한 음악가가 되리라고는 전혀 생각하지 못했다.
→ Hardly did I dream before he became such a famous musician.

## 02 다음 중 우리말을 영어로 잘못 옮긴 것은?

① 나는 그가 시험시간에 부정행위하는 것을 본 적이 있다.
→ I have seen him to cheat at a test.

② 머지않아서 곧 아시안컵 축구 경기가 열릴 것이다.
→ It will not be long before the Asian soccer games are held.

③ 당신은 이런 케이크를 살 필요가 없었을 것이다.
→ You need not have bought such kind of cake.

④ 그는 이런 사악한 법은 이번 회기에 폐지되어야만 한다고 주장했다.
→ He insisted that the wicked law be abolished in this session.

## 03 다음 중 우리말을 영어로 잘못 옮긴 것은?

① 가능한 모든 일자리를 알아보았음에도 불구하고, 그는 적당한 일자리를 찾지 못했다.

→ Despite searching for every job opening possible, he could not find a suitable job.

② 당신이 누군가를 믿을 수 있는지 알아보는 최선책은 그 사람을 믿는 것이다.

→ The best way to find out if you can trust somebody is to trust that person.

③ 미각의 민감성은 개인의 음식 섭취와 체중에 크게 영향을 미친다.

→ Taste sensitivity is largely influenced by food intake and body weight of individuals.

④ 부모는 그들의 자녀가 성장하고 학습하는 데 알맞은 환경을 제공할 책임이 있다.

→ Parents are responsible for providing the right environment for their children to grow and learn in.

## 04 다음 중 우리말을 영어로 잘못 옮긴 것은?

① 그는 자신의 정적들을 투옥시켰다.

→ He had his political enemies imprisoned.

② 경제적 자유가 없다면 진정한 자유가 있을 수 없다.

→ There can be no true liberty unless there is economic liberty.

③ 나는 가능하면 빨리 당신과 거래할 수 있기를 바란다.

→ I look forward to doing business with you as soon as possible.

④ 30년 전 고향을 떠날 때, 그는 다시는 고향을 못 볼 거라고 꿈에도 생각지 않았다.

→ When he left his hometown thirty years ago, little does he dream that he could never see it again.

**03**

해설 영작에서는 수동태를 써서 영향을 받는다는 말이 되어 완전히 다른 의미임을 알 수 있다. 주어와 목적어를 바꾸거나 동사를 능동으로 바꿔야 옳다. → Taste sensitivity largely influences food intake and body weight of individuals.

① 전치사 despite 뒤에 '명사 상당어(구) Ving'가 옳다. search for + 명사(구)

② 최상급 표현인 'the best way to + V'는 옳다. whether '~인지 아닌지'라는 뜻을 접속사 if가 잘 나타내고 있어서 옳다.

④ be responsible for : '~할 책임이 있는', 'for + 목적어 + to + V' 구문으로 적절하다.

**04**

해설 준 부정어 little이 문두에 놓여 주절의 주어와 동사의 도치는 적절하지만, 과거의 일을 이야기하므로 조동사 does를 did로 고쳐야 한다.

① have : '사역동사 + 목적어 + 목적격 보어' 수동관계는 적절하다.

② unless : '만일 ~이 없다면(= if not의 의미로 적절하다)'

③ look forward to + 동명사 : '~하는 것을 학수고대하다.'

정답 03 ③ 04 ④

## 05

**해설** Your son's hair와 your hair가 비교되므로 yours가 적절하다.

① 'as + 원급 + as'의 문장으로 "Jane is not as young as she looks (young)."의 문장으로 적절하다.

② "It is easier to make a phone call than to write a letter (is easy)."의 문장으로 적절하다.

③ "You have more money than I (have money)."의 문장으로 적절하다.

## 06

**해설** under no circumstances(= in no way = on no account)는 부정적 의미의 부사구로서 문두에 등장 시 반드시 주절은 도치해야만 한다. 따라서 'should + 주어 + not leave'로 써야 한다.

① regret + 동명사: '과거에 했던 일', having worked는 완료동명사로 적절하다.

② a man of~: '~한 사람' both A and B: 'A와 B 둘 다'

③ healthy 건강한 healthful 건강에 좋은

**정답** 05 ④  06 ④

---

## 05 다음 우리말을 영어로 옮긴 것 중 가장 어색한 것은?

① 제인은 보기만큼 젊지 않다.

→ Jane is not as young as she looks.

② 전화하는 것이 편지 쓰는 것보다 더 쉽다.

→ It's easier to make a phone call than to write a letter.

③ 너는 나보다 돈이 많다.

→ You have more money than I.

④ 당신 아들 머리는 당신 머리와 같은 색깔이다.

→ Your son's hair is the same color as you.

## 06 다음 우리말을 영어로 옮긴 것 중 가장 어색한 것은?

① 그녀는 젊었을 때 더 열심히 일하지 않았던 것을 후회한다.

→ She regrets not having worked harder in her youth.

② 그는 경험과 지식을 둘 다 겸비한 사람이다.

→ He is a man of both experience and knowledge.

③ 분노는 정상적이고 건강한 감정이다.

→ Anger is a normal and healthy emotion.

④ 어떤 상황에서도 너는 이곳을 떠나면 안 된다.

→ Under no circumstances you should not leave here.

## 07 다음 중 우리말을 영어로 잘못 옮긴 것은?

① 나의 이모는 파티에서 그녀를 만난 것을 기억하지 못한다.

→ My aunt didn't remember meeting her at the party.

② 나의 첫 책을 쓰는 데 40년이 걸렸다.

→ It took me 40 years to write my first book.

③ 학교에서 집으로 걸어오고 있을 때 강풍에 내 우산이 뒤집혔다.

→ A strong wind blew my umbrella inside out as I was walking home from school.

④ 끝까지 생존하는 생물은 가장 강한 생물도, 가장 지적인 생물도 아니고, 변화에 가장 잘 반응하는 생물이다.

→ It is not the strongest of the species, nor the most intelligent, or the one most responsive to change that survives to the end.

## 08 다음 중 우리말을 영어로 잘못 옮긴 것은?

① 오늘 밤 나는 영화 보러 가기보다는 집에서 쉬고 싶다.

→ I'd rather relax at home than going to the movies tonight.

② 경찰은 집안 문제에 대해서는 개입하기를 무척 꺼린다.

→ The police are very unwilling to interfere in family problems.

③ 네가 통제하지 못하는 과거의 일을 걱정해봐야 소용없다.

→ It's no use worrying about past events over which you have no control.

④ 내가 자주 열쇠를 엉뚱한 곳에 두어 내 비서가 날 위해 여분의 열쇠를 갖고 다닌다.

→ I misplace my keys so often that my secretary carries spare ones for me.

---

**07**

**어휘** • inside out 뒤집히다
• remember to + V~ ~해야 할 일을 기억하다
• remember + Ving~ ~했던 것을 기억하다
• It + take + 사람 + 시간 + to + V ~하는 데 ~걸리다
• blow-blew-blown ~을 불어서 ~한 상태로 만들다(vt : 불완전 타동사의 역할로 쓰임)
• blow my umbrella inside out 내 우산이 뒤집히다

**해설** 'It ~ 강조어구 ~ that 강조' 구문 안에서 'not A but B' 구문으로 연결해서 생각한다. 여기서 nor = and neither의 의미로 '역시 ~도 아니다'의 의미를 지닌다. or 이하부터 ~ to change까지 없다고 가정해보면 "변화에 가장 잘 적응하는 생물은 가장 강한 생물도, 가장 지적인 생물도 아니다."라는 구문이 형성됨을 알 수 있다. 이것이 not A but B 구문에서 A에 해당하는 부분이다. 이때 or 이하에 or는 but으로 바뀌어 'not A but B' 구문이 강조 구문 안으로 들어 있음을 알 수 있다.

**08**

**해설** '비교급 ~than'이나 'as ~ as' 구문은 병치 관계를 정확히 기술해야만 한다. going은 relax에 병치하는 의미이므로 go가 적절하다.
② be unwilling to + V~ : '~하는 것을 꺼리다'
③ It is no use ~ing : '~해봐야 소용이 없다'
④ misplace~ : '~을 엉뚱한 곳에 두다.' ones는 keys를 나타내는 대명사로 적절하다.

**정답** 07 ④  08 ①

**09**

**해설** 'A is no more B than C is D'
= 'A + 일반 동사 + no more + B + than + C + 일반 동사 + D'
: 'A가 B가 아니듯 C도 D가 아니다.'
= 'A가 B하지 못하듯 C도 D하지 못하다.'

✪ 이때 양쪽 부정의 의미를 가지는 경우 than 이하는 부정 부사가 다시 재사용 되지 않는다.

① talk는 '논하다, (대화를 해서) 해결하다, 설득하다'의 의미로 타동사 기능이 가능하다.

③ outnumber~ : '~보다 수적으로 우세하다'
be outnumbered~ : '~보다 수적으로 열세이다'

④ an은 same의 의미를 가진다. not always : '항상 ~한 것은 아니다(부분 부정).'

**10**

**어휘** • boyhood 소년시절
• achieve 성취하다

**해석** I should have achieved such a splendid result : 나는 이렇게 훌륭한 결과를 성취했어야만 했는데(하지 못해서 유감이다)

**해설** should have + p.p : '~했어야만 했는데(하지 못해서 유감이다)'를 'wouldn't have achieved'로 바꾸어야 의미가 맞다.

① 시간 의미의 부사절에서 현재 동사(receive)가 미래를 대용한다.

② ought to have + p.p~ : '~했어야만 했는데 하지 못해서 유감이다.'

③ Having been abroad의 시제가 먼저 발생했으므로 완료형으로 적절하다.

**정답** 09 ② 10 ④

---

☐☐ **09** 다음 중 우리말을 영어로 잘못 옮긴 것은?

① 그녀가 어리석은 계획을 포기하도록 설득해 줄래요?
→ Can you talk her out of her foolish plan?

② 그녀의 어머니에 대해서는 나도 너만큼 아는 것이 없다.
→ I know no more than you don't about her mother.

③ 그의 군대는 거의 2대 1로 수적 열세였다.
→ His army was outnumbered almost two to one.

④ 같은 나이의 두 소녀라고 해서 반드시 생각이 같은 것은 아니다.
→ Two girls of an age are not always of a mind.

☐☐ **10** 다음 중 우리말을 영어로 잘못 옮긴 것은?

① 이 편지를 받는 대로 곧 본사로 와 주십시오.
→ Please come to the headquarters as soon as you receive this letter.

② 나는 소년 시절에 독서하는 버릇을 길러 놓았어야만 했다.
→ I ought to have formed a habit of reading in my boyhood.

③ 그는 10년 동안 외국에 있었기 때문에 영어를 매우 유창하게 말할 수 있다.
→ Having been abroad for ten years, he can speak English very fluently.

④ 내가 그때 그 계획을 포기했었다면 이렇게 훌륭한 성과를 얻지 못했을 것이다.
→ Had I given up the project at that time, I should have achieved such a splendid result.

11 다음 중 우리말을 영어로 <u>잘못</u> 옮긴 것은?

① 그 회의 후에야 그는 금융 위기의 심각성을 알아차렸다.
→ Only after the meeting did he recognize the seriousness of the financial crisis.

② 장관은 교통문제를 해결하기 위해 강 위에 다리를 건설해야 한다고 주장했다.
→ The minister insisted that a bridge be constructed over the river to solve the traffic problem.

③ 비록 그 일이 어려운 것이었지만, Linda는 그것을 끝내기 위해 최선을 다했다.
→ As difficult a task as it was, Linda did her best to complete it.

④ 그는 문자메시지에 너무 정신이 팔려서 제한속도보다 빠르게 달리고 있다는 것을 몰랐다.
→ He was so distracted by a text message to know that he was going over the speed limit.

12 다음 중 우리말을 영어로 <u>잘못</u> 옮긴 것은?

① 나는 매달 두세 번 그에게 전화하기로 규칙을 세웠다.
→ I made it a rule to call him two or three times a month.

② 그는 나의 팔을 붙잡고 도움을 요청했다.
→ He grabbed me by the arm and asked for help.

③ 폭우로 인해 그 강은 120cm 상승했다.
→ Owing to the heavy rain, the river has risen by 120cm.

④ 나는 눈 오는 날 밖에 나가는 것보다 집에 있는 것을 더 좋아한다.
→ I prefer to staying home than to going out on a snowy day.

---

**11**

**어휘** • only after ~하고 나서야 비로소
• recognize 알아차리다
• insist 주장하다
• complete 완성하다
• too ~ to + V... 너무나 ~해서 ... 할 수 없다

**해설** so distracted를 too distracted로 바꾸어서 부정의 구문을 만들어야 한다.
① only after가 이끄는 구문은 반드시 주절이 도치된다.
② 주장 동사(insist)는 that절 속에 '(should) + V'을 쓴다.
③ 'as + 형용사 + 관사 + 명사 + as'의 어순을 기억해둔다.

**12**

**어휘** • grab 붙잡다
• ask for 요청하다
• owing to ~때문에

**해설** 'prefer to + V', 'prefer + 동명사' 모두 가능하다. 'prefer to 부정사 rather than to 동사원형' 또는 'prefer (동)명사/ to (동)명사' 형태로 쓴다. 따라서 to staying home than to going을 to stay home rather than to go 또는 staying home to going으로 써야 옳다.
① make it a rule to + V : '~하는 것을 규칙으로 삼다'
② '잡다'형 동사 = 'catch, grab, seize, hold, grip + 사람(목적어) + by the + 신체 일부 동사' 구문에 맞춰 잘 쓰였다.
③ rise – rose – risen vi) 오르다, 뜨다

 **정답** 11 ④  12 ④

**13**

**어휘** • refusal 거절
• rudeness 무례함
• perplex 당혹하게 하다
• the sick 환자들
• the wounded 부상자들
• to make matters worse 설상가상으로

**해설** the + 형용사 = '복수 보통명사, 단수 보통명사, 추상명사.'
**예** the rich 부유한 사람들
the late 죽은 사람(고인)
the true 진리
(sick and wounded → the sick and the wounded : 환자들과 부상자들)
① 'it + be + 강조어구 + that 강조' 구문으로 강조어구 자리에 not A but B로 'A가 아니라 B'를 이용하여 주어를 강조하고 있다.
② 조동사 파트의 관용표현으로 '아무리 ~해도 지나치지 않다'를 의미하는 'cannot ... too(much) ~'의 올바른 표현이다.
④ 유도부사 there가 이끄는 구문은 주어와 동사가 도치된다. 'there + 동사 + 주어'의 어순으로 적절하며 완전한 절을 이끄는 that절은 동격절로 a report와 동격의 의미이다.

**14**

**해설** 정답 문장의 의미는 not A but B의 상관접속사 구문으로, A와 B는 문법적으로 병렬 관계를 이루어야 하므로 gazing에 걸리는 but 이하의 looks는 looking이 옳다.
① Whatever가 이끄는 절이 명사절을 이끌어 단수 취급하여 is가 옳다.
② 양쪽 부정의 의미를 이끄는 상관접속사 neither A nor B는 '그리고 또한 ~ 아니다'를 의미하며, 이때 nor의 뒤에는 '동사 + 주어'의 어순인 도치가 되어야만 한다. 따라서 'did any of my inventions come'이 옳다.
④ 주어와 동사의 수동관계(aren't paid) 적절하며, Not because A, but Because B 'A 때문이 아니라, B 때문이다.'의 구조가 적절하다.

**정답** 13 ③ 14 ③

---

**13** 다음 중 우리말을 영어로 잘못 옮긴 것은?

① 그를 당황하게 한 것은 그녀의 거절이 아니라 그녀의 무례함이었다.
→ It was not her refusal but her rudeness that perplexed him.

② 부모는 아이들 앞에서 그들의 말과 행동에 대해 아무리 신중해도 지나치지 않다.
→ Parents cannot be too careful about their words and actions before their children.

③ 환자들과 부상자들을 돌보기 위해 더 많은 의사가 필요했다.
→ More doctors were required to tend sick and wounded.

④ 설상가상으로, 또 다른 태풍이 곧 올 것이라는 보도가 있다.
→ To make matters worse, there is a report that another typhoon will arrive soon.

**14** 다음 중 우리말을 영어로 잘못 옮긴 것은?

① 네가 하는 어떤 것도 나에게는 괜찮아.
→ Whatever you do is fine with me.

② 나는 어떤 일도 결코 우연히 하지 않았으며, 내 발명 중 어느 것도 우연히 이루어진 것은 없었다.
→ I never did anything by accident, nor did any of my inventions come by accident.

③ 사랑은 서로를 응시하는 것에 있지 않고, 같은 방향을 함께 바라보는 것에 있다.
→ Love does not consist in gazing at each other, but looks outward together in the same direction.

④ 자원봉사자들은 그들이 가치가 없기 때문이 아니라, 매우 귀중하기 때문에 보수를 받지 않는다.
→ Volunteers aren't paid, not because they are worthless, but because they are priceless.

☐☐
## 15 다음 중 우리말을 영어로 <u>잘못</u> 옮긴 것은?

① 그 연사는 자기 생각을 청중에게 전달하는 데 능숙하지 않았다.

→ The speaker was not good at getting his ideas across to the audience.

② 서울의 교통 체증은 세계 어느 도시보다 심각하다.

→ The traffic jams in Seoul are more serious than those in any other city in the world.

③ 네가 말하고 있는 사람과 시선을 마주치는 것은 서양 국가에서 중요하다.

→ Making eye contact with the person you are speaking to is important in western countries.

④ 그는 사람들이 생각했던 만큼 인색하지 않았다는 것이 드러났다.

→ It turns out that he was not so stingier as he was thought to be.

☐☐
## 16 다음 중 우리말을 영어로 <u>잘못</u> 옮긴 것은?

① 모든 정보는 거짓이었다.

→ All of the information was false.

② 토마스는 더 일찍 사과했어야 했다.

→ Thomas should have apologized earlier.

③ 우리가 도착했을 때 영화는 이미 시작했었다.

→ The movie had already started when we arrived.

④ 바깥 날씨가 추웠기 때문에 나는 차를 마시려 물을 끓였다.

→ Being cold outside, I boiled some water to have tea.

### 15

**어휘** • stingy 인색한
• be thought to be ~라고 생각되다
• turn out (to be) ~임이 판명되다, 드러나다

**해설** 열등 비교의 문맥으로 작문이 이루어진다. 따라서 원급 비교이기 때문에 stingier의 비교급은 적절치 못하다. not so stingier as는 'not so stingy as' 또는 'not as stingy as'로 수정해야 한다.

### 16

**해설** 분사구문 'Being cold outside'의 경우, 날씨를 나타내는 비인칭 주어 it를 써주어야 한다. 이는 주절의 주어와 일치하지 않으므로 주어를 생략할 수 없다(→ 'It being cold outside').

① 절대 불가산명사, 주어-동사 수 일치 : All of 뒤에 절대 불가산 명사 information이 온 것으로 보아 all 역시 information을 의미하는 것이므로 단수 취급(was)은 적절하다.

② '조동사 + have + p.p' : should have + p.p는 '~했어야 했다'를 의미하는 표현이다.

③ 과거분사 : 부사인 already를 통해 주절의 시제가 when 부사절보다 이전에 일어난 사건임을 알 수 있으므로 had started라는 대과거를 사용하여 적절하다.

**정답**  15 ④  16 ④

**17**

□□
**17** 다음 중 우리말을 영어로 옳게 옮긴 것은?

[해설] see off : '배웅하다.' 시간의 부사와 시제 판단이다.

to 부정사의 부사 역할 : ∼ago는 과거를 나타내는 시간의 표현이므로 과거시제 went로 적절하다.

② make believe (that)은 '∼ 인체하다'를 나타내는 표현이다. 뒤의 that은 생략할 수 있다. 따라서 it을 빼야 한다(made it believe → made believe).

③ 준동사 look forward to ∼ing의 형태이다. to는 전치사이므로 뒤에 동명사, 즉, go가 아니라 going이 되어야 한다(look forward to go → look forward to going).

④ 과거분사인 interested가 앞의 명사인 anything을 수식하고 있다. 이때 interest는 감정류 타동사인데 anything이 interest한 감정을 느끼게 하는 것(유발요인)이므로 과거분사가 아니라 현재 분사인 interesting이 와야 한다(anything interested → anything interesting).

① 그는 며칠 전에 친구를 배웅하기 위해 역으로 갔다.
   → He went to the station a few days ago to see off his friend.

② 버릇없는 그 소년은 아버지가 부르는 것을 못 들은 체했다.
   → The spoiled boy made it believe he didn't hear his father calling.

③ 나는 버팔로에 가본 적이 없어서 그곳에 가기를 고대하고 있다.
   → I have never been to Buffalo, so I am looking forward to go there.

④ 나는 아직 오늘 신문을 못 읽었어. 뭐 재미있는 것 있니?
   → I have not read today's newspaper yet. Is there anything interested in it?

[정답] 17 ①

# 제 **5** 장 │ 일상생활에서의 응용(Dialogue)

☐☐
**01** 다음 두 사람의 대화 중 가장 <u>어색한</u> 것은?

① A : I might have to give my dad a ride to the train station, but I don't know the exact time yet.

　B : Let's play it by ear then. Just call me when you find out for sure.

② A : I was at a party last night, and I saw Jake play the guitar in front of an audience.

　B : Speak of the devil. Jake is right there.

③ A : Did he apologize to you for the accident?

　B : Yes, but I don't buy it.

④ A : I hear your son wants to go on spring vacation with that girl, Sally.

　B : I told him to grab a bite.

---

**01**

**어휘** • give A a ride ~A를 태워 주다
• play it by ear 그때그때 봐서 처리하다
• Speak of the devil 호랑이도 제 말하면 온다
• grab a bite (to eat) 간단히 먹다, 요기하다

**해석** ① A : 난 아버지를 기차역까지 태워 드려야 할 수도 있는데, 아직 정확한 시간을 모르겠어.
　B : 그럼 되는 대로 하자. 네가 확실히 알게 되면 나한테 전화해.
② A : 난 어젯밤 파티에 있었고, 제이크가 관객들 앞에서 기타 치는 것을 봤어.
　B : 호랑이도 제 말하면 온다더니. 제이크가 바로 저기에 있어.
③ A : 그가 그 사고에 대해 너에게 사과했니?
　B : 응, 하지만 난 그걸 믿지 않아.
④ A : 난 네 아들이 저 샐리라는 여자아이와 함께 봄방학 여행을 가고 싶어 한다고 들었어.
　B : 난 아들에게 간단히 뭐라도 좀 먹으라고 말해줬지.

**해설** grab a bite (to eat)은 '간단히 먹다, 요기하다'를 의미하는 말로, A, B의 대화내용은 맥락상 전혀 소통이 되지 않는다. 참고로 ③번의 buy는 비격식체로 '(특히 사실 같지 않은 것을) 믿다'의 의미를 나타낼 수 있기 때문에 문제가 없다.

**정답** 01 ④

## 02

**해석**
A : 탐은 학교에서 어떻게 지내고 있니?

B : 음, 걔의 지난번 보고서는 사실 별로 좋지 않았어.

A : 오, 이런. 왜 그랬지?

B : 걔가 단지 공부하려 하질 않으니까. 걔는 그저 스포츠에만 관심이 있어, 그리고 걔는 정말 어떤 노력도 쏟지 않으려고 해. 다른 어떤 것에도 전혀. 우린 모든 것을 시도해봤어, 하지만 걔는 정말 누구 말이든 무시해버려.

A : 하지만 확실히 걔가 그 모든 걸 즐길 순 없잖아? 내 말은, 항상 비난받는 게 별로 유쾌하지 않다는 거야, 그렇지 않아?

B : 탐은 그런 거에 끄떡없어. 그건 마이동풍 격이야(아무 효과가 없어).

① 물 밖에 나온 물고기 같아

③ 앞에 마차를 놓는 것 같아

④ 황소 뿔을 붙잡는 것(문제에 정면으로 맞서는 것) 같아

**해설** 항상 비난받는 것에 대해서 탐이 개의치 않고 있다고 했으므로 오리의 등에 물을 뿌려봤자 젖지 않고 그냥 흘러 떨어져버린다는 데서 '아무 효과가 없음'을 의미하는 문장이 적당하다. take no notice of sb '~를 무시하다'

---

## 02 다음 대화의 흐름으로 보아 밑줄 친 부분에 들어갈 표현으로 가장 적절한 것은?

A : How's Tom getting on school?

B : Well, his last report wasn't very good actually.

A : Oh, dear. Why not?

B : Because he just won't work. He's only interested in sports, and he just won't put any effort into anything else at all. We've tried everything, but he just doesn't take any notice of anybody.

A : But surely he can't enjoy all that? I mean, it's not very pleasant to be criticized all the time, is it?

B : It doesn't bother Tom.
  It's _____.

① like a fish out of water

② like water off a duck's back

③ like putting the cart before the horse

④ like taking the bull by the horns

**정답** 02 ②

□□
**03** 다음 밑줄 친 부분에 들어갈 표현으로 가장 적절한 것은?

> M : What's that noise?
> W : Noise? I don't hear anything.
> M : Listen closely. I hear some noise.
> _____.
> W : Oh, let's stop and see.
> M : Look! A piece of glass is in the right front wheel.
> W : Really? Umm... You're right. What are we going to do?
> M : Don't worry. I got some experience in changing tires.

① I gave my customers sound advice
② Maybe air is escaping from the tire
③ I think the mechanic has an appointment
④ Oh! Your phone is ringing in vibration mode

**03**

**어휘** • noise 소음
• some 어떤, 약간의, 일부(몇몇)
• a piece of glass 유리조각
• Don't bother(= Don't mind = Never mind) 애쓰지 마, 신경 쓰지 마

**해석** M : 저게 무슨 소리지?
W : 소리? 나는 아무 것도 안 들리는데?
M : 잘 들어봐. 무슨 소리가 들려. <u>아마도 공기가 타이어에서 빠져나가고 있는 중인 것 같아!</u>
W : 자, 멈춰서 보자.
M : 봐! 유리 조각이 오른쪽 앞바퀴에 박혀있어.
W : 정말? 음... 그렇군. 어떻게 하지?
M : 걱정하지 마! 타이어를 교체해 본 경험이 있어.
① 나는 내 고객들에게 타당한 조언을 주었어.
③ 그 정비사는 예약이 있는 것 같아.
④ 아! 네 전화기가 진동모드로 울리고 있어.

□□
**04** 다음 밑줄 친 부분에 들어갈 표현으로 가장 적절한 것은?

> M : Excuse me. How can I get to Seoul Station?
> W : You can take the subway.
> M : How long does it take?
> W : It takes approximately an hour.
> M : How often does the subway run?
> W : _____.

① It is too far to walk
② Every five minutes or so
③ You should wait in line
④ It takes about half an hour

**04**

**어휘** • get to(= arrive at = reach) ~에 도달하다, 도착하다
• take the subway 지하철을 타다
• How Often 얼마나 자주
• It takes two to tango 손바닥도 마주쳐야 소리가 난다, 양쪽이 모두 책임이 있다

**해석** M : 실례합니다. 서울역에 어떻게 가면 되나요?
W : 지하철을 이용하시면 됩니다.
M : 얼마나 걸릴까요?
W : 대략 한 시간 정도 걸립니다.
M : 지하철이 얼마나 자주 다닙니까?
W : <u>5분 정도마다 있습니다.</u>
① 걸어가기에는 너무 멀어요.
③ 줄을 서서 기다리셔야 합니다.
④ 30분 정도 걸립니다.

**정답**  03 ② 04 ②

## 05

**어휘**
- get a refund 환불을 받다
- receipt 영수증
- at the bottom of~ ~의 밑에
- That's the bottom line 그것이 제가 말하고자 하는 핵심입니다

**해석**
A : 내가 어제 여기서 구입한 이 식탁보를 환불하고 싶습니다.
B : 그 식탁보에 무슨 문제라도 있습니까?
A : 그것이 우리 식탁에 맞지 않고 나는 그것을 환불하고 싶습니다. 여기에 제 영수증입니다.
B : 죄송하지만, 이 식탁보는 판매 즉시 종결이 된 제품이며 그것은 환불이 불가합니다.
A : 아무도 나에게 그 사실을 알려주지 않았습니다.
B : 영수증 하단에 그 사실이 쓰여 있습니다.
② 가격표가 어디에 있습니까?
③ 그것에 무슨 문제라도 있습니까?
④ 나는 그것을 저렴하게 구매했어요.

## 06

**해석**
① A : 당신 이번 주에 나와 함께 저녁 같이 하실래요?
B : 좋습니다. 그런데 무슨 좋은 일 있나요?
② A : 우리 때때로 농구 보러 가는 거 어때?
B : 좋아. 언제 갈지 말만 해.
③ A : 너의 남는 시간에 무엇을 하니?
B : 그냥 집에서 쉬고 때때로 TV를 봐.
④ A : 내가 네 일 좀 도와줘도 괜찮을까?
B : 좋아. 나도 그러고 싶어. 그것은 멋진 일이야.

**해설** 도와주겠다는 의견에 나도 도와주고 싶다는 내용은 적당한 응답이 아니다.

**정답** 05 ① 06 ④

---

## 05 다음 밑줄 친 부분에 들어갈 표현으로 가장 적절한 것을 고르시오.

> A : I'd like to get a refund for this tablecloth I bought here yesterday.
> B : Is there a problem with the tablecloth?
> A : It doesn't fit our table and I would like to return it. Here is my receipt.
> B : I'm sorry, but this tablecloth was a final sale item, and it cannot be refunded.
> A : _____.
> B : It's written at the bottom of the receipt.

① Nobody mentioned that to me.
② Where is the price tag?
③ What's the problem with it?
④ I got a good deal on it.

## 06 다음 두 사람의 대화 중 가장 어색한 것은?

① A : Would you like to go to dinner with me this week?
  B : OK. But what's the occasion?
② A : Why don't we go to a basketball game sometime?
  B : Sure. Just tell me when.
③ A : What do you do in your spare time?
  B : I just relax at home. Sometimes I watch TV.
④ A : Could I help you with anything?
  B : Yes, I would like to. That would be nice.

□□
**07** 다음 두 사람의 대화 중 가장 <u>어색한</u> 것은?

① A : I'm traveling abroad, but I'm not used to staying in another country.

B : Don't worry. You'll get accustomed to it in no time.

② A : I want to get a prize in the photo contest.

B : I'm sure you will. I'll keep my fingers crossed!

③ A : My best friend moved to Sejong city. I miss her so much.

B : Yeah. I know how you feel.

④ A : Do you mind if I talk to you for a moment?

B : Never mind. I'm very busy right now.

**07**

**어휘**
• be used to ~ing ~하는 데 익숙하다
• get accustomed to~ ~에 익숙해지다
• keep one's fingers crossed 행운을 빌다
• for a moment 잠깐
• mind 꺼리다, 싫어하다, 반대하다

**해석**
① A : 나는 해외로 여행하는 중이야. 하지만 다른 나라에서 여행하는 것이 익숙하지 않아.
B : 걱정하지 마. 너는 곧 익숙해질 거야.
② A : 나는 사진 콘테스트에서 상을 받았으면 해.
B : 나는 네가 상을 받을 것이라 확신해. 행운을 빌게.
③ A : 나의 절친한 친구가 세종시로 이사했어. 나는 그녀가 몹시 그리워.
B : 그래. 나도 네가 어떤 기분인지 알아.
④ A : 너랑 잠깐 얘기를 하고 싶은데 괜찮을까?
B : 신경 쓰지 마. 나는 지금 무척 바빠.

**해설** 잠깐 얘기를 하고 싶다는 말에 대하여 '가능한지?' '그렇지 못한지?'에 대한 의견을 피력해야 하는데 "괜찮으니 대화를 하는 것이 가능하다."라는 답변에는 문제가 없지만, 뒤에 "무척 바쁘다."라는 것은 이치에 맞지 않는다. 따라서 I'm very busy right now. 대신에 What is it? '무슨 얘기인데.' 아니면 what's happen? '무슨 일이니?' 같은 대화가 바람직하다.

**정답** 07 ④

## 08

해석 ① A : 이 지폐를 잔돈으로 바꿔주실 수 있나요?
　　　B : 미안해요. 당신이 틀렸어요.
　　② A : 오늘은 이만하자!
　　　B : 좋아, 우리는 이걸 내일 마칠 수 있어.
　　③ A : 그는 좀 더 일찍 도착했어야 해.
　　　B : 맞아요. 그가 어떻게 올 수 없었을까요?
　　④ A : 난 수학에 아주 소질이 없어. 넌 어떠니?
　　　B : 나도 역시. 난 너를 가르치는 데 훌륭한 자질이 있어.

해설 A가 한 말인 Let's call it a day는 직역하면 '이것을 하루라고 부르자'라는 말로, '오늘은 이만하고 일을 끝내자'라는 표현이다. 이에 대한 B의 대답이 자연스럽다.

## 09

해석 ① A : 왜 속상해하고 있니?
　　　B : 전 스테이크를 먹고 있어요.
　　② A : 너 지난밤 그 게임 봤니?
　　　B : 그래, 동점으로 끝났지.
　　③ A : 이 재킷 좀 봐. 이게 겨우 10달러였어.
　　　B : 왜! 완전 거저다. 어디서 났어?
　　④ A : 내 뱃속에 나비들이 있어(조마조마해). 내가 무대 위로 걸어 올라갈 수 있을지도 확실치 않아.
　　　B : 긴장하지마! 잘 해봐!

해설 대충 읽으면 정답을 놓칠 수도 있는 문제다. A가 'what's eating you?'라고 물은 것은 '무엇이 널 갉아먹어 그렇게 속상해하고 있니?'하고 묻는 것이다. B는 전혀 엉뚱한 대답을 하고 있다.

정답 　08 ②　09 ①

---

□□
**08** 다음 두 사람의 대화 중 가장 자연스러운 것은?

① A : Could you break this bill for me, please?
　　B : Sorry. You're wrong.

② A : Let's call it a day!
　　B : OK, we can finish it tomorrow.

③ A : He should have arrived earlier.
　　B : You're right. How couldn't he come?

④ A : I'm not very good at math. How about you?
　　B : Me, too. I'm well qualified for teaching you.

□□
**09** 다음 두 사람의 대화 중 <u>어색한</u> 것은?

① A : What's eating you?
　　B : I am having a steak.

② A : Did you watch the game last night?
　　B : Yeah, it ended in a tie.

③ A : Look at this jacket. It was only $10.
　　B : Wow! it's a steal. Where did you get it?

④ A : I have butterflies in my stomach.
　　　I'm not sure whether I can walk out onto the stage.
　　B : Don't be nervous. Break a leg!

**10** 다음 대화의 흐름으로 보아 밑줄 친 부분에 들어갈 표현으로 가장 적절한 것은?

> A : Would you like to try some dim sum?
> B : Yes, thank you. They look delicious. What's inside?
> A : These have pork and chopped vegetables, and those have shrimps.
> B : And, um, _____?
> A : You pick one up with your chopsticks like this and dip it into the sauce. it's easy.
> B : Okay. I'll give it a try.

① how much are they
② how do I eat them
③ how spicy are they
④ how do you cook them

**10**

**어휘** • pick up 들어 올리다
• dip into 담그다, 적시다
• give it a try 그것을 한 번 시도해보다

**해석** A : 당신 딤섬 좀 드시겠어요?
B : 예. 감사합니다. 그들은 맛이 좋아 보이네요. 안에 무엇이 들어 있지요?
A : 이것들은 돼지고기와 다진 채소가 들어 있습니다. 저것들은 새우가 들어 있습니다.
B : 음, 그렇다면 어떻게 먹나요?
A : 한 개를 당신의 젓가락으로 이처럼 집어서 소스에 그것을 찍어 드세요. 쉬워요.
B : 오케이, 한번 시도해 볼게요.
① 그들은 얼마인가?
③ 그들은 얼마나 매운가?
④ 그들은 어떻게 요리하는가?

**해설** 대화체 문장의 중간에 빈칸은 다음의 문장이 가장 중요하다. 당연히 대화가 자연스럽게 이어지도록 선택하는 문제이다. 따라서 먹는 방법을 제시하고 있으니 "어떻게 먹지요?"라는 대화문이 가장 적절하다.

**정답** 10 ②

## 11

11

**해석** A : 내가 저녁 파티 초대장들을 보냈어.

B : 그거 훌륭하군. 이제 우리가 뭘 해야 되지?

A : 메뉴를 구상해야겠지.

B : 아, 맞다. 마음속에 특별히 정해 둔 어떤 거 있니?

A : 난 닭갈비를 만들려고 생각하는데.

B : 그래, 하지만 너 리즈가 닭에 알레르기가 있어서 닭 안 먹는 거 모르니?

A : 정말 그래? 이런, 내가 그녀를 초대할 것을 잊었네. 그녀는 나에게 화낼 거야.

B : 아직 너무 늦은 건 아니야. 내가 그녀에게 전화할게.

A : <u>고마워. 나는 점점 건망증이 심해지는 것 같아.</u>

① 멋진데! 닭갈비는 그녀가 제일 좋아하는 음식들 중의 하나야.

② 그 일은 신경 쓰지 마. 그녀는 또 다시 늦을 거니까.

④ 글쎄, 시장이 반찬이지.

**해설** 리즈를 초대하는 것을 깜빡 잊어 걱정하는 A에게 B가 대신 초대하겠다고 했으므로 이에 대한 응답으로 가장 자연스러운 것은 "고마워. 나는 점점 건망증이 심해지는 것 같아."이다.

## 11 다음 대화의 흐름으로 보아, 밑줄 친 부분에 들어갈 표현으로 가장 적절한 것을 고르시오.

A : I've sent out the invitations for the dinner party.

B : That's great. Now what should we do?

A : We've got to plan the menu.

B : Oh, that's right. Do you have anything special in mind?

A : I think I'm going to make Dakgalbi.

B : Yeah, but don't you know Liz is allergic to chicken and doesn't eat it?

A : Is that right? Oh, I forgot to invite her. She will be mad at me.

B : It's not too late yet. I'll call her.

A : _____.

① Great! Dakgalbi is one of her favorite foods.

② Don't bother about it. She'll be late again.

③ Thanks. I think I'm getting forgetful.

④ Well, hunger is the best sauce.

**정답** 11 ③

□□
**12** 다음 대화의 흐름으로 보아, 밑줄 친 부분에 들어갈 표현으로 가장 적절한 것을 고르시오.

A : What's the matter, honey?
B : Laura, I got fired today at work.
A : Oh dear! How did it happen?
B : The company has decided to downsize its workforce.
A : Well, did you speak with your boss?
B : Yes, I did. But no such luck.
A : I thought you were Ted's right-hand man!
B : Yeah, but _____.
A : Keep your chin up. I think he is making a big mistake.

① he made it up to me.
② he filed a lawsuit against me.
③ he stabbed me in the back.
④ he took my word for it.

**12**

해설 A : 허니, 무슨 일 있어요?
B : 로라, 나 오늘 직장에서 해고됐어.
A : 오, 이럴 수가! 어떻게 그런 일이 일어났지요?
B : 회사가 인력을 감축하기로 결정했어.
A : 그러면, 사장과 이야기는 나누어 보았어요?
B : 그럼, 했는데, 내가 운이 없었어.
A : 나는 당신이 Ted에게 중요한 사람이었다고 생각했어요!
B : 그렇지, 하지만 그가 날 배신한 거야!
A : 기운을 내세요, 그는 큰 실수를 하고 있다고 생각해요.

해설 그가 나를 배신했어! : stab ~ in the neck '~을 배신하다'
① 그가 나에게 아부한 거야! : make up to(= gain favor with~) '~에게 알랑거리다, 아부하다'
② 그가 나를 고소했어! : file a lawsuit against '~을 고발하다'
④ 그는 나를 믿어 주었지! : take ones' word for it '믿어주다'

정답 12 ③

**13**

**해석**
A : 너 이번 겨울 방학에 어디로 갈지 정해둔 곳 있니?
B : 나는 이번 주말에 무주 스키장에 갈 예정인데!
A : 멋지다! 하지만 폭설이 내릴 거라고 들었는걸.
B : 상관없어, 내 마음은 정해졌어.
A : 왜 이래! 다시 한 번 생각해 봐. 그건 네 생명을 위태롭게 할지도 모르잖아.
② 너의 호의에 보답하고 싶어.
③ 네 얼굴이 기억나지 않아.
④ 대강의 어림을 나에게 알려줘.

**해설** A는 스키장에 가려는 B에게 폭설이 내릴 것이라는 말을 해 주지만 B가 상관없다고 하면서 응답을 했고, 이에 A가 생명에 위태로울 수도 있으니 다시 고려해 보라고 하는 상황이므로 빈칸에는 B가 가려고 마음이 정해졌다는 문장이 와야 한다.

---

**13** 다음 대화의 흐름으로 보아, 밑줄 친 부분에 들어갈 표현으로 가장 적절한 것을 고르시오.

> A : Where do you have in mind for this winter vacation?
> B : I'm going to Muju ski resort this coming weekend!
> A : Sounds great! But I've heard there will be a heavy snowfall.
> B : No matter what, _____.
> A : Come on! Think twice about it. It might risk your life.

① my mind is set.

② I want to return your favor.

③ I can't place your face.

④ give me a ballpark figure.

**정답** 13 ①

□□
**14** 다음 밑줄 친 부분에 들어갈 표현으로 가장 알맞은 것을 고르시오.

> A : The first thing you should consider when buying a used car is the mileage.
> B : That's what I've heard. _____
> A : Yes, You should always look at the amount of rust it has.
> B : That's good to know.

① How can you tell if it is a used one?

② Do you know how long the engine will last?

③ How much mileage do I need?

④ Is there anything else I should watch out for?

**14**

**어휘** • used car 중고차
• mileage 주행 거리, 마일 수
• watch out for ~ ~에 대해 주의하다
• rust 녹

**해석** A : 당신이 중고차를 살 때 첫 번째로 생각해야 하는 것이 총 주행거리 이에요.
B : 나도 그렇게 들었어요. <u>그것 말고 또 주의해야 할 게 있어요?</u>
A : 네, 어느 정도 부식되었는지도 확인해야 해요.
B : 좋은 정보네요.
① 당신은 그것이 중고차인지, 아닌지, 어떻게 구분할 수 있나요?
② 당신은 엔진이 얼마나 지속될 수 있을지 아시나요?
③ 내가 얼마 정도의 마일리지가 필요하지요?

**해설** 빈칸 뒤 A의 대답에서 '녹슨 양을 살펴보아야 한다.'고 했으므로 주행거리 이외의 다른 주의사항에 대해 물어보았음을 알 수 있다. 따라서 정답은 "그것 말고 또 주의해야 할 게 있어요?"가 된다.

**정답** 14 ④

**15**

• should ~해야만 한다
• not~ any longer 더이상 ~아니다
• be supposed to + R ~해야만 한다
• turn off 끄다

해설 M : 제시, 왜 너는 집에 있니? 너는 도서관에서 시험 준비를 하고 있어야 하는 거 아니니?

W : 나는 더이상 거기에 머무를 수가 없었어요. 너무 시끄러워서요!

M : 너무 시끄럽다고? 무슨 말이야? 도서관은 조용해야만 하잖아!

W : 아, 이번 경우는요, 어떤 사람의 전화가 계속 울려대는 것 같았어요. 그것이 날 화나게 만들고 말았지요.

M : 도서관은 휴대전화 규정이 없는 거니?

W : 당연히 있지요! 휴대전화를 끄거나 진동 모드로 해 두라는 알림 표시가 있지요. 하지만 사람들이 전혀 신경을 쓰지 않아요!

① 막을 수 있는 도서관 직원이 없었니?

② 왜, 그들더러 전화기 좀 끄라고 하지 그랬니?

④ 너는 그 문제에 대해서 무슨 일을 할 수 있었니?

## 15 다음 밑줄 친 부분에 들어갈 표현으로 가장 적절한 것은?

M : Jessica, why are you home? Shouldn't you be at the library studying for the exam?

W : I couldn't stay there any longer. It was too noisy.

M : Too noisy? What do you mean? Libraries are supposed to be quiet.

W : Well, not this one. Someone's phone always seemed to be ringing. It drove me crazy.

M : _____.

W : It sure does! There are signs saying to turn off your phone or put it on silence mode. But most people don't seem to care.

① Wasn't there any librarian who could stop them?

② Why didn't you tell them to turn off their phone?

③ Doesn't the library have a policy about cell phones?

④ What could you do about it?

정답 15 ③

**16** 다음 밑줄 친 부분에 들어갈 표현으로 가장 적절한 것은?

> A : Hello, this is Jane Fox from Prime Company calling. May I speak to Mr. Kim?
>
> B : Good morning, Ms. Fox. This is Ted Kim.
>
> A : Hi, Mr. Kim. I'd like to place an order for a number of your Comfort desk units.
>
> B : Sure. How many are you interested in ordering?
>
> A : I'd like 75 units by the end of the month. Could I get an estimate before placing an order?
>
> B : Of course. I'll have it for you by the end of the day.
>
> A : Sounds good.
>
> _____.
>
> B : Certainly. Our delivery dates depend on your location, but we can usually deliver within 14 business days.

① Are the estimates accurate?

② Can you give me an approximate cost?

③ Do you ship door-to-door?

④ Is it the major cause of delayed delivery?

---

**16**

**어휘** • place an order 주문하다
• door-to-door 집집으로, 택배의

**해석** A : 안녕하세요, Prime Company의 Jane Fox입니다. Mr. Kim과 통화할 수 있을까요?
B : 좋은 아침이에요, Fox씨. 제가 Ted Kim입니다.
A : 안녕하세요, Mr. Kim. 당신 회사의 comfort 책상을 주문하고 싶습니다.
B : 그렇군요. 몇 개 정도 주문하고 싶으세요?
A : 이번 달 말까지 75개를 주문하고 싶어요. 주문하기 전에 견적서를 받아볼 수 있을까요?
B : 물론입니다. 오늘까지 보내드리겠습니다.
A : 좋아요. <u>여기까지 배송해주시나요?</u>
B : 그렇습니다. 저희 배송 날짜는 손님 거주지에 따라 다르지만, 보통은 14일 이내로 배송해드릴 수 있습니다.

① 견적서들이 정확합니까?
② 대략적인 비용을 알려주실 수 있습니까?
④ 이것이 배송이 지연된 것의 주요 원인입니까?

**해설** 빈칸의 다음 대화에서 Ted Kim은 배송 소요 시간에 대해 설명하고 있다. 따라서 Jane Fox가 빈칸에서 배송과 관련하여 질문을 던졌음을 추측할 수 있다. 배송과 관련된 선택지는 ③, ④번이고, 본문은 배송을 하기 전의 대화이므로 ④번은 적절하지 않다.
① · ② 이어지는 Ted Kim의 대답에서 견적이나 비용과 같은 내용은 언급되지 않았다.
④ 배송이 지연된 상황은 본문에서 찾아볼 수 없다.

**정답** 16 ③

## 17

**어휘**
- let down 실망시키다
- brush up on 복습하다
- think of 생각하다
- off hand 즉석에서, 바로 지금
- drop a line 몇 자 적어 보내다, 소식을 전하다

**해석**
A : Herbert의 전화번호를 알고 있니?
B : 아, Herbert의 전화번호? 지금 나한테 전화번호부가 없는데, 생각이 나지를 않네.
A : 이거, 어떻게 하지? 그를 찾아야만 해. 급한 일이야. 만일 오늘 그를 찾지 못한다면, 곤란한데.
B : 그러면, 너 Beatrice에게 전화해 볼래? 그녀는 그의 전화번호를 갖고 있어.
A : 해봤어, 하지만 받지를 않네.
B : 이런, 너 참 안됐구나!

① 난 널 실망시키지 않을 거야.
② 난 그걸 복습해야 해.
④ 소식 전하는 거 잊지 마세요.

**17** 다음 밑줄 친 부분에 들어갈 표현으로 가장 적절한 것을 고르시오.

A : Do you know what Herbert's phone number is?
B : Oh, Herbert's phone number? I don't have my address book on me.

_____.

A : That's too bad! I've got to find him. It's urgent. If I can't find him today, I'll be in trouble!
B : Well, why don't you call Beatrice? She has his phone number.
A : I've tried, but no one answered.
B : Oh, you are so dead!

① I'll not let you down.
② I've got to brush up on it.
③ I can't think of it off hand.
④ Don't forget to drop me a line.

**정답** 17 ③

**18** 다음 대화 중 가장 <u>어색한</u> 것은?

① A : What's happening? Why the long face this morning?

B : Does it show? I'm feeling a bit under the weather.

② A : Have you decided where you want to travel this summer?

B : Well, actually I am open to suggestions at this point.

③ A : I can't believe the water faucet is leaking badly again.

B : Does it mean that you are going to get a huge bill?

④ A : I'm staying in Room 351. Do you have any messages for me?

B : Let me check... I'm afraid we're fully booked up tonight.

---

**18**

**어휘** • a long face 시무룩한 얼굴, 우울한 얼굴
• under the weather 몸이 좀 안 좋은

**해석** ① A : 무슨 일이야? 왜 아침부터 시무룩한 얼굴을 하고 있어?
B : 그렇게 보여? 나는 약간 몸이 안 좋아.
② A : 이번 여름에 어디로 여행을 가고 싶은지 결정했니?
B : 글쎄, 사실 난 지금은 어떤 제안에든 마음이 열려 있어.
③ A : 수도꼭지가 다시 이렇게나 물이 샌다는 것을 나는 믿을 수 없어.
B : 그것은 네가 많은 금액을 청구받게 된다는 것을 의미하니?
④ A : 나는 351호에 머물고 있어요. 제게 남겨진 메시지가 있나요?
B : 확인해 볼게요... 죄송하지만 오늘 밤은 예약이 모두 찼어요.

**해설** A는 이미 방에 머무르고 있고, 자신에게 남겨진 메시지가 있는지의 여부를 묻고 있다. 이에 대해 예약이 이미 차버렸다고 답하는 것은 적절하지 않다.
① B가 몸이 좋지 않은 것이 그의 표정에 드러난 것으로 적절하다.
② A, B 모두 여행지에 대해 논의하고 있으므로 적절하다.
③ A의 수도꼭지에 물이 많이 샌다면, B가 그만큼의 양이 고지서에 청구될 것으로 추측하는 것은 자연스럽다.

**정답** 18 ④

## 19

**어휘**
- have such a long face 우울해하다
- step into one's shoes ~의 후임자가 되다
- jump on the wagon 시류에 편승하다
- play a good hand 멋진 수를 쓰다
- don't have the slightest idea ~을 조금도 생각해 본 적이 없다

**해석**
A : 오늘 아침에 스티브 봤어?
B : 응. 하지만 왜 그가 <u>시무룩한지는 모르겠어.</u>
A : 나도 전혀 모르겠어.
B : 나는 그가 행복해할 거라고 생각했어.
A : 나도 그랬어. 특히 지난주 영업부장으로 승진한 후에는...
B : 그는 아마도 여자 친구와 문제가 있는 것 같아.

---

### 19 다음 밑줄 친 부분에 들어갈 표현으로 가장 적절한 것은?

> A : Did you see Steve this morning?
> B : Yes. But why does he _____?
> A : I don't have the slightest idea.
> B : I thought he'd be happy.
> A : Me too. Especially since he got promoted to sales manager last week.
> B : He may have some problem with his girlfriend.

① have such a long face
② step into my shoes
③ jump on the bandwagon
④ play a good hand

---

## 20

**어휘**
- complain 불평하다
- presentation 발표
- drug abuse 약물 남용
- head and shoulder above~ ~보다 월등한

**해석**
A : Ben, 오늘 학교에서 어땠어?
B : 정말 좋았어. 사실 심리학 시간에 약물 남용에 관한 발표를 했고, 교수님이 나에게 <u>칭찬을 해주었어.</u>
A : 교수님이 정확히 뭐라고 하셨니?
B : 나의 발표가 다른 학생보다 훨씬 뛰어나다고 말씀하셨어.
A : 잘했어!

① 약간 진전을 이뤘다.
② 큰 평판이 났었다.
④ 잘못 판단했었다.

---

### 20 다음 밑줄에 들어갈 표현으로 알맞은 것을 고르시오.

> A : How did you find your day at school today, Ben?
> B : I can't complain. Actually, I gave a presentation on drug abuse in my psychology class, and the professor _____.
> A : What exact words did he use?
> B : He said my presentation was head and shoulders above the others.
> A : Way to go!

① made some headway
② made a splash
③ paid me a compliment
④ passed a wrong judgment

**정답** 19 ① 20 ③

# 제 2 편

## <4단계 대비>
# 주관식 문제

| 독학사 4단계 주관식 학습법 |

독학사 교양공통 시험에서 1단계와 4단계의 평가영역은 4단계에서 생활영어의 출제비중이 강화된 점 외에는 기본적으로 동일하며 큰 차이가 없습니다. 본편에 수록된 주관식 문항은 4단계 최종 학위취득과정을 위한 것이지만 1단계 시험에도 얼마든지 객관식으로 구성하여 출제될 수 있는 부분이므로, 1단계를 준비하는 분들도 출제 포인트 위주로 일독하면 큰 도움이 될 것입니다. 4단계 주관식 문항의 경우 다양한 유형으로 출제되며, 특히 서술형 문제의 경우 모른다고 바로 포기하지 말고 관련사항을 하나라도 더 충실하게 작성하는 것이 중요합니다. 본 편의 주관식 문항을 충분히 연습하고 부족한 부분은 기본서를 반드시 확인하는 입체 학습을 권장합니다.

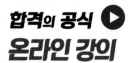

□☑ 부분은 중요문제 Check로 활용해 보세요!

## 01  어휘(Vocabulary)

□□
**01** 다음 밑줄 친 ㉠과 ㉡의 올바른 형태를 직접 쓰시오.

> The moral wisdom of the Black community is extremely useful in ㉠ <u>defy</u> oppressive rules or standards of 'law and order' that degrade Blacks. It helps Blacks purge themselves of self-hate, thus ㉡ <u>assert</u> their own validity.

**01**

**정답** ㉠ defying, ㉡ asserting

**어휘** • defy 저항하다, 반항하다
• degrade 폄하하다, 비하하다
• purge A of B A에게서 B를(을) 없애다, 제거하다

**해석** 흑인 지역 사회의 도덕적 지혜는 흑인들을 폄하하는 '법과 질서'의 억압적인 규칙이나 기준들에 저항하는 데에 매우 유용하다. 그것은 흑인들이 그들 스스로가 자기 혐오감을 없애는 것을 도우며, 그리하여 그들 자신의 정당성을 강하게 주장할 수 있다.

**해설** ㉠ in은 전치사이므로 동사원형을 목적어로 취할 수 없고 동명사를 목적어로 취해야 한다. 그리고 뒤에 목적어(명사구= oppressive rules or standards)를 가지고 있기 때문에 defying이 들어가야 한다.
㉡ 앞에 본동사 helps가 존재하므로 준동사 자리이다. 즉 콤마 뒤에는 절이 나올 수 없다는 얘기이므로 분사구문으로 처리해야 한다. 뒤에 목적어가 있으므로 현재 분사인 asserting이 필요하다.

□□
**02** 다음 밑줄 친 부분과 의미가 가장 가까운 'c'로 시작하는 단어를 직접 쓰시오.

> It is <u>debatable</u> whether nuclear weapons actually prevent war.

**02**

**정답** controversial

**어휘** • whether ~인지 어떤지
• prevent 예방하다, 막다
• debatable 논란의 여지가 있는

**해석** 핵무기가 실제로 전쟁을 억제할 수 있는지 아닌지는 논란의 여지가 있다.

## 03

**정답** unwieldy

**어휘** • general terms 일반적인 용어로
• stylus 철필
• functionality 기능
• unwieldy 다루기 불편한

**해석** 일반적인 표현으로, 태블릿 PC는 컴퓨터를 구동하기 위한 터치스크린 혹은 철필을 장착한 석판 모양의 이동식 컴퓨터 장치이다. 태블릿 PC는 표준적인 노트북을 실행할 수 없거나 다루기가 어려운 곳 또는 필요한 기능이 제공되지 않는 곳에서 흔히 사용된다.

□□
**03** 다음 밑줄 친 부분에 들어갈 '다루기 힘든'이라는 의미의 'u'로 시작하는 단어를 쓰시오.

> In general terms, tablet PC refers to a slate-shaped mobile computer device, equipped with a touchscreen or stylus to operate the computer. Tablet PCs are often used where normal notebooks are impractical or _____, or do not provide the needed functionality.

## 04

**정답** pretentious

**어휘** • ostentatious(= pretentious, showy) 과시하는, 겉보기를 꾸미는
• patriotism 애국심
• reinforce 강화시키다

**해석** 그러한 종류의 과시하는 애국심은 그들을 결속시키는 유대가 약해서 강화시킬 필요가 있는 신생국가들의 행동이다.

□□
**04** 다음 밑줄 친 단어와 동의어 중에서 'p'로 시작하는 단어를 직접 쓰시오.

> That sort of <u>ostentatious</u> patriotism is the behavior of newly assembled nations that fear that the bonds that hold them together are weak and must be reinforced.

**05** 다음 밑줄 친 부분에 들어갈 '근사치'라는 의미의 단어를 쓰시오.

> By measuring the directions to planets at different parts of their orbits, the Greeks were able to give fair _____ of the ratios of distances to the sun and planets.

**05**

**정답** approximations

**어휘**
- approximation 근사치, 접근
- ratio 비율
- destination 목적지, 행선지

**해석** 다른 궤도를 가진 행성들의 방향을 측정함에 의해서, 그리스 사람들은 태양과 행성들과의 거리의 비율에 대한 꽤 정확한 근사치를 제시할 수 있었다.

**06** 다음 밑줄 친 단어와 같은 의미의 단어를 3개만 쓰시오.

> In the late spring of 1983, when John Updike's reputation as a writer had reached a <u>pinnacle</u> with "Rabbit Is Rich"(which won all three major book awards and earned him a second Time cover), a journalist named William Ecenbarger wanted to write about the relationship between Updike's fiction and the geography of Berks County, Pennsylvania—what Updike called, with possessive emphasis, "my home turf."

**06**

**정답** zenith, acme, apex

**어휘**
- turf 영역, 세력권
- zenith 정상
- acme 정점
- nadir 밑바닥, 절망상태
- apex 정점, 최고조
- pinnacle 정점, 절정
- possessive 소유욕이 강한, 소유격의

**해석** 1983년 늦은 봄, John Updike의 저자로서의 명성이 정점에 달했을 때, (세 개의 모든 주요 도서 상을 받았고 그에게 두 번째 타임지 표지를 얻게 해주었던), 바로 그 "Rabbit Is Rich"로 William Ecenbarger라는 이름의 저널리스트는 Updike의 소설과 즉 Updike가 소유격의 강조와 함께 "나의 본거지"라고 불렀던 펜실베니아의 버크스 카운티의 지리적 관계에 대해 쓰기를 원했다.

## 07

**정답** clamp 또는 crack

**어휘**
- prosecutor 검사
- crack(= clamp) down on ~을 엄중히 단속하다
- confidential 기밀의
- corporation 회사, 법인
- espionage 스파이 행위
- apprehend 체포하다
- captivate 사로잡다
- cloy 질리게 하다
- countenance 지지하다, 묵인하다.

**해설** 첫 번째 문장이 양보의미(although)의 부사절로 시작하고, 각고의 노력에도 불구하고 산업 스파이 단속이 어려웠다는 내용이므로 빈칸에는 crack down on~이 적절하다.

## 08

**정답** leniently

**어휘**
- Given(전치사 기능)~ ~를 고려할 때(접속사 기능도 있다)
- rationalization 합리화
- self-deception 자기기만
- measure 측정하다, 판단하다
- blind 눈이 먼
- cheat 속이다
- sighted 앞을 볼 수 있는, 시력이 정상인
- leniently 관대하게, 인정 많게

**해설** 자기기만과 합리화라는 단어를 통해 그리고 밑줄 부분의 이후 내용으로 보아, leniently(관대하게)가 가장 적당하다.

---

**07** 다음 밑줄 친 부분에 들어갈 '단속하다'라는 의미의 단어를 쓰시오.

> Although private police investigators and prosecutors have worked hard over the years to crack down on the illegal transfer of confidential corporation information, it has been difficult to _____ down on industrial espionage and apprehend those responsible.

**해석** 비록 사설 경찰 수사관들과 검찰들이 기밀 기업 정보의 불법적인 전달을 집중 단속하기 위해, 수년에 걸쳐 열심히 일해 왔지만 산업 스파이 행위를 엄히 단속하고 책임이 있는 사람들을 체포하는 것은 어려웠다.

**08** 다음 문맥상 밑줄 친 부분에 들어갈 가장 적절한 부사를 쓰시오.

> Given our awesome capacities for rationalization and self-deception, most of us are going to measure ourselves _____ : I was honest with that blind passenger because I'm a wonder person. I cheated the sighted one because she probably has too much money anyway.

**해석** 우리의 합리화와 자기기만에 대한 경탄스러운 능력들을 고려할 때, 우리들 중 대다수는 우리 자신을 스스로들을 관대하게 판단할 것이다: 나는 저 눈 먼 승객에게 정직했는데 내가 대단한 사람이기 때문이다. 나는 저 앞을 보는 사람을 속였는데 그녀는 아마도 너무 많은 돈을 가지고 있을 것이기 때문이다.

## 02    이디엄(Idiom)

☐☐
**09** 다음 밑줄 친 부분의 의미와 가장 가까운 의미를 10단어 이내로 쓰시오.

> While at first glance it seems that his friends are just leeches, they prove to be the ones he can depend on through thick and thin.

**09**

**정답** in good times and bad times

**어휘** • through thick and thin 좋을 때나 나쁠 때나(온갖 어려움에도), 기쁠 때나 슬플 때나
• at first 첫눈에
• glance 흘긋 봄
• leech 거머리
• depend on 의존하다

**해석** 첫눈에 보기에 그의 친구들이 거머리인 것 같지만, 기쁠 때나 슬플 때나 온갖 어려움에도 그가 의존할 수 있는 사람들이라는 것이 판명된다.

☐☐
**10** 다음 밑줄 친 부분과 의미가 같도록 적어 보시오.

> It is not unusual that people get cold feet about taking a trip to the North Pole.

**10**

**정답** become afraid

**어휘** • get cold feet 겁먹다

**해석** 사람들이 북극을 여행하는 것에 대해 겁을 먹는 것은 드문 일이 아니다(흔히 있는 일이다).

## 11

**정답** 게다가, 덤으로

**어휘**
- pleasure 기쁨
- obtain(= come by) 얻다, 획득하다
- demand 요구하다
- into the bargain(= moreover = as well) 게다가, 덤으로, 그 위에
- bargain sale 특가판매, 할인판매

**해석** 그들은 자신들이 받은 기쁨에 만족하지 못했다; 그들은 덤으로 감사함을 요구했다.

## 12

**정답** for nothing, gratis, gratuitous, free, with no payment

**어휘**
- engagement 서약, 약속 고용, 초빙, 약혼
- on the house 공짜로, 사업주의 경비로
- immediately 즉시, 곧장
- for celebration 축하해 주려고
- with no payment 공짜로

**해석** 그 관리인은 그 약혼식을 알고 있었고 그들에게 몇 잔의 샴페인을 공짜로 가져왔다.

## 13

**정답** rapidly

**어휘**
- by leaps and bounds 껑충껑충 뛰듯 빨리, 급속도로, 비약적으로

**해석** 여러 주 동안 매일 밤마다 많은 설교와 노래와 기도와 외침이 있었고, 교회의 신도들은 급속도로 증가했다.

---

□□
**11** 다음 밑줄 친 부분의 의미를 우리말로 적어보시오.

> They were not satisfied with the pleasure they had obtained; they demanded gratitude <u>into the bargain</u>.

□□
**12** 다음 밑줄 친 부분과 의미가 같은 것을 3개 이상 적어 보시오.

> The manager knew about the engagement and brought them glasses of champagne <u>on the house</u>.

□□
**13** 밑줄 친 부분과 의미가 가장 가까운 부사를 1개 쓰시오.

> Every night for weeks there had been much preaching, singing, praying, and shouting, and the membership of the church had grown <u>by leaps and bounds</u>.

**14** 밑줄 친 부분과 의미가 가장 가까운 부사를 1개 적으시오.

> The injury may keep him out of football <u>for good</u>.

**14**

**정답** permanently

**어휘** • keep out of ~이 ~에 영향 받지 않게 하다, ~을 피하다
• for good 영원히

**해석** 그 부상은 아마 그를 평생 축구를 하지 못하게 할지도 모른다.

**15** 다음 밑줄 친 부분에 'take로 시작하는 어구'를 직접 쓰시오.

> The newly appointed minister said, "No development can ____㉠____ at the cost of people's rights because it is basic and fundamental. So any development will have to first ____㉡____ the people's rights."

**해석** 새로 임명된 장관은, "발전은 근본적이고 본질적인 것이기 때문에 사람들의 권리를 희생하여 일어날 수 없습니다. 그러므로 어떤 발전도 사람들의 권리를 가장 먼저 신경 써야 할 것입니다."라고 말했다.

**15**

**정답** ㉠ take place, ㉡ take care of

**어휘** • newly 새로, 최근에
• appointed 임명된, 지정된
• take place 발생하다, 일어나다
• at the cost of ~ ~을 희생하여
• fundamental 근본적인
• take care of ~ ~을 돌보다, 신경 쓰다

**해석** 문맥상, 정부는 "사람들의 권리를 희생하여 발전할 수 없다."라는 내용이 되어야 하므로 take place가 적절하며, 따라서 "사람들의 권리를 우선적으로 돌봐야 한다."가 되어야 하므로 두 번째 빈칸에는 take care of가 적절하다.
참고로 take down은 '허물다, 붕괴하다'라는 뜻이며, take after는 '닮다'라는 뜻이다.

## 01 구두점(문장부호 요약정리)

**01**

**01**

**정답** ;(semicolon)

**어휘**
- immigrate 타국에서 자국으로 이민을 들어오다
- emigrate 자국에서 타국으로 이민을 가다
- dehydration 탈수, 건조
- deport 처신(행동)하다, 추방하다, 퇴거시키다
- starvation 굶주림
- fatigue 피로

**해설** 주절, 주절은 불가능하므로 단문(simple sentence), 중문(compound sentence), 복문(complex sentence), 혼합문(compound-complex sentence)으로 기술해야 한다. (Because Ireland could not produce enough food to feed its population), <u>about a million people(주어) died of(동사)</u> starvation ___ they simply didn't have enough to eat to stay alive.
결론적으로 부사절, 주절; 주절 = 혼합문(complex-compound sentence)을 형성한다. 또한, The famine caused another 1.25 million people to emigrate ___ many left their island home for the United States; the rest went to Canada, Australia, Chile, and other countries. 주절 ; 주절 ; 주절의 병치 구조를 확인해보면 답을 금방 알 수가 있다. 두 번째 빈칸은 comma(,)를 생각할 수도 있겠으나 결론적으로 the rest 앞에 ;(semicolon)을 보면 comma보다는 semicolon을 써야 함을 알 수가 있다.

**01** 다음 밑줄 친 부분에 공통으로 들어갈 구두점을 쓰시오.

> In the 1840s, the island of Ireland suffered famine. Because Ireland could not produce enough food to feed its population, about a million people died of starvation __ they simply didn't have enough to eat to stay alive. The famine caused another 1.25 million people to emigrate __ many left their island home for the United States; the rest went to Canada, Australia, Chile, and other countries. Before the famine, the population of Ireland was approximately 6 million. After the great food shortage, it was about 4 million.

**해석** 1840년대에, 아일랜드 섬은 기근에 시달렸다. 아일랜드는 모든 주민들을 먹여 살릴 충분한 식량을 생산할 수 없었기에 약 백만 명의 사람들이 굶어 죽었다. 그들은 생존할 만큼 충분히 먹지 못했다. 기근은 또 다른 125만 명의 사람들이 이민을 가게 만들었다. 많은 사람들이 고국을 떠나 미국으로 갔으며, 나머지는 캐나다, 호주, 칠레, 그리고 다른 나라들로 갔다. 기근 이전에 아일랜드의 인구는 대략 600만 명이었다. 엄청난 식량부족 이후에는 대략 400만 명뿐이었다.

□□
**02** 다음 밑줄 친 부분에 알맞은 구두점을 차례로 쓰시오.

In the nineteenth century, the most respected health and medical experts all insisted that diseases were caused by ① __ miasma __, a fancy term for bad air. Western society ② __s system of health was based on this assumption ③ __ to prevent diseases, windows were kept open or closed, depending on whether there was more miasma inside or outside the room ④ __ it was believed that doctors could not pass along disease because gentlemen did not inhabit quarters with bad air. Then the idea of germs came along. One day, everyone believed that bad air makes you sick. Then, almost overnight, people started realizing there were invisible things called microbes and bacteria that were the real cause of diseases.

**해석** 19세기에 가장 존경받는 건강과 의학 전문가들 모두 질병은 나쁜 공기에 대한 근사한 용어인 'miasma(독기)'에 의해 발생된다고 주장했다. 서구 사회의 건강 체계가 이 가정을 기반으로 하였다: 질병을 막기 위해 창문은 방 안에 또는 바깥에 더 많은 miasma가 있느냐에 따라서 열리거나 닫힌 상태로 유지되었다. 귀족들은 나쁜 공기가 있는 방에 거주하지 않기 때문에 의사들은 병을 전하지 않는다고 믿겨졌다. 그런 다음 세균이라는 개념이 나타났다. 어느 날, 모든 사람들은 나쁜 공기가 당신을 아프게 한다고 믿었다. 그런 다음 거의 하룻밤 사이에 사람들은 병의 진짜 원인인 병원균과 박테리아라고 불리는 보이지 않는 것들이 있다는 것을 깨닫기 시작했다.

**02**

**정답** ① " "(double quotation) 또는 ' '
② '(apostrophe)
③ :(colon)
④ ;(semicolon)

**어휘** • miasma 독기
• assumption 추측
• inhabit 거주하다
• come along 나타나다
• invisible 보이기 않은
• microbe 병의 병원균
• bacteria 세균

**해설** ① " "은 인용부호로서 안에 있는 내용은 명사 기능이다. 전치사 뒤에 목적어를 명사로 해야 하므로 인용부호 " "이나 ' '를 쓴다. 즉, "miasma" / 'miasma' 둘 다 쓸 수 있다.
② 소유격의 의미를 나타내는 구두점을 쓴다.
③ 문맥상 앞에 문장을 보충 설명하는(that is, 즉) 의미의 구두점을 찍어야 한다.
④ 문맥상 대등한 의미의 구두점을 찍어야 하며, 빈칸 뒤에 절을 형성하고 있는 문맥이 보충 설명하는 것이라기보다 대등한 의미의 문맥이 이어지고 있다는 사실을 파악할 수 있어야만 한다.

## 02 동사와 형식

**03**

**정답** offers

**해석** 태평양 북서부 지역에서 가장 큰 도시인, 시애틀은 범죄율이 낮으며, 포틀랜드시처럼 탁월한 건강보험과 교통서비스를 노인들에게 제공한다. 이 도시는 평균수명이 최고의 수준에 이르며 심장질환의 발병률 또한 낮은 상태를 보여준다. 이 도시의 유일한 단점은 높은 생활비와 태양이 내리쬐는 날들이 부족하다는 것이다.

**해설** 'and, like Portland, offering'에서 접속사 and가 있으므로 다음에는 분사가 아닌 서술어가 필요하다. 주어가 Seattle이므로 offers가 되어야 한다.

**03** 다음 밑줄 친 부분 중 어법상 옳지 <u>않은</u> 부분을 찾아 바르게 고쳐 쓰시오.

> Seattle, ① <u>the biggest city</u> in the Pacific Northwest has a low violent crime rate and, like Portland, ② <u>offering</u> excellent health care and transportation services for seniors. The city ③ <u>ranks</u> near the top in life expectancy and shows a low incidence of heart disease. ④ <u>Its</u> only obvious drawbacks are the high cost of living and a lack of sunny days.

**04**

**정답** ① said ② told ③ spoke ④ talked

**해석** ① 그 의장은 이 법안은 즉시 통과되어야 한다고 말했다.
② 그 여성은 나에게 내가 거기에 주차하는 것이 더 낫다고 말했다.
③ 그 외국인은 유창하게 불어를 말하였다.
④ 그 역사 선생님은 1960년대의 사건에 관하여 이야기했다.

**해설** '말하다' 동사 법칙
· say(vt) + that절 등장
· tell + 간접 목적어 + 직접 목적어 (that절)
· speak(vt) + 언어 이름
  speak to/about(vi)
· talk to/about(vi)으로 잘 선택하여 사용

**04** 다음 밑줄 친 부분에 알맞은 '말하다'류의 동사를 직접 쓰시오.

> ① The chairman _____ that this law should be passed at once.
> ② The woman _____ me that I had better park there.
> ③ The foreigner _____ French fluently.
> ④ The history teacher _____ about the event in the 1960s.

## 03   시제

☐☐
05  다음 밑줄 친 부분에 알맞은 동사를 골라 쓰시오.

① The day will come when you _____ the exam.
당신이 시험에 합격할 그날이 반드시 올 것이다.

② She doesn't know when her husband _____ _____ home.
그녀는 그녀의 남편이 언제 집으로 돌아올지 알지 못한다.

③ We will leave for New York as soon as you _____ to the office.
우리는 당신이 사무실에 돌아오자마자 뉴욕을 향해 떠날 것이다.

④ If it _____ cloudy tomorrow, I'll stay at the pension.
만약에 내일 구름이 낀다면, 나는 펜션에 머물러 있을 것이다.

**05**

**정답** ① will pass  ② will come
③ return  ④ is

**해설** ① The day를 수식하는 형용사절은 미래형 조동사를 쓴다.
② 시간 의미의 명사절(간접의문문)은 미래형 조동사를 쓴다.
③ 시간 의미의 접속사가 이끄는 부사절(as soon as)은 현재 동사가 미래를 대용한다.
④ 조건의미의 부사절은 현재 동사가 미래를 대용한다.

## 04 가정법

**06**

**정답** ① could buy
② had passed
③ would be
④ went or should go

**해설** ① 가정법 과거로서 '현재 사실을 반대로 가정하는 문장'이다.
② 혼합 가정법으로서 '과거의 사실이 현재까지 영향을 끼치는 의미를 반대로' 기술하고 있다.
③ I wish + 가정법 구문으로 현재(now)를 가정하는 가정법 과거를 쓰면 된다.
④ It's time 가정법은 + '가정법 과거'나 'should + R' 중에 쓰면 된다.

**06** 다음 밑줄 친 부분에 알맞은 가정법 동사를 써보시오.

---

① If I were a billionaire, I _____ the car.
만약에 내가 억만장자라면, 나는 그 차를 살 수 있을 텐데...

② If he _____ the exam last year, he would be happy now.
만약에 그가 작년에 시험에 합격했다면, 그는 지금 행복할 텐데...

③ I wish that he _____ here now.
그가 지금 여기에 있다면 얼마나 좋을까!

④ It's time you _____ to bed.
너는 잠자리에 들어야 할 시간이다.

---

## 05 간접의문문 & 부가의문문

☐☐
**07** 다음 밑줄 친 부분에 들어갈 가장 적절한 접속사를 문맥에 맞게 쓰시오.

> They speak openly about their life at home, hopes for the future, how they got through the past year, and _____ they plan to honour the memory of their Wildlife Warrior.

## 06 조동사

☐☐
**08** 다음 밑줄 친 부분에 알맞은 조동사를 쓰시오.

> He insisted that the olympic games _____ held in our country in 2028.

**07**
**정답** how

**해석** 그들은 집에서의 그들의 생활, 미래에 대한 기대들, 어떻게 그들이 작년을 겪었는지, 그리고 어떻게 그들이 그 야생동물의 전사(戰士)에 대한 기억을 명예롭게 기릴 계획인지에 대해서 솔직하게 이야기한다.

**해설** speak about 뒤에 'their life, hopes, how ~절'이 전치사 about의 목적어로 각각 사용되었고, 등위 접속사 and 뒤에 전치사의 목적어(명사절)를 이끄는 접속사가 적절하다. 뒤의 절을 보면, 완전한 절을 이끄는 구조이므로 '접속사 + 부사' 역할이 필요하다.
명사절을 이끄는 접속사 중에서 전치사의 목적어로는 that절은 불가하고, '어떻게 기릴 계획인지'라는 의미의 how가 적절하다.

**08**
**정답** should be

**해석** 그는 올림픽 경기를 2028년에는 우리나라에서 개최해야만 한다고 주장했다.

**해설** 주장동사 류(insist, ask, order, suggest, advice, recommend, move, decide etc)는 미래지향성과 당위성의 that절을 이끌 때, should + R을 씁니다.

**07 수동태**

☐☐
**09** 다음 밑줄 친 부분 중 어법상 옳지 <u>않은</u> 부분을 바르게 고쳐 쓰시오.

According to a recent report, three quarters of Airbnb listings in New York City were illegal. It also ① <u>founded</u> that commercial operators - not the middle-class New Yorkers in the ads - were making millions renting spaces exclusively to Airbnb guests. In a letter sent to ② <u>elected</u> officials last week, Airbnb said that most of its local ③ <u>hosts</u> - 87 percent - were residents who rented their spaces infrequently 'to pay their bills and ④ <u>stay</u> in their homes.'

**09**

**정답** founded → was found 또는 found

**해석** 최근 보고서에 따르면, 뉴욕시에 Airbnb 리스트들의 3/4은 불법이었다. 그것은 또한 중산층의 뉴요커들이 아니라, 광고 분야에서 상업적인 운영자들이 Airbnb 고객들에게 독점적으로 수백 만개의 대여공간을 만들어 내고 있었음이 밝혀졌다. 지난주 선출직 관리들에게 보낸 한 통의 편지에서, Airbnb는 87%에 달하는 그들의 지역 주민들 대부분은 '자신들의 공과금 등을 내기 위해서 그리고 자신들의 집에서 머무르기 위해서' 드물지만 그들의 주거공간을 대여하는 주민들임을 발표하기도 했다.

**해설** 'It also founded that절'에서 that절 이하가 발견된 것이므로 '설립하다'라는 동사 found가 아니라 '찾다, 발견하다'라는 뜻의 동사 find의 수동태로 'It was also found that절'이 적절한 문장이다. 또는 주어 it을 a report로 보고 '보고서'가 내용을 '알아낸 것'으로 보고 'it also found that절'도 또한 가능하다. 특히 find와 found를 구별하는 출제 포인트가 타동사의 구별인 만큼 해석에 주의해야 한다.
• find – found – found ~을 발견하다
• found – founded – founded ~을 설립하다

☐☐
**10** 다음 밑줄 친 부분에 들어갈 'name'의 올바른 형태를 쓰시오.

> Each contestant will sing with a different partner each week, and judges, who have not yet _____ _____, will offer guidance and critiques while deciding who will advance to the next round.

**10**

**정답** been named

**어휘** • contestant 경연 참가자
• critique 비평(론)
• advance 진급하다

**해석** 각 경연 참가자는 매주 다른 파트너와 노래하게 될 것이고, 심사위원들은, 아직 지명되지 않았는데, 누가 다음 라운드에 진출할지를 결정하는 동안에 지도와 비평을 제공하게 될 것이다.

**해설** '관계대명사 who'의 선행사는 앞의 명사 judges이다. 심사위원들은 '아직 지명되지 않은' 상태이므로, name(지명하다) 동사의 완료 수동태(have been + p.p)가 적절하다.

☐☐
**11** 다음 밑줄 친 부분 중 어법상 적절하지 <u>않은</u> 것을 바르게 고쳐 쓰시오.

> The Aztecs believed that chocolate ① <u>made people intelligent</u>. Today, we do not believe this. But chocolate has a special chemical ② <u>calling phenyl-ethylamine</u>. This is the same chemical ③ <u>the body makes</u> when a person is in love. Which do you prefer - ④ <u>eating chocolate</u> or being in love?

**11**

**정답** calling → called

**해석** 아즈텍 사람들은 초콜릿이 사람들을 영리하게 만든다고 믿고 있었다. 오늘날 우리는 그것을 믿지 않는다. 그러나 초콜릿은 페닐에틸아민이라 불리는 특별한 화학 물질을 함유하고 있다. 이것은 사람이 사랑에 빠지면 신체가 만드는 것과 똑같은 물질이다. 여러분은 초콜릿을 먹는 것과 사랑에 빠지는 것 중 어떤 쪽이 더 좋은가?

**해설** calling(현재 분사)을 called(과거분사)로 바꾼다. 문맥상 페닐에틸아민이라 불리는 수동의 의미이므로 called(과거분사)가 정답이다.
① intelligent(형용사)와 intelligently(부사)를 구별하는 문제이다. 문장에서 목적보어로 쓰였으므로 형용사가 정답이다.
③ the same chemical 뒤에는 목적격 관계대명사(which) 목적격이 생략되어 있다. 따라서 the body makes는 형용사절이다.
④ 병치법 문제이다. eating chocolate or being in love(형태의 일치)

## 08 부정사

**12**

**정답** ① to be
② to be made
③ to have been killed
④ to have been

**해설** ① 주절과 종속절의 시제가 같으므로 단순 부정사를 쓴다.
② 주절과 종속절의 시제가 같지만 수동적 의미의 수동형 단순 부정사를 쓴다.
③ 주절과 종속절의 시제도 다르고 수동적 의미의 완료 수동형 부정사를 쓴다.
④ 주절과 종속절의 시제는 다르고 능동의 의미이므로 완료 부정사를 쓴다.

□□
**12** 다음 밑줄 친 부분에 알맞은 준동사를 차례로 적으시오.

① It seems that she is sick.
그녀는 아픈 것처럼 보인다.
= She seems _____ sick.
② It seems that the car is made in Germany.
그 차는 독일에서 생산되고 있는 듯하다.
= The car seems _____ in Germany.
③ It seems that the man was killed in the Korean War.
그 남자는 한국 전쟁에서 전사한 것처럼 보인다.
= The man seems _____ in the Korean War.
④ It seems that he has never been to New York.
그는 뉴욕에 결코 가본 적이 없는 듯하다.
= He seems not _____ to New York.

**13**

**정답** ① to ② to write with ③ to accept

**해설** ① 대부정사의 법칙을 적용해야 한다. 따라서 'to go to the concert'를 대용할 수 있는 전치사 'to'만 쓰면 된다.
② 형용사적 기능의 부정사는 '~할 수 있는, ~해야 할, ~하기 위한'의 의미를 가지며 앞에 명사를 목적어로 취하는 경우 to 부정사 뒤에 전치사가 있고 없음을 잘 판단해야만 한다.
③ to 부정사를 목적어로 취하는 동사를 반드시 암기한다(plan, decide, hope, manage, refuse, fail, afford, intend, tend, expect, etc).

□□
**13** 다음 밑줄 친 부분에 알맞은 준동사를 차례로 적으시오.

① You may go to the concert if you go ____.
네가 만약에 콘서트에 가고 싶다면 가도 좋다.
② I have many pencils _____.
나는 쓸 수 있는 많은 연필을 가지고 있다.
③ He refused _____ my suggestion resolutely.
그는 나의 제안을 받아들이기를 단호하게 거절하였다.

## 09 동명사

☐☐
**14** 다음 밑줄 친 부분에 알맞은 준동사를 차례로 적으시오.

① What do you say to _____ a walk for a while?
나와 잠깐 산책하지 않을래?
② When it comes to _____ the guitar, I am second to none!
기타를 연주하는 것이라면, 나는 둘째가라면 서러울 정도지!
③ He is accustomed to _____ a pizza in the early morning.
그는 이른 아침에도 피자를 먹는 일에 익숙해 있다.

**14**
**정답** ① taking ② playing ③ having
**해설** ① what do you say to ~ing? ~하는 게 어때?
② when it comes to ~ing ~에 관한 한, ~에 관해서라면
③ be accustomed to ~ing ~하는 데 익숙하다

☐☐
**15** 다음 밑줄 친 부분에 알맞은 준동사를 차례로 적으시오.

① I couldn't help _____ in love with her.
나는 그녀와의 사랑에 빠지지 않을 수가 없었다.
② I never see this picture without _____ of my childhood.
나는 이 사진만 보면 나의 어린 시절이 생각난다.
③ There is no _____ a fortune out of the blue.
갑자기 벼락부자가 되는 것은 불가능하다.

**15**
**정답** ① falling ② thinking ③ making
**어휘** • make a fortune 벼락부자가 되다, 재산을 모으다
**해설** ① couldn't help ~ing ~하지 않을 수 없다, ~할 수밖에 없다
② never A without ~(B)ing A하기만 하면 반드시 B하게 된다
③ There is no ~ing ~하는 것은 불가능하다

## 16

**정답** ① maintaining ② to get

**어휘** • bathrobe(= dressing gown) 목욕용 가운

**해석** 도시들을 유지하는 것보다도 더 중요한 문제가 있다. 사람들이 혼자 일하는 데 더 편해져 감에 따라서 그들은 덜 사교적이 되어간다. 다시 다른 업무 미팅을 위해서 옷을 차려입기보다는 편안한 운동복이나 실내복을 입고 집에 머무르는 것이 더 용이하다.

**해설** ① 명사구(a more serious problem)와 than 뒤에 동명사(maintaining the cities)는 비교 대상이다. 따라서 동명사를 쓴다.
② than 뒤에 빈칸 부분은 to stay와 병치 관계가 적절하다. 따라서 to get으로 쓴다.

## 17

**정답** (A) having been liberated
(B) having been permitted

**어휘** • name(vt) 이름을 지어주다, 명명하다, 이름을 대다
• economy 경제, 경기
• develop 발달하다, 발전시키다
• period 기간, 마침표
• liberate 해방시키다, 자유롭게 해주다
• traditional 전통적인
• domestic 국내의, 가정의
• task 임무, 일
• permit 인정하다
• play an important role 중요한 역할을 하다
• particularly 특히
• labor market 노동시장

---

16 다음 밑줄 친 부분에 알맞은 준동사를 차례로 적으시오.

> There is a more serious problem than ① _____ the cities. As people become more comfortable working alone, they may become less social. It's easier to stay home in comfortable exercise clothes or a bathrobe than ② _____ dressed for yet another business meeting!

17 다음 글의 밑줄 친 (A)와 (B)에 제시된 단어를 이용해서 알맞은 준동사를 직접 적으시오.

> It is impossible to name a single country in which the economy has developed rapidly over a long period without the women (A) <u>liberate</u> from their traditional domestic tasks, and without their (B) <u>permit</u> to play an important role in society, particularly in the labor market.

**해석** 여성들이 그들의 전통적인 가사 일로부터 자유롭게 해방되지 아니하고 여성들이 사회에서, 특히 노동시장에서 중요한 역할을 하고 있다는 것을 인정을 받지 아니하고 경제가 장기적으로 빠르게 발전을 해온 어떤 독보적인 국가의 이름을 찾아보기란 불가능하다.

**해설** it(가주어) + be + impossible(주격보어) + (to name) 진주어 (명사적 기능) 구문이다. in which 이하는 완전한 절을 구성하는 형용사절, in which가 받아오는 선행사는 country, 첫 번째 (A)의 자리에는 전치사 without의 목적어로 동명사를 써야 한다. 그런데 문맥상 단순 동명사는 불가능하다, 왜냐하면 본동사와 준동사의 시제가 차이가 있다. 게다가 수동적 의미의 동명사를 찾아야 적절하다.
두 번째 (B)의 빈칸에도 앞에 소유격(their)은 동명사의 의미상 주어를 나타내는 구조이므로 동명사 중에서도 완료 수동형(having been p.p)을 써야 한다. '경기가 빠르게 발전하기 전까지 시제 상으로 완료 개념이며, 여성들이 자유롭게 해방되고, 인정받는 것이므로 수동형을 취하는 것'이 적절하다.

## 10 | 분사

☐☐
**18** 다음 밑줄 친 부분에 우리말에 어울리는 준동사를 적으시오.

> Many people living on the North American frontier in the mid-1800's carried a weapon _____ _____ the bowie knife.
> → 1800년대 중반에 북미의 개척지역에 사는 많은 사람들은 bowie knife라고 불리는 무기를 가지고 다녔다.

**18**
**정답** called 또는 which was called

**어휘** • frontier 국경
• called + '명사' ' '라고 불리는

**해설** called는 여기서 weapon을 꾸며주는 과거분사로써 수동이 맞다. calling은 능동의 의미이므로 불가능하다.

☐☐
**19** 다음 밑줄 친 부분 중 어법상 옳지 <u>않은</u> 부분을 바르게 고쳐 쓰시오.

> The corals are the foundation of an ecosystem ① increasingly damaging by fishing nets, but scientists know ② very little about the ③ slow-growing life-forms because they are somewhat difficult ④ to reach.

**19**
**정답** increasingly damaged

**어휘** • coral 산호
• foundation 기반
• ecosystem 생태계
• increasingly 점점 더
• very little 아주 조금, 거의 없는
• somewhat 다소, 약간
• reach 도착하다, 도달하다

**해석** 산호는 그물에 의해서 점점 더 손상받고 있는 생태계의 기반입니다. 그러나 과학자들은 산호들은 다소 도달하기 어려운 곳에 있기 때문에 천천히 자라는 생물 형태에 대해서 거의 알지 못합니다.

**해설** ① by fishing nets가 뒤에 있고 전치사 by는 수동을 제공하므로 damaged로 고치는 것이 올바르다. increasingly는 부사로서 damaged를 꾸민다.
② very little 부사 역할로서 동사 know를 수식한다.
③ slow-growing이라는 분사, 형용사로 명사(life-forms)를 수식하고 있다.
④ 형용사 + to V '~하기에 형용사한 to V'가 부사적 기능을 하고 있다.

**20**

**정답** ① most ② analyzing ③ act

**어휘** • analyze 분석하다
• tools 도구
• share 공유하다

**해석** 오늘날 대부분의 회사들이 정보를 가지고 해내는 일들은, 몇 년 전이었다면 불가능했을 것이다. 그 당시에는, 풍부한 정보를 얻는 데는 비용이 아주 많이 들었으며, 그것을 분석하기 위한 도구도 1990년대 초까지는 구할 수조차 없었다. 그러나 지금은 디지털 시대의 도구들이 새로운 방식으로 쉽게 정보를 구하고, 공유하고, 좇아서 행동할 수 있는 방법을 제공해 준다.

**해설** most가 한정사인지를 맞추는 문제로 most companies는 '한정사 + 명사' 구조이므로 most가 맞다. 전치사 for 뒤에는 '동명사 analyzing'이 와야 하고, and 병렬 문제로 get과 share와 일치하는 act가 적절하다.

---

## 11 명사, 관사, 대명사

☐☐
**20** 다음 밑줄 친 부분에 알맞은 어구를 선택하여 쓰시오.

> The jobs that ① [most / almost] companies are doing with information today would have been impossible several years ago. At that time, getting rich information was very expensive, and the tools for ② [analysis / analyzing] it weren't even available until the early 1990s. But now the tools of the digital age give us a way to easily get, share, and ③ [act / acting] on information in new ways.

---

## 12 형용사, 부사, 비교

☐☐
**21** 다음 우리말을 작문할 때 밑줄 친 부분에 알맞은 어구를 순서대로 쓰시오.

> 사람의 가치는 재산보다도 오히려 인격에 있다.

> = A person's value lies _____ in what he has _____ in what he is.

---

**21**

**정답** not so much, as

**어휘** • value 가치
• what(= the thing(s) which) ~것
• what + S(사람) + V(have) 주어가 가진 재산
• what + S(사람) + V(be 동사) 주어의 인품, 인격

**해설** Not so much A as B(= less A than B = more B than A = B rather than A) 'A라기보다는 오히려 B하다(이다).'

## 22 다음 밑줄 친 부분 중에 **틀린** 부분을 수정하시오.

The british, by and large, ① have long taken this view of odd behavior, ② which is why my homeland ③ is still a ④ relative free and often eccentric place.

**22**

**정답** relative free → relatively free

**해석** 영국인은 대체로 이상 행동에 대해 오랫동안 이런 식의 견해를 취해 왔으며, 바로 이 점이 내 조국이 아직도 상대적으로 개방적이면서도 종종 이해하기 힘든 나라인 이유이다.

**해설** 형용사 free를 수식하는 부사가 나와야 한다. 따라서 relatively free가 맞다.

## 13 관계사

## 23 다음 밑줄 친 부분에 들어갈 말로 가장 적절한 것을 쓰시오.

In 1863 American President Abraham Lincoln made Thanksgiving an official annual holiday, _____ is now celebrated on the 4th Thursday of November each year.

**23**

**정답** which

**해석** 1863년에 미국 대통령 아브라함 링컨은 추수감사절을 공식적인 연례공휴일로 지정하였는데, 그것은 현재는 매년 11월 네 번째 목요일로 기념하고 있다.

**해설** 동사(is) 앞에 관계대명사이면서, 계속적 용법의 관계대명사가 필요하다.

**24**

**정답** who, but, that

**해석**
- 이 아이는 나를 속였다고 내가 믿고 있는 소년이다.
- 예외를 가지지 않는 규칙은 없다.
- 그는 나의 이웃에서 내가 알고 잇는 유일한 사람이다.

**해설** 관계대명사 삽입절(I believe)을 두고 있으므로 believed 앞에 '주격 관계대명사 who'가 적절하다. 유사관계대명사 중에 선행사에 부정적 의미를 지닌 but이 적절하다. 선행사 the only man을 수식하는 '관계대명사 that'이 적당하다.

---

**24** 다음 밑줄 친 부분에 순서대로 들어갈 말을 차례로 쓰시오.

- This is the boy _____ I believe deceived me.
- There is no rule _____ has exceptions.
- He was the only man _____ I knew in my neighborhood.

---

**25**

**정답** who has → whose

**어휘**
- philanthropist 자선가
- contemporary 현대적인, 동시대의
- sought-after 수요가 많은, 인기 있는
- nationwide 전국적인
- permanent 영구적인
- make a loan 대출을 해주다

**해석** 억만장자 자본가이며 자선가인 Eli Broad는 대략 2,000점에 달하는 그의 근대와 현대 미술에 대한 개인소장의 수집품들은 전국의 박물관들이 가장 가지고 싶은 것들 중 하나인데, 그의 작품 중 어떤 것이라도 그냥 기증하기보다는 오히려 박물관에 대여를 하는 독립적인 재단에서 그의 작품들에 대한 영구적인 지배력을 갖기로 결정하였다.

**해설** who는 주격 관계대명사로 동사(has)가 있는데, 뒤에 동사 is가 있으므로 문맥상 who has는 불필요하여 whose가 되어야 한다.

---

**25** 다음 밑줄 친 부분 중 어법상 적절하지 <u>않은</u> 것을 골라 바르게 고쳐 쓰시오.

Eli Broad, the billionaire financier and philanthropist, ① <u>who has</u> private collection of some 2,000 works of modern and contemporary art is one of the most sought-after by museums ② <u>nationwide</u>, has decided ③ <u>to retain</u> permanent control of his works in an independent foundation that ④ <u>makes loans</u> to museums rather than give any of the art away.

## 14 　접속사, 전치사

□□
**26** 다음 밑줄 친 부분에 들어갈 'generate'의 올바른 형태를 쓰시오.

> Creativity is thinking in ways that lead to original, practical and meaningful solutions to problems or new ideas or _____ forms of artistic expression.

**26**

**정답** that generate

**해석** 창의성은 어떤 문제나 새로운 생각에 대해서 독창적이고, 실용적이며, 의미 있는 해결책을 이끌어 내거나 예술적 표현의 형태들을 발생시키는 방법들로 사고하는 것이다.

**해설** 문맥을 따져 보고 문장의 구조를 정확히 파악한다. 이때 선행사 ways를 꾸며주는 관계사절 that lead to~ 이하와 등위 접속사 or 뒤에 관계사절 that generate~ 이하는 병렬 관계를 형성하고 있다.
meaningful '의미 있는' ↔ meaningless '무의미한, 의미 없는'

## 15 　특수 구문

□□
**27** 다음 밑줄 친 부분에 들어가기에 가장 적절한 접속사를 쓰시오.

> It was when I got support across the board politically, from Republicans as well as Democrats, _____ I knew I had done the right thing.

**27**

**정답** that

**어휘** • across the board 전반적으로
• republicans 공화당원들
• Democrats 민주당원들

**해석** 내가 바른 일을 해왔다는 사실을 알게 된 것은 (다름 아닌) 민주당원들뿐만 아니라 공화당원들로부터 정치적으로 전반에 걸쳐 내가 지지를 확보한 (바로) 그때였다.

**해설** It was~ that 사이에 "when I got support across the board politically," "내가 정치적으로 전반적인 분야에서 지지를 확보한 때이다."를 강조한 구문이다.
B as well as A : 'A뿐만 아니라 B도 역시 'It + be 동사 + 강조 어구(부사 = 부사구 = 부사절/주어/목적어/보어) + that절~'의 강조 구문을 적용한 문제이다.

## 28

**정답** were

**해석** 이 구역에서만 자동차들의 1/10이 지난해에 도난당했다.

**해설** '부분표시 주어(분수) of the + 전체를 의미하는 명사' 구조에서 전체명사가 뒤에 동사의 수를 결정한다. 그러므로 복수명사(automobiles)에 수를 일치(복수 동사)시킨다. 'last + 시간명사'는 과거 시점이므로 were가 적절하다.

☐☐
**28** 다음 밑줄 친 부분에 들어갈 가장 적절한 동사를 골라 쓰시오.

> A tenth of the automobiles in this district alone
> _____ stolen last year.

---

## 16 문법 복합 문제

## 29

**정답** ① go ② which 또는 that ③ there ④ turn your nose up

**어휘** • would like to + R~ ~하고 싶다
• air-conditioned 냉난방 장치를 한

**해석** A : 이번 주말에 하이킹 갈래?
B : 대신 쇼핑몰 가는 건 어때?
A : 하지만 난 내가 시험해보고 싶은 몇몇 새 하이킹 장비를 가지고 있다고.
B : 그래, 하지만 백화점에 세일이 있어.
A : 넌 항상 내가 하고 싶은 어떤 일에도 퇴짜를 놓는군.
B : 네가 아니야. 야외라고. 난 야외가 싫어. 난 그보다 에어컨 들어오는 가게가 좋아.

**해설** ① 동명사 구문 go ~ing ~하러 가다
② 목적격 관계대명사 which(that)는 생략할 수 있다.
③ 1형식 구문 there V + S 'S가 있다'
④ turn one's nose up '퇴짜를 놓다.' 하이킹 가자는 제안을 B가 거듭 거절하는 것에 대한 A의 반응이다. 'turn your nose up'은 코웃음 치듯 코를 올리며 무시하거나 퇴짜를 놓는 상황을 기억하라!

☐☐
**29** 다음 글의 문맥을 파악하고 밑줄 친 부분에 들어갈 어구를 차례로 쓰시오.

> A : Would you like to ① ___ hiking this weekend?
> B : Why don't we go to the mall instead?
> A : But I have some new hiking gear ② _____ I want to try out.
> B : Yes, but ③ _____ is a sale at the department store.
> A : You always ④ "퇴짜를 놓는군!" at anything I want to do.
> B : It's not you. It's the outdoors. I hate it. I prefer air-conditioned stores instead.

30 다음 글의 문맥을 파악하고 밑줄 친 부분에 들어갈 어구를 차례로 쓰시오.

Last month felt like the longest in my life with all the calamities ① _____ took us by surprise. There was only one light at the end of the tunnel, and that light was you. I cannot begin to tell you ② ___ _____ your thoughtfulness has meant to me. I'm sure I was ③ ___ tired to be thinking clearly, but each time you appeared to whisk my children off for an hour so that I could rest, or to bring a dinner with a pitcher of iced tea, all I knew was that something incredibly wonderful had just happened. ④ _____ we are back to normal, I know that something incredibly wonderful was you. There are no adequate words to express thanks with, but gratefulness will always be in my heart.

**해석** 지난달은 우리를 놀라게 했던 모든 불행으로 나의 인생에서 가장 긴 것처럼 느껴졌다. 터널의 끝부분에서 단지 하나의 빛이 있었고, 그 빛은 당신이었다. 나는 당신의 사려 깊음이 얼마나 나에게 많은 것을 의미했는지를 당신에게 말할 수조차 없다. 나는 너무 피곤해서 명확히 생각할 수도 없었으나, 당신이 내가 휴식을 취할 수 있도록 한 시간 동안 애들을 데리고 나가고, 또는 한 잔의 냉차를 가지고 저녁을 가져오는 듯싶을 때는 언제나 내가 아는 모든 것은 엄청나게 훌륭한 일이 막 일어났다는 것이다. 우리가 정상으로 돌아오고 보니까 나는 엄청나게 훌륭한 것은 당신이라는 것을 안다. 감사를 표현할 적절한 말이 없지만, 감사함은 언제나 나의 마음속에 있을 것이다.

30
**정답** ① that ② how much
③ too ④ Now that

**어휘** • calamity 재난, 불행
• take ~ by surprise 놀라게 하다
• each time ~할 때는 언제나
• appear ~듯싶다
• whisk 데려가다
• pitcher (물 따위를 담는) 피처
• incredibly 엄청나게
• now that ~이기 때문에
• adequate 적당한
• gratefulness 감사함

**해설** 힘들 때 도와주었던 사람에 대한 감사를 표현한 글이다.
① 뒤쪽에 불완전한 절이 등장하면서 바로 뒤에 동사(took)가 나오고 있으므로 관계대명사 주격을 쓴다.
② 절과 절을 이어주는 부분이므로 접속사를 써야 하며 문맥을 잘 이어주는 how much 주어 + 동사의 간접의문문을 만들어야 한다.
③ "너무나 ~해서 ~할 수 없다."의 문맥이 필요하므로 'too + 형용사/부사~ to + R' 구문을 쓴다.
④ '~이니까' '~이므로' 의미를 갖는 2단어를 쓴다. Now that~(= Since~)

## 01

**정답** For example(= For instance)

**어휘**
- authority 권위, 권력
- wield 휘두르다, 행사하다
- extent 규모, 정도
- question 이의를 제기하다, 의심하다
- lest ~하지 않도록
- abusive 남용된
- injustice 부정의
- unfairness 불공평

**해석** 우리 사회에는 다른 사람들에게 힘을 과시하는 역할을 하는 것이 전적으로 타당한 많은 사례들이 있다. 예를 들어, 교사, 코치, 경찰, 그리고 부모들이 모두 이런 역할을 한다. 사람들이 모인 그룹의 어떤 leader라도 어떤 종류의 권위를 가진다. 그렇지만 권력을 행사할 권리와 권력자가 권력을 행사하는 범위는 그 힘이 남용되거나 부정의 그리고 불공평에 이끌리지 않도록 이의제기를 할 수 있어야 하며 협상이 이루어져야 한다.

**해설** 예시를 서두에서 하고 있고, 빈칸 이후에 다양한 사람들을 열거하고 이런 역할을 한다고 하였으므로 사이에는 예시의 연결 어구가 가장 적절하다.

---

## 01 다음 밑줄 친 부분에 들어갈 가장 적절한 연결사를 쓰시오.

> There are many instances in our society in which it is entirely appropriate for people to play a pówer role over others. _____, teachers, coaches, police, and parents all play this role. Any leader of a group of people has to have some kind of authority. Still, the right to wield power and the extent to which an authority should wield power must be questioned and negotiated lest the power be abusive and lead to injustice and unfairness.

☐☐
## 02 다음 문장을 해석하시오.

> Time does seem to slow to a trickle during a boring afternoon lecture and race when the brain is preoccupied with something highly entertaining.

**02**

**어휘**
- to a trickle 조금씩
- be preoccupied with~ (= be engrossed in~) ~에 몰두하다, ~에 전념하다
- enhance 향상시키다
- apathetic 냉담한
- stabilize 안정화시키다
- highly 매우, 몹시
- entertaining 재미있는, 즐거운

**해석** 시간은 지루한 오후의 강의 시간에 조금씩 느려지고 두뇌는 매우 재미있는 어떤 것에 몰두할 때는 질주하는 것 같다.

**해설** 문장의 구조를 철저하게 분석할 줄 알아야 한다. and 뒤에 'race'는 to slow에 걸리는 병렬 관계를 알아야 한다.

☐☐
## 03 다음 문장을 해석하시오.

> These daily updates were designed to help readers be acquainted with the markets as the government attempted to keep them under control.

**03**

**해석** 이러한 일상의 업데이트는 정부가 시장을 통제하고자 시도할 때 독자들이 그런 시장들을 잘 알도록 돕기 위해서 설계되어졌다.

**해설**
- be designed to + V~ ~하기 위해서 설계하다, 계획하다
- be acquainted with (= keep abreast of ~) ~에 정통하다, ~에 뒤쳐지지 않다
- help(준 사역동사) + 목적어 + 목적격 보어(원형 부정사, to 부정사 둘 다 가능)

**04**

정답 (A) Unless (B) Unfortunately

해석 오늘날 가상현실(VR) 경험의 시각적 구성요소를 만드는 기술은 널리 접근 가능하고 저렴해지는 중이다. 그러나 강력하게 작용하기 위해서는, 가상현실은 시각적인 것 이상이 되어야 한다. 당신이 듣고 있는 것이 시각적인 것과 설득력 있게 들어맞지 (A) <u>않는다면</u>, 가상현실은 무너지게 된다. 농구 시합을 생각해 보라. 만약 선수들, 코치들, 아나운서들, 그리고 관중들이 모두 코트의 한 복판에 있는 것처럼 들린다면, 여러분은 텔레비전으로 경기를 보는 게 더 낫다 – 여러분은 딱 그곳에(코트 한복판에) 있는 기분을 느낄 것이다. (B) <u>불행히도</u>, 오늘날의 청각 장비와 널리 사용되는 녹음 및 재생 포맷은 멀리 있는 행성의 전장, 코트사이드의 농구 경기, 혹은 거대한 콘서트장의 첫 번째 줄에서 들리는 교향곡의 소리를 설득력 있게 재창조하는 일에 그저 부적합하다.

해설 가상현실의 개념이 시각적 요소뿐만 아니라 청각적인 요소 등의 다른 요소의 도움으로 더 설득력 있게 완성된다는 내용의 글이다. 하지만 기술은 그 발전에 미치지 못하는 한계를 드러내고 있다는 글이다.

---

**04** 다음 밑줄 친 부분에 알맞은 연결사를 적어보시오.

Today the technology to create the visual component of virtual-reality (VR) experiences is well on its way to becoming widely accessible and affordable. But to work powerfully, virtual reality needs to be about more than visuals. ___(A)___ what you are hearing convincingly matches the visuals, the virtual experience breaks apart. Take a basketball game. If the players, the coaches, the announcers, and the crowd all sound like they're sitting midcourt, you may as well watch the game on television – you'll get just as much of a sense that you are 'there.' ___(B)___, today's audio equipment and our widely used recording and reproduction formats are simply inadequate to the task of re-creating convincingly the sound of a battlefield on a distant planet, a basketball game at courtside, or a symphony as heard from the first row of a great concert hall.

**05** 다음 글을 읽고 글의 요지를 가장 잘 나타낸 속담이나 격언을 영어로 쓰시오.

> The benefits of exercise extend far beyond physical health improvement. Many people work out as much for mental and spiritual well-being as for staying fit. Can being physically active make you happy? Can it help you deal with life stress? Can it lead to a more spiritual and religious life? For many, the answer is yes. Exercise, such as walking, increases blood flow to the brain. A study of people over 60 found that walking 45 minutes a day at 6km/h enhanced the participants thinking skills. They started at 15 minutes of walking and gradually increased exercise time and speed. The result was that the participants were found mentally sharper with this walking program.

**05**

**정답** A sound mind in a sound body (= 건전한 육체에 건전한 정신이 깃든다).

**어휘** • extend 확장하다, 늘리다
• enhance 강화하다, 향상시키다
• participant 참가자

**해석** 운동의 혜택은 육체적인 건강 개선을 넘어 확장한다(그 이상이다). 많은 사람들은 건강을 유지하기 위한 만큼 많이 정신적 건강을 위해 운동한다. 육체적으로 활동적인 것이 당신을 행복하게 만들 수 있는가? 육체적으로 활동적인 것이 삶의 스트레스를 처리하게 할 수 있는가? 육체적으로 활동적인 것이 더더욱 정신적이고 종교적인 삶을 이끌 수 있는가? 많은 사람에게는 그렇다. 걷기와 같은 운동은 뇌로의 피의 흐름을 증가시킨다. 60살 이상의 사람들에 관한 연구는 시속 6km로 하루에 54분 걷기는 참가자들의 생각하는 기술을 향상시켰다는 것을 알아냈다. 그들은 처음에는 15분의 걷기를 시작했고, 점차적으로 운동 시간과 속도를 증가시켰다. 결과는 참가자들은 이런 걷기 프로그램으로 정신적으로 더욱 예리하게 되었다는 것이었다.

**해설** 건강한 육체의 많은 혜택을 논한 글로 결국 건강한 육체로 정신적으로 혜택을 받는다는 글이다.

# 제 **4** 장 | 영작문(Writing)

## 01
**정답** on

**해설** '옷을 입은 채' 물속으로 들어간 것이 므로 입은 상태를 설명하는 문장이 정답이다. 'with + 명사 + 분사'는 상 태를 설명해주는 표현으로 '그의 옷 을 모두 입은 채'의 영어 표현으로 동 작이 아닌 상태에 대해 나타낼 때 가 장 적절하다. 따라서 영어로 가장 올 바르게 옮긴 문장은 "He walked straight into the water with all of his clothes being on."에서 현재 분 사 being이 생략된 형태이다.
with + 명사 + on : '~한 채로'

## 02
**정답** Despite(= In spite of)

**해설** 전치사 Despite(= In spite of ~에도 불구하고)가 명사구를 목적어로 두 어 적절하다. 목적격 관계대명사가 선행사 mistakes를 뒤에서 수식하는 구조이다.

---

**01** 다음 우리말을 영어로 옮길 때 밑줄 친 부분에 알맞은 말을 쓰 시오.

그는 옷을 모두 입은 채 물속으로 곧장 걸어갔다.

He walked straight into the water with all of his clothes _____.

**02** 다음 우리말을 영어로 옮길 때 밑줄 친 부분에 알맞은 말을 쓰 시오.

내가 저지른 모든 실수에도 불구하고 그는 여전히 나를 신임 했다.

_____ all the mistakes I had made, he still trusted me.

03 다음 문장의 의미를 만들 때 밑줄 친 부분에 가장 적절한 말을 쓰시오.

> 그녀는 아침에 일찍 일어나자마자 곧 조깅을 하곤 하였다.

> = No sooner had she got up early than she used to go jogging.
> = She had scarcely got up early _____ she used to go jogging.
> = The moment she got up early, she used to go jogging.

**03**

정답 when 또는 before

해설 'Scarcely(Hardly) had + S + p.p~ when(before) she + V(과거 동사)' : as 대신에 when 또는 before를 사용해야 한다.

**01**

**정답** book

**어휘** • go out 외출하다, 사귀다
• reservation 예약
• wait in line 줄서서 기다리다
• book a table 테이블을 예약하다

**해석** M : Mary 외식할까?
W : 오, 좋아요! 어디로 갈까?
M : 시내에 새로 생긴 피자집 어때?
W : 예약해야 할까?
M : 그럴 필요 없을 것 같아요.
W : 하지만 금요일 밤이라서 기다려야만 할지도 몰라!
M : 맞아, 그러면 바로 예약을 할게.
W : 좋아요.

---

**01 다음 밑줄 친 부분에 들어갈 한 단어를 쓰시오.**

M : Would you like to go out for dinner, Mary?
W : Oh, I'd love to. Where are we going?
M : How about the new pizza restaurant in town?
W : Do we need a reservation?
M : I don't think it is necessary.
W : But we may have to wait in line because it's Friday night.
M : You are absolutely right. Then, I'll _____ a table right now.
W : Great.

**02** 다음 대화의 밑줄 친 부분에 들어갈 가장 적절한 표현을 쓰시오.

> A : Oh, that was a wonderful dinner.
> That's the best meal I've had in a long time.
> B : Thank you.
> A : Can I give you a hand with the dishes?
> B : Uh-uh, _____.
> I'll do them myself later. Hey, would you like me to fix some coffee?
> A : Thanks a lot. I'd love some. Would you mind if I smoke?
> B : Why, not at all. Here, let me get you an ashtray.

**03** 다음 대화의 흐름으로 볼 때 밑줄 친 부분의 표현을 영어로 쓰시오.

> A : Hey, my poor buddy! What's the problem?
> B : You know I took over this presentation all of a sudden. And tomorrow is the due date for the presentation. I couldn't even start it yet.
> A : Look! I'm here for you. "친구 좋다는 게 뭐니?"

**02**

**정답** don't bother

**어휘** • give a hand ~를 도와주다, 거들어주다
• ashtray 재떨이

**해석** A : 오, 멋진 저녁 식사였어요. 근래에 먹었던 것 중 최고의 식사였어요.
B : 감사합니다.
A : 설거지하는 것 좀 도와드릴까요?
B : 아, 신경 쓰지 마세요. 나중에 제가 할게요. 저기, 커피 좀 준비해 주시겠어요?
A : 정말 감사합니다. 좋아요. 담배를 피워도 될까요?
B : 그럼요. 여기, 재떨이요.

**해설** B의 다음 대답에서 혼자 하겠다고 했으므로 don't bother(염려하지 마, 신경 쓰지 마)가 정답이 된다.

**03**

**정답** What are friends for?

**어휘** • all of a sudden 갑자기
• due date 만기일, 완료일

**해석** A : 어이, 불쌍한 친구! 무슨 일 있어?
B : 너도 알다시피 내가 갑자기 이 발표를 맡았잖아. 그리고 내일이 그 발표의 마감일이야. 나 아직 시작도 못했어.
A : 이봐! 내가 있잖아. 친구 좋다는 게 뭐니?

**해설** A의 대답에서 '여기에 너를 위해서 왔다'라고 했으므로 What are friends for(친구 좋다는 게 뭐니?)가 정답이 된다.

## 04

**정답** I'll be waiting for your call.

**어휘** • give ~ a ring ~에게 전화하다

**해석** A : 안녕, Susan
B : 안녕, David. 너랑 Mary랑 이번 주 토요일 날 한가해?
A : 토요일? 그녀는 쇼핑가는 것 같은데, 확실히 모르겠어. 왜 물어보는 거야?
B : 너희를 저녁 식사에 초대하려고 생각했었어.
A : 음, 그녀랑 다시 확인해보고, 오늘 저녁에 전화할게.
B : 좋아. 전화 기다릴게.

**해설** 빈칸 바로 앞 문장에서 A가 'give you a ring this evening(오늘 저녁에 전화할게)'라고 했으므로 전화를 기다린다는 내용이 어울린다.

## 05

**정답** Do you still want a refund?

**해석** A : 이 스웨터를 반품할 수 있을까요?
B : 왜 그러시나요? 뭔가 문제가 있나요?
A : 저한테 너무 작아서요.
B : 더 큰 사이즈도 있습니다. 그래도 환불하실래요?
A : 네, 여기 영수증 있습니다.
B : 네, 처리해 드릴게요.

**해설** A의 대답을 보면 yes, I do라고 영수증을 제시하고 있다. 영수증을 제시한다는 것은 반품하고 싶다는 의미이므로, B는 '반품을 하기를 원하는냐?'라는 질문을 했을 것으로 추정할 수 있다.

---

□□ **04** 다음 밑줄 친 부분에 들어갈 가장 알맞은 표현을 쓰시오.

A : Hello, Susan.
B : Hello, David. Are you and Mary free this Saturday?
A : Saturday? She would go shopping, but I'm not sure. Why do you ask?
B : I thought I would invite you guys to dinner.
A : Well, let me check again with her and give you a ring this evening.
B : Sounds good. _____

□□ **05** 다음 대화의 흐름으로 보아, 밑줄 친 부분의 표현을 영어로 쓰시오.

A : Can I get a refund for this sweater, please?
B : Why? What's wrong with it?
A : Well, it's too small for me.
B : We have a bigger one now 그래도 환불하실래요?
A : Yes, I do. Here's my receipt.
B : Ok, I'll take care of it.

☐☐
**06** 다음 대화의 흐름으로 보아, 밑줄 친 부분에 들어갈 표현을 영어로 쓰시오.

---

A : Tom, can I borrow your new car? I have a date tonight.

B : Well, I am supposed to give my brother a ride to the airport this evening.

A : In that case I can take your brother to the airport before I go to meet my girlfriend.

B : "좋아, 그렇게 하자."

---

**06**

**정답** OK, it's a deal

**어휘** • lend 빌려주다
• borrow 빌리다
• be supposed to + V∼ ∼하기로 되어 있다, ∼해야만 한다
• in that case 그러한 경우에
• give a ride 태워주다

**해석** A : 탐, 차 좀 빌려도 될까? 오늘 밤 데이트가 있어서.
B : 글쎄, 오늘 저녁에 남동생을 공항에 태워다 주기로 되어 있어서.
A : 그렇다면 여자 친구를 만나기 전에 내가 너의 남동생을 공항에 태워다 줄게.
B : 좋아, 그렇게 하자.

---

☐☐
**07** 다음 밑줄 친 부분에 들어갈 표현을 영어로 적으시오.

---

Tom : Frankly, I don't think my new boss knows what he is doing.

Jack : He is young, Tom. You have to give him a chance.

Tom : How many chances do I have to give him? He's actually doing terribly.

Jack : 호랑이도 제 말하면 온다더니.

Tom : What? Where?

Jack : Over there. Your new boss just turned around the corner.

---

**07**

**정답** Speak of the devil

**어휘** • Frankly speaking 솔직히 말해서
• terribly 끔찍하게
• turn around 돌다

**해석** Tom : 솔직히, 우리 새로운 보스가 자기가 무슨 일을 하고 있는지 모르는 것 같아.
Jack : 그는 젊잖아, 한 번 더 기회를 줘야지, Tom!
Tom : 얼마나 많은 기회를 그에게 줘야하는 거지? 그는 정말 끔찍스럽게 일을 하고 있지.
Jack : 호랑이도 제 말하면 온다더니.
Tom : 뭐? 어디?
Jack : 저기, 네 새로운 보스가 좀 전에 모퉁이를 돌아 나왔어.

## 08

**정답** Me, neither(= I haven't, either = Me, either)

**어휘**
- anniversary 기념일
- incredible 믿을 수 없는
- compatible 양립할 수 있는, 사이 좋게 지내는
- courtship 교제
- no kidding 말도 안 돼!
- fall in love with ~와 사랑에 빠지다
- blame 비난하다
- be up to ~에게 달려있다
- hang about 사귀다, 늘 붙어 다니다

**해석**
A : 나는 너의 부모님의 스물다섯 번째 결혼기념일을 어제 신문에서 봤어. 정말 멋졌어. 너는 너의 부모님이 어떻게 처음 만나셨는지 아니?

B : 응. 그건 정말 믿을 수 없고 아주 낭만적이었지. 두 분은 대학에서 처음 만나셨고 두 분이 잘 지낼 수 있다는 것을 알았고, 데이트를 시작하셨대. 두 분의 재학 기간 내내 사귀셨어.

A : 말도 안 돼, 너무 멋지다. 나는 우리 반에서 사랑에 빠질 만한 애를 본 적이 없는데.

B : 나도 못 봤어. 오, 근데 아마도 다음 학기엔 보겠지!

---

□□
## 08 다음 밑줄 친 부분에 가장 적절한 표현을 영어로 적으시오.

> A : I saw the announcement for your parents' 25th anniversary in yesterday's newspaper. It was really neat. Do you know how your parents met?
>
> B : Yes. It was really incredible, actually, very romantic. They met in college, found they were compatible, and began to date. Their courtship lasted all through school.
>
> A : No kidding! That's really beautiful. I haven't noticed anyone in class that I could fall in love with!
>
> B : _____. Oh, well, maybe next semester!

# 제 3 편

## <1단계, 4단계 대비>
# 최종모의고사

교육이란 사람이 학교에서 배운 것을 잊어버린 후에 남은 것을 말한다.

– 알버트 아인슈타인 –

제한시간: 50분 | 시작 ___시 ___분 – 종료 ___시 ___분

정답 및 해설 199p

**01** 다음 밑줄 친 부분에 들어갈 표현으로 가장 적절한 것을 고르시오.

> A : Excuse me. I'm new in this apartment building.
>
> _____
>
> B : Yes, of course.
> A : First, about parking. Is it OK to leave my car behind the building?
> B : Sure.
> A : And what about when I have guests?
> B : Well, guests aren't allowed to leave their cars in the back. They have to park in the guest parking area in the front.
> A : I see. And are there any rules about house pets?
> B : Cats are allowed, but dogs aren't. You see, they make a mess all over the place and they bark at night.
> A : I understand.
> B : Do you have any other questions?
> A : Not right now. Thanks a lot.

① Would you mind if I park here?

② Have you been living here long?

③ Could you show me around, please?

④ Could I ask you about some of the regulations here?

**02** 다음 밑줄 친 부분에 들어갈 표현으로 가장 적절한 것을 고르시오.

> A : Why didn't you answer my calls? I really wanted to talk to you.
> B : I am sorry, but I think we need some time apart.
> A : What do you mean? Do you want to break up with me?
> B : No, _____. I still love you very much, but I just want to be by myself
>     for a while.

① don't reject me

② don't get me wrong

③ don't lean on me

④ don't leave me behind

**03** 다음 대화의 밑줄 친 부분에 가장 알맞은 것을 고르시오.

> A : I am kind of busy these days.
> B : I know. What do you want to talk about?
> A : Well, I'm busy and I have a lot of things to do this week.
>     And I feel all the time tired.
> B : So what? _____
> A : Sorry. To tell you the truth, I can't go to see a movie with you this weekend. I'm
>     really sorry.

① Don't get me wrong!

② You are talking my language.

③ Let's get the point.

④ keep your chin up.

**04** 다음 대화의 내용으로 보아 밑줄 친 부분에 알맞은 속담은?

> A : Oh, I give up!
> B : What's wrong now?
> A : This science homework. I'm useless when it comes to science.
> B : No, I don't think you are. You can do anything if you put your mind to it.
> A : _____.
>      Anyway, I'm looking forward to studying at university.
> B : Why is that?
> A : Then I won't have to study science anymore.

① A watched pot never boils.

② A stitch in time saves nine.

③ That's easier said than done.

④ Beggars can't be choosers.

※ 다음 밑줄 친 부분과 의미가 가장 가까운 것을 고르시오. [05 ~ 06]

**05**

> Submitting frivolous document is not highly appreciated and will not be reported to your service provider.

① scrupulous                    ② squeamish

③ ultimate                       ④ trifle

**06**

> Over and over again I cited instances, pointed out flaws, kept hammering away without letup.

① without a pause                ② without a focus

③ with a will                    ④ with a minute intrigue

07 다음 밑줄 친 부분에 공통으로 들어갈 표현으로 가장 적절한 것은?

> • How can you just _____ a deaf ear to their cries for food and shelter?
> • He was very foolish, so I would _____ up my nose at his action.
> • Tom promised to _____ over a new leaf and do better from now on.

① turn
② get
③ put
④ hold

08 다음 중 밑줄 친 부분과 그 의미가 같은 것을 고르시오.

> A number of streets in low-lying areas were <u>inundated</u> by the rainstorm.

① declined
② deluged
③ caused
④ slumped

09 다음 중 밑줄 친 부분과 그 의미가 같은 것을 고르시오.

> Project Head Start, which was <u>inaugurated</u> in the United States in 1965, is a federally funded preschool program for economically and culturally disadvantaged children.

① installed
② conceived
③ crafted
④ initiated

**10** 다음 밑줄 친 부분과 의미가 가장 가까운 것을 고르시오.

> The absence of her husband <u>brought</u> loneliness <u>home to</u> her.

① removed from

② made vividly felt by

③ added to

④ produced for

**11** 다음 밑줄 친 부분과 의미가 가장 가까운 것을 고르시오.

> I cannot afford the time, <u>let alone</u> the money.

① in view of

② not to mention

③ in addition to

④ but for

**12** 다음 밑줄 친 부분과 같은 의미가 <u>아닌</u> 것을 고르시오.

> The rural economy has been left relatively <u>stagnant</u>.

① inactive

② brisk

③ inert

④ sluggish

**13** 다음 밑줄 친 부분 중 어법상 틀린 것은?

> The students ① from Thailand ② sounded noisy at the party last night, but they ③ were proved very polite and ④ respectful to their elders.

**14** 다음 밑줄 친 부분이 어법상 어색한 것을 고르시오.

> ① Had I have been in my sister's shoes, I would have ② acted violently ③ in the middle of the ④ heated argument.

**15** 다음 문장들 중에서 밑줄 친 부분이 어법상 잘못된 것은?

① I have a photograph of the home where I grew up.

② The office where you can get your transcripts is closed now.

③ She wants to rent the apartment where she saw last Sunday.

④ I am tired of shoe stores where there's nothing that fits my style.

**16** 다음 중 문맥상 문법이 적합하지 <u>않은</u> 문장을 고르시오.

① Had he not been killed in the war, he would be forty years now.

② He is used to tolerating such an impolite behavior now.

③ She hurried home to feed the cats, one of them was very sick.

④ On mailing the letter, he began to regret having written it.

**17** 다음 밑줄 친 부분 중에서 문법상 <u>틀린</u> 부분을 고르시오.

① <u>Millions of</u> law-abiding Americans are physically addicted to caffeine, and most of them don't even know it. People who drink coffee several times a day ② <u>is likely to be</u> addicted by caffeine. ③ <u>When deprived</u> of their caffeine, addicts experience often severe symptoms ④ <u>such as</u> a throbbing headache and depression. As with others addictive drugs, heavy users require higher doses to get the expected effect.

**18** 다음 두 대화에서 (   )에 들어갈 가장 알맞은 단어는?

A : What do you charge for photocopying?
B : Fifteen cents per page.
A : Even for bulk?
B : Approximately how many pages do you have?
A : About a hundred pages. It is my dissertation.
B : In that case, I will do it for ten cents per page.
A : Good enough! But I am not (      ) typing yet.
   It will get ready within four or five days.
B : See you in a week then.

① through

② favorite

③ finish

④ tired of

**19** 다음 대화 중 밑줄 친 부분에 가장 적합한 표현을 고르시오.

> A : Excuse me. I bought this radio here, and it doesn't work.
> B : Do you have your receipt?
> A : No. I lost it. Can I exchange the radio for another one?
> B : Without your receipt, it's hard.
> A : Believe me. I bought it this morning.
> B : _____.
> A : Yes, I have a driver's license, and a credit card.
> B : O. K. Either will do.
>     All you have to do is go to the manager's office, right over there.

① When did you come back here?

② I couldn't help it

③ All of them matter

④ Then do you have any identification?

**20** 다음 밑줄 친 부분에 들어갈 표현으로 가장 적절한 것은?

> Imagine reaching each goal in your mind and put a time limit on its attainment. Deciding what you want is often more difficult than _____.

① getting that you want

② getting what you want

③ to get what you want

④ to get that you want

**21** 다음 밑줄 친 부분 중에서 문법상 틀린 것을 고르시오.

> The number of languages that ① have been existed since people started speaking ② is estimated at 150,000, but now there remain approximately 5,000 in the world. It is ③ a shocking fact that a quarter of the world's languages have less than 1,000 speakers, these languages will probably die out in the next fifty years. One of ④ the most well known 'dead languages' is Latin.

**22** 다음 중 우리말을 영어로 <u>잘못</u> 옮긴 것을 고르시오.

① 높은 굽이 항상 여성에게 국한된 패션 품목은 아니었다.
→ High heels were not always a fashion item limited to women.

② 프랑스 신발 디자이너인 하디는 신발이 거대한 심리적 효과를 지닌다고 말한다.
→ Hardy, a French shoe designer, says that shoes have a huge psychological impact.

③ 남성들은 왜 여성들이 이상하게 생긴, 높은 신발에 그들의 안락함을 희생하는지 의아해할 수도 있다.
→ Men may wonder why women sacrifice their comfort over oddly-shaped, elevated shoes.

④ 높은 굽을 신는 가장 중요한 목적은 여성으로 하여금 더 크고, 날씬하고, 섹시하게 느끼도록 하는 것이다.
→ The most important point of wearing high heels is to make a woman to feel taller, slimmer and sexier.

**23** 다음 중 우리말을 영어로 옮긴 것으로 가장 적절한 것은?

① 그들이 10년간 살았던 집이 폭풍에 심하게 손상되었다.
→ The house which they have lived for 10 years badly damaged by the storm.

② 수학 시험에 실패했을 때에서야 그는 공부를 열심히 하기로 결심했다.
→ It was not until when he failed the math test that he decided to study hard.

③ 냉장고에 먹을 것이 하나도 남아있지 않아서, 어젯밤에 우리는 외식을 해야 했다.
→ We had nothing to eat left in the refrigerator, we had to eat out last night.

④ 우리는 운이 좋게도 그랜드캐넌을 방문했는데, 거기에는 경치가 아름다운 곳이 많다.
→ We were enough fortunate to visit the Grand Canyon, that has much beautiful landscape.

**24** 다음 중 우리말을 영어로 옮긴 것으로 <u>잘못된</u> 것을 고르시오.

① 굳건한 유대관계를 형성하는 데 있어서는 정직이 최선의 정책이다.
→ When it comes to establishing a solid relationship, honesty is the best policy.

② 당신은 그녀에게 그녀의 파티에 올 수 없을 것이라고 말하는 편이 좋다.
→ You had better tell her that you won't be able to come to her party.

③ 두 나이 먹은 여자들에 의해 운영되는 작은 세탁소가 집들 근처에 있다.
→ Near the houses are a tiny dry-cleaning shop run by two old ladies.

④ 이 백과사전에 따른다면, 그 주는 적어도 영국보다 두 배 크다.
→ According to this encyclopedia, the state is at least twice as big as England.

**25** 다음 중 공통으로 들어갈 어구로 가장 적절한 것은?

> (1) Do you want me to _____ you _____ for the trip to London?
> (2) Why did you have to _____ me _____ in front of everybody like that?
> (3) It's time that the government _____ interest rates.

① cut down

② call down

③ write down

④ put down

**26** 다음 Independent Project에 관한 글의 내용과 일치하지 <u>않는</u> 것은?

> A group of eight public high school students designed and ran their own school within a school. They represented the usual range: two were close to dropping out before they started the project, while others were honors students. They named their school the Independent Project. Though they sought advice from English, math and science teachers, they were responsible for monitoring one another's work and giving one another feedback. There were no grades, but at the end of the semester, the students wrote evaluations for their classmates. The students also designed their own curriculum. They not only criticized one another's queries, but also the answers they came up with. Along the way, they acquired essential tools of inquiry, such as how to devise good methods for gathering various kinds of data.

① 8명의 학생들이 스스로 만든 학교 안의 학교이다.

② 과정을 중시하며 해답에는 신경 쓰지 않았다.

③ 교과 선생님들에게 도움을 청하기도 했다.

④ 서로를 평가는 했으나 성적을 매기지 않았다.

※ 다음 글을 읽고, 밑줄 친 부분에 들어갈 말로 가장 적절한 것을 고르시오. [27 ~ 28]

**27**

A certain amount of bureaucracy, accountability and organization is vital for the world we live in. The benefits of bureaucracy do not need to be promoted. Yet the hidden costs of overdoing the regulation are very considerable. As the rules multiply, it becomes so difficult to do anything that one has to cheat or break the rules in order to survive. Indeed, since the rules often conflict with each other and whatever one does breaks some rules, it is a question of _____. I still remember how surprised I was when building regulations inspector came to check the house we lived in. We had put in a new staircase without a handrail. He said it was unsafe and must have a handrail. When we put that in, he said that it was now too narrow for safety. Unable to pull down much of a seventeenth century structure, we were bound to break the law one way or another.

① examining one's conscience

② choosing between illegalities

③ destroying individual creativity

④ getting used to the procedures

**28**

In one experiment, groups of participants were told to perform a financial analysis of a fictitious firm, after which they were rated on their performance and asked to evaluate how well their team had functioned on a variety of metrics like group cohesion, communication, and motivation. Sure enough, groups that received high performance scores consistently rated themselves as more cohesive, motivated, and so on than groups that received low scores. The only problem with these assessments was that the performance scores were assigned at random by the experimenter-there was no difference in performance between the high and low scorers. Rather than highly functioning teams delivering superior results, the appearance of superior results drove the illusion of high functionality. This experiment showed that _____ _____.

① the result was opposite to what we expected

② process of trial and error could facilitate creativity

③ the outcome could determine how we evaluate the process

④ most people wanted to see a positive outcome in any venture

**29** 다음 글의 주제로 가장 적절한 것을 고르시오.

A study revealed that obese seniors had eight percent less brain matter and that by simply requiring seniors to exercise forty-five minutes per day, cardiovascular fitness increased the volume of their brains and improved cognition. Whether young or old, the study concludes, "too much fuel and not enough movement slows down the human brain." The key appears to be an increasingly sedentary lifestyle that is harmful to cognitive processing. Every time the human organism contracts a muscle, it releases a protein that stimulates the brain to produce more cells and encourages brain cells to communicate with each other in new ways. In recent animal studies, adult rats that exercised increased both the protein and blood flow in their brains, causing them to demonstrate approximately 25 percent more intelligence than rats that remained sedentary.

① good ways to explore different lifestyles
② significant factors contributing to obesity
③ reasons for trying to increase intellectual capacities
④ the relationship between physical movement and cognition

**30** 다음 글에서 전체 흐름과 <u>관계없는</u> 문장은?

Animals do not need big brains to use tools. Several species of birds use stones to open the hard-shelled eggs of ostriches and cranes. ① The Egyptian vultures, for example, pick up a stone in their beaks, stand about three feet away from an ostrich egg, bend their neck backward and then throw the stone with considerable accuracy. ② The ostrich puts her eggs in the center of the nest to make sure they have the best chance of hatching, and usually the hen takes incubation duty during the day, and then the male takes over and incubates during the night. ③ Finches pick up twigs, cactus spines, or leaf stalks in their beaks and use them as probes to spear or dislodge insects from hiding places in the bark of trees. ④ While eating, they hold the tool down with their feet, and then fly with it to the next tree.

**31** 다음 글의 요지로 가장 적절한 것을 고르시오.

The big fiction about aging is the belief that medicine has already been able significantly to extend life. It is true that the average life expectancy of a baby born in America today is around seventy-three whereas in 1900 it was only forty-seven. But that is almost entirely due to a decrease in infant mortality thanks to improved child-bearing methods and better sanitation. Every baby who dies at birth drastically reduces average lifespan. Because we have fewer babies and children dying now than we had at the turn of the 20th century, statistics show that average life expectancy has increased. But this figure gives little idea of real life expectancy. For statistics also show that once beyond childhood, we have little chance of living much longer than our grandfathers did.

① 장수는 모든 인간이 소망하는 공통된 꿈이다.
② 출산율 저하는 국력을 약화시키는 주요 요인이다.
③ 유아 사망률이 낮아진 것은 의학의 발전 덕분이다.
④ 평균 기대 수명이 향상되고 있다는 믿음은 허구이다.

**32** 다음 글의 제목으로 가장 적절한 것을 고르시오.

I have to admit that I'm a personal growth fanatic. There are few things I enjoy more than learning something new. My father got me started when I was a kid. He actually paid me to read books that would help me learn and grow. Now I'm in my late fifties, and I still love it when I can see myself improving in an area I've targeted for growth. But as much as I am dedicated to progress, there are some things that I'm not willing to change - no matter what - such as my faith and my values. I'd rather die than forfeit my religious faith or my commitment to integrity, family, generosity, and belief in people. Some things are not worth compromising at any price. I want to encourage you to think about the things you will hold on to in your life. Write down the things, and take some time to explain why. Once you do that, then everything else should be open to change.

① A positive Attitude Toward Change
② Studying the Process of Social Progress
③ Personal Growth vs Sacrificial Commitment
④ Non-Negotiable Things: A Solid Base for change

**33** 다음 중 주어진 글 다음에 이어질 글의 순서로 가장 적절한 것은?

> Before they have had any formal teaching, children develop aids to help them add and subtract.

> (A) For example, if they are asked "What is 2 and 5?" children often inverse the problem, and count two numbers up from 5, which takes less time than counting five numbers up from 2. This demonstrates that, before being formally taught, children develop quite naturally the concept that a + b is the same as b + a.
>
> (B) They quickly progress to going through the same counting routine without the need of their fingers. By the age of about four or five, children figure out that adding two numbers is easier if they start to count up from the higher number.
>
> (C) One of the first aids they develop is to use their fingers. Three-year-olds add two sets of numbers by counting the first set on the fingers, then the second set on different fingers, and then counting all the raised fingers.

① (C) − (B) − (A)　　　　　② (B) − (A) − (C)

③ (B) − (C) − (A)　　　　　④ (C) − (A) − (B)

**34** 다음 밑줄 (A), (B)에 들어갈 말로 가장 적절한 것끼리 짝지은 것은?

> Financial pressure is one of the biggest problems today's college students face. In the last decade, tuition costs have skyrocketed-up about 66 percent at public colleges and 90 percent at private colleges. For students living away from home, total costs range form eight thousand dollars to as much as twenty thousand a year. ___(A)___, there has been a cutback in federal aid to college students. College loans are now much harder to obtain and are available only at near-market interest rates. ___(B)___, most college students must work at least part-time. And for some students, the pressure to do well in school while holding down a job is too much to handle.

|   | (A) | (B) |
|---|-----|-----|
| ① | Furthermore | As a result |
| ② | Furthermore | For example |
| ③ | In other words | For example |
| ④ | In other words | As a result |

**35** 다음 (A), (B)의 각 밑줄 안에 들어갈 용어로 가장 적절한 것은?

> You'd better ____(A)____ the memory of the last war. The last war you fought is a danger, even if you won it. It is fresh in your mind. If you were victorious, you will tend to go through again the strategies you just used, for success makes you lazy and self-satisfied, if you lost, you may be frightened and indecisive. Do not think about the last war. Do have the ____(B)____. Do whatever you can to remove it from your mind. During the Vietnam War, the North Vietnamese general Vo Nguyen Giap had a simple rule of thumb: after a successful campaign, he would convince himself that it had actually been a failure. As a result, he never got drunk on his success.

|  | (A) | (B) |
|---|---|---|
| ① | maintain | involvement |
| ② | maintain | detachment |
| ③ | erase | involvement |
| ④ | erase | detachment |

**36** 다음 중 글의 흐름으로 보아, 주어진 문장이 들어가기에 가장 적절한 곳은?

> At one point, the seventh monkey, in full view of the others, got a painful shock whenever one of them pulled for food.

> Virtually from birth, when human babies see or hear another baby crying in distress, they start crying as if they too were distressed. ( ① ) After about fourteen months of age, babies not only cry when they hear another baby cry, but they also try to relieve the other baby's suffering somehow. The older toddlers get, the less they cry and the more they try to help. ( ② ) The same response can be found in animal species. ( ③ ) In an experiment, six monkeys were trained to pull chains to get food. ( ④ ) On seeing the pain of that shocked monkey, the other monkeys started pulling a different chain, one that delivered less food to them but that inflicted no shock on the seventh monkey.

※ 다음 글을 읽고, 밑줄 친 부분에 들어갈 말로 가장 적절한 것을 고르시오. [37 ~ 38]

**37**

> You cannot always produce a word exactly when you want it in English. But consciously using the English words _____ will help get them into your active English vocabulary, that is, words we use in speaking or writing. Therefore, when you read a book or an article written in English, especially when the subject is one that you may well write or talk about, pay particular attention to such words. If there are words whose meanings you don't know among those words, look them up in a dictionary, and then before very long find a way to use some of them. Once you know how they are pronounced and what they stand for, you can safely use them.

① you've learned inside the class

② you recognize in reading

③ that describe your feeling

④ people misunderstand or misuse

**38**

> The Pilgrims, known as Separatists because they had broken with the Church of England, left England for the more religiously tolerant Netherlands after receiving threats from King James I for their beliefs. In the Netherlands, however, the Pilgrims were forced to take low-paying, unskilled jobs, coming face to face with the realities of poverty. Even more upsetting, they faced the possibility of losing control of their children. Not only were the children adopting Dutch ways, but they also were being led by the example of Dutch children into behaviors contrary to those set down for them by their parents and the other Pilgrims. Seeing life in the Netherlands as _____, the Pilgrims sought and obtained permission to settle in Virginia, America.

① an opportunity to make a fortune

② their only chance to live holy lives

③ a meeting ground for religious people

④ a threat to their way of life

**39** 다음 글에 나타난, 필자의 어조로 가장 적절한 것은?

Non-living objects are classified into three categories; those that break down, those that get lost, and those that don't work. The goal of the objects is to irritate man, and the three classifications are based on the method each object uses to achieve its purpose. In general, any object capable of breaking down at the moment when it is most needed will do so. The automobile is typical of the category. It never breaks down while entering a gas station where the mechanics are. It patiently waits until it reaches a downtown intersection in the middle of the rush hour, or until it is fully loaded with family and luggage on the way to beach. Thus, it creates maximum inconveniences, upset, and frustration, reducing it's owner's lifespan.

① neutral and earnest

② ironical and humorous

③ friendly and advisory

④ indifferent and negative

**40** 다음 글에서 전체 흐름과 <u>관계없는</u> 문장은?

You may consider a rose as a beautiful flower that you give to someone you love. But long before it became a symbol of romance, the rose was seen as a kind of medicine. ① <u>The ancient Greeks thought that rose juice could cure someone bitten by a mad dog.</u> ② <u>For a sprained ankle, Greek doctors used a pint of wine boiled with rose *petals, rather than an ice pack.</u> The ancient Romans thought the same rose juice added to wine could cure an upset stomach. ③ <u>The ancient people also associated roses with affairs of the heart rather than the head.</u> ④ <u>For that reason, a partygoer might put a few rose petals into a drink with high alcoholic content to ward off unpleasant side effects.</u>

제한시간: 50분 | 시작 ____시 ____분 – 종료 ____시 ____분

➡ 정답 및 해설 211p

**01** 다음 두 사람의 대화 중 가장 자연스러운 것은?

① A : I'm sorry but count me out tonight.

　 B : That's great. I'll see you tonight then.

② A : Is a tax increase out of the question?

　 B : Yes. There is no question about my promotion.

③ A : Why does she have a long face?

　 B : I don't know. Maybe her computer's broken again.

④ A : I can't come up with a good idea for the project.

　 B : Don't worry. I can't bring it for you.

**02** 다음 밑줄 친 부분에 들어갈 표현으로 가장 적절한 것은?

A : We passed the bridge a while ago, so the cabin should be coming up soon.

B : Oh, look! There's a sign for Windmill Road.

A : Good. How far is it from here?

B : It's a mile from the sign. Keep going.

A : All right. Look, that must be it.

B : That's Brenda's car. They beat us here.

A : I'll honk the horn so they know we're here.

B : _____

A : We should have also gotten an earlier start.

① How much farther do we have to go?

② They always try to spend time going camping.

③ I wonder when Brenda will get here.

④ They must've left before dawn to get here this early.

03 다음 밑줄 친 부분에 들어갈 표현으로 가장 적절한 것을 고르시오.

> A : You have just seen all the cars you were interested in. Is there a particular model you like?
> B : Well, I do like the red one I saw at first, especially the exterior with its radiant color.
> A : So, would you like to test-drive that one?
> B : Maybe... but I'm just a little concerned about the leg room.
> A : _____
> B : Well, I don't think it is spacious enough for my family.
> A : If you feel that way, we could try out a different one.
> B : Why not? I am open to your suggestions.

① What seems to be the problem with the exterior?

② Do you want to try out a different color?

③ Perhaps you want to test-drive the red one?

④ Do you think it is too small for you?

04 다음 대화의 내용으로 보아 밑줄 친 부분에 알맞은 것을 고르시오.

> A : You are speaking way too fast now?
> B : Am I?
> A : _____, okay?
> B : Yeah, I need to take it easy.
> A : What made you so angry?
> B : Hear me out.

① Way to go

② Keep your shirt on

③ I will pick up the tab

④ I'm at my wit's end

※ 다음 밑줄 친 부분에 들어갈 표현으로 가장 적절한 것을 고르시오. [05 ~ 06]

**05**

> It seems to me that I can hardly pick up a newspaper _____ encountering someone's comments on that trial.

① but

② with

③ without

④ by

**06**

> The Influence of Jazz on this century's music has been so ___㉠___ that there is little popular music which does not trace its stylistic roots back to this ___㉡___ American invention.

| | ㉠ | ㉡ |
|---|---|---|
| ① | obstinate | original |
| ② | pervasive | unique |
| ③ | obstreperous | tenacious |
| ④ | subdued | subtle |

**07** 다음 우리말을 영어로 옮긴 것 중 가장 적절한 것을 고르시오.

① 나의 교수는 그 직업에 지원해야만 한다고 나에게 제안했었다.

   → My professor suggested me that I should apply for the job.

② 그는 해답을 이해하지 못하는 학생들 중에 한 명이다.

   → He is one of the students who does not understand the answer.

③ 우리는 저녁까지 그 일을 마치기를 희망했었는데.

   → We had hoped to have finished the work by the evening.

④ 버스 운전사의 봉급은 교사보다 훨씬 더 많다.

   → The salary of a bus driver is much higher than that of a teacher.

**08** 다음 우리말을 영어로 <u>잘못</u> 옮긴 것을 고르시오.

① 그녀의 남편은 부인이 옷값으로 얼마를 지불하는지 혹은 어디서 구입하는지에 관심이 없다.

→ How much she pays for her clothes or where she buys them does not interest her husband.

② 그는 하나의 일을 끝내자마자 다른 일을 하도록 요청을 받았다.

→ No sooner had he finished one task than he was asked to do another one.

③ 장학금이 제공되는 아홉 개의 부문은 다음 목록에서 볼 수 있다.

→ Nine categories of which scholarships will be offered can be seen to the following list.

④ 그가 현재 양호한 재정 조건하에 있다는 사실 외에는 나로서는 보고할 새 소식이 없다.

→ Other than the fact that he is now in good financial condition, I have no news to report.

**09** 다음 밑줄 친 문장 중에서 문법상 <u>틀린</u> 부분을 고르시오.

We ① <u>have long known</u> about IQ and rational intelligence. And, in part ② <u>because of</u> recent advances in neuroscience and psychology, we have begun to appreciate the importance of emotional intelligence. But we are largely ignorant that there is ③ <u>such a thing as</u> visual intelligence. Vision is normally ④ <u>such dependable</u> and informative that we take it for granted.

**10** 다음 밑줄 친 부분에 문맥상 가장 적절한 것을 고르시오.

It made me feel good to see so many of his friends _____ him when he was blamed.

① stand up for

② shed light on

③ be in the way

④ look the other way

**11** 다음 밑줄 친 부분과 의미상으로 가장 가까운 단어를 고르시오.

> But at a certain point, the physical stress of a long workout undermines the immune system and leaves the endurance athlete even more <u>vulnerable</u> to infection than before a workout.

① accessible

② defendable

③ penetrable

④ susceptible

**12** 다음 밑줄 친 부분과 의미가 가장 가까운 것을 고르시오.

> John has really <u>cooked his goose</u> this time. His boss found him asleep again in his office.

① had no luck

② been discharged

③ ruined his chances

④ complicated his problems

**13** 다음 중 어법상 가장 올바른 문장을 고르시오.

① Neither my gloves nor my hat go with this dress.

② Incredibly as it may seem, the entire story is true.

③ The ozone molecule is consisted of three oxygen atoms.

④ She was seen to run out of the room in a hurry.

**14** 다음 밑줄 친 부분에 공통으로 들어갈 가장 적절한 단어는?

> • He took a _____ of clothes with him, because he was going to stay until the next day.
> • You should take a vacation - you need a _____ from work.
> • He told the shopkeeper to keep the _____.

① turn           ② rest

③ change        ④ choice

**15** 다음 중 밑줄 친 at a crossroads의 의미로 가장 적절한 것은?

> We can't be spiritual all the time. We have to live in the real world. A psychologist, Tom, had one client at a crossroads. He didn't like his job and wanted to return to university to get a degree. At that time, his mother's business was failing. He wanted to help her by providing emotional and financial support. He believed he had a choice - stay in a job he disliked to help his mother, or leave the job and go back to school. Tom helped him realize it was not 'either A or B': if he thought about his life holistically and was financially disciplined, he could wait until his mother's business had recovered before starting his studies.

① 삶에 대한 권태로움

② 이상과 현실의 차이

③ 연속된 사업의 실패

④ 부모 자식 간의 갈등

**16** 밑줄 친 부분에 들어갈 말로 가장 적절한 것은?

> The government needs to _____ for the sake of the collective interest of the nation as a whole. For example, firms often do not invest enough in training their workers. This is because they are worried about their workers being poached by other firms 'free-riding' on their training efforts. In such a situation, the government imposing a requirement for worker training on all firms could actually raise the quality of the labor force, thereby ultimately benefiting all firms. As another example, individual banks may benefit from lending more aggressively. But when all of them do the same, they may all suffer in the end, as such lending behaviors may increase the chance of systematic collapse. Restricting what banks can do may actually help them in the long run.

① invest more in social welfare

② bring in foreign capital

③ manage its budget better

④ control business freedom

**17** 다음 밑줄 친 (A), (B)에 들어갈 말로 가장 적절한 것끼리 짝지은 것은?

> In our physical world, things come into being by the combined force of causes and conditions. A sprout is able to arise because of a seed, water, sunshine, and rich garden soil. Without these elements, the sprout would not have the conditions it needs to poke through the earth.  __(A)__ , things cease to exist when they meet with the circumstances and conditions for their ending. If matter could evolve free of causation, everything would exist eternally in the same state, as things would have no need for causes and conditions. Or nothing would come into being at all, there being no way for anything to occur. Either a sprout would exist without the need for a seed or the sprout could not come into existence at all.  __(B)__ , we can appreciate that causation is a universal principle.

|  | (A) | (B) |
|---|---|---|
| ① | In the same way | Thus |
| ② | In summary | Nevertheless |
| ③ | For example | Moreover |
| ④ | For example | Thus |

**18** 다음 글의 주제로 가장 적절한 것을 고르시오.

Communication media are the ways people exchange messages over long distances. Just as muscles would become helpless body parts if there were no nerves to direct them into action, so without communications, the most advanced industrial equipment and social organizations would become useless. Factories would stand idle because they'd be unable to receive orders for their products or make orders for raw materials. Truckers and other transporters would not know where to deliver their cargo or where to pick up new loads. Hospitals, unable to receive the warning of emergency cases, would not be able to make necessary preparations. People in their homes would have to rely totally on their own resources for entertainment: no books, no newspapers, no radio, and no TV - they would have no information from the outside would.

① How Many Communication Media Are There Today?
② Is It Possible to Live without Communication Media?
③ The Influences of Communication Media on Human Relations.
④ Communication Media: Strengths and Weaknesses.

**19** 밑줄 친 부분에 들어갈 표현으로 가장 적절한 것은?

In solving a crime, the police can retrieve an article used by the criminal, and extract a smell from the object in as little as twenty minutes. The smell can then be stored for as long as four years. Once a suspect is apprehended, he is asked to wash, and then handle a cloth for a few minutes. The cloth is then placed in a lineup and a specially trained dog is given me original smell to examine. The dog is then asked to identify all the smells in the lineup. If the dog finds a match, he barks at the container identifying which one. To make the evidence admissible in court, the process is repeated but this time without the suspects' smell. This technique is possible because each of us not only has one unmistakable fingerprint, but we also have _____.

① our own unique voice
② a habit of eating similar food
③ a DNA that is totally different
④ a unique scent that is identifiable

**20** 다음 글의 요지로 가장 적절한 것을 고르시오.

> During the 1990s, a lot of worrying was about the possibility of job loss either through downsizing restructuring, or merger. People became vigilant to every nuance in the workplace. I learned to take a different approach to these matters. Whenever there were rumors of new government policy regarding my job, I chose to take a 'wait and see' approach and I didn't get caught up in speculation and 'what ifs.' I saved me considerable aggravation. I've developed a philosophy for dealing with fears and unknowns about the future: "If there is something to worry about you'll have all the time in the world to worry about it then. You don't have to start early." This motto has served me very well over time.

① Don't cry before you're hurt.
② Don't bite off more than you can chew.
③ Don't count your chickens before they hatch.
④ Don't judge a man until you've walked in his boots.

**21** 다음 글에서 영국이 산업 혁명을 일으키게 된 요소로 언급되지 <u>않은</u> 것은?

> In the eighteenth century all of Western Europe began to industrialize rapidly, but in England the process was most highly accelerated. England's head start may be attributed to the emergence of a number of simultaneous factors. Britain had burned up her magnificent oak forests in its fireplaces, but large deposits of coal were still available for industrial fuel. There was an abundant labor supply to mine coal and iron, and to man the factories. England still possessed colonies to provide raw materials and act as captive markets for manufactured goods. Tobacco merchants of Glasgow and tea merchants of London had capital to invest.

① 많은 노동자
② 풍부한 석탄
③ 과학의 발달
④ 자본의 축적

**22** 다음 글의 흐름으로 보아, 주어진 문장이 들어가기에 가장 적절한 곳은?

> Most people have answered their questions politely, but some people have not been so friendly.

> Every ten years the Census Bureau in the United States hires people to count the population. ( ① ) For 200 years census takers have climbed mountains, ridden horses, and even flown in helicopters to find and count everyone in the country. ( ② ) When a farmer in Texas, for example, refused to stop plowing his field, the census taker agreed to ask one question each time the farmer drove by. It took five hours to do the interview. ( ③ ) But this kind of persistence pays off. ( ④ ) Over the years, the census has been able to keep track of changes in the United States.

**23** 다음 글의 내용을 한 문장으로 요약하고자 한다. 밑줄 (A)와 (B)에 들어갈 말로 가장 적절한 것은?

> The marvelous cell phone and television network that will soon cover the whole world can never be extended into space. It will never be possible to converse with anyone on another planet. The problem is the length of time necessary for the transmission of the message. Messages will take minutes or hours to travel because radio and light waves travel at the rate of 186,000 miles a second and can't be hurried up. You will be able to listen to a friend on Mars, but the words you hear will have left his mouth at least three minutes earlier. In distances of more than a million miles, the time lag will be intolerable. Under such circumstances, an exchange of verbal message is possible but not a conversation.

> In the universe we'll have a great difficulty in __(A)__ because of the __(B)__ .

      (A)            (B)

① observation        heaven's dust

② communication     time barrier

③ investigation       poor technique

④ exploration         short wealth

## 24 다음 주어진 글 다음에 이어질 글의 순서로 가장 적절한 것은?

Women, on the average, live longer. In general they can expect to live six or seven years more than men.

(A) Today young women are smoking more and working in more positions of responsibility than they used to. These changes will not help women's health. If they are not careful, they will have the same life expectancy as men.

(B) One biological factor that helps women live longer is the difference in hormones between men and women. Female hormones protect the body by helping it to defend itself against various infections.

(C) The cultural context can also affect life expectancy. Previously women smoked less and worked in less stressful environments than men. Both cigarettes and stress have proven to cause many health problems and to shorten lives.

① (B) − (C) − (A)
② (A) − (C) − (B)
③ (B) − (A) − (C)
④ (A) − (B) − (C)

**주관식 문제**

01 다음 우리말을 작문할 때 밑줄 친 부분에 가장 적절한 것을 쓰시오.

> 영어는 시험 과목 중에서 가장 중요하다.

> = No other subject is so important as English.
>
> = English is more important than _____
>
> = No subject is more important than English.

02 다음 대화의 밑줄 친 부분에 적절한 표현을 쓰시오.

> A : Would you like to have a dinner with me this weekend?
>
> B : I'm sorry I can't make it. Can you _____?

## 03 다음 빈칸에 들어갈 말을 순서대로 쓰시오.

I write my essays in notebooks with lined pages, sometimes using a pen, sometimes a pencil. (　　) I'm writing an essay at home, I sit in the chair in my study. If I'm away from home, I can write in a hotel room or cafe. If I haven't got a notebook with me, the back of an envelope will do. The reason for using a notebook is that I can go back and check an earlier draft, to see (　　) the essay is getting better or worse.

## 04 다음 글을 읽고 주제를 10단어 이내의 영어로 간단히 적으시오.

Today's consumers are faced with a wider range of choices than ever before. To buy economically, as well as to protect the environment, follow these basic principles. Before making any purchase, do your research. Select products made from renewable resources, such as wood and wool. Buy reusable products. For example, buy washable cloth towels rather than paper cups. Buy local produce that is in season. It is usually cheaper and fresher and has less impact on the environment. Look for all-natural, non-toxic products that break down without leaving harmful residues in the environment.

| 01 | 02 | 03 | 04 | 05 | 06 | 07 | 08 | 09 | 10 | 11 | 12 | 13 | 14 | 15 | 16 | 17 | 18 | 19 | 20 |
|---|---|---|---|---|---|---|---|---|---|---|---|---|---|---|---|---|---|---|---|
| ④ | ② | ③ | ③ | ④ | ① | ① | ② | ④ | ② | ② | ② | ③ | ① | ③ | ③ | ② | ① | ④ | ② |
| 21 | 22 | 23 | 24 | 25 | 26 | 27 | 28 | 29 | 30 | 31 | 32 | 33 | 34 | 35 | 36 | 37 | 38 | 39 | 40 |
| ① | ④ | ② | ③ | ④ | ② | ② | ③ | ④ | ② | ④ | ④ | ④ | ① | ① | ④ | ④ | ② | ④ | ② | ③ |

## 01 정답 ④

**해석** A : 실례합니다. 제가 이 아파트 빌딩이 처음인데요. 제가 여기에 대략 몇 가지 규정들에 관해 여쭤봐도 될까요?

B : 예, 물론이죠!

A : 우선, 주차에 관한 것입니다. 이 빌딩 뒤에 제 차를 주차해도 되나요?

B : 물론입니다.

A : 그러면 제 손님이 있을 때는 어떤가요?

B : 글쎄요, 손님들은 그들의 차를 뒤에 남겨두시면 안됩니다. 앞에 있는 게스트 파킹을 이용해야 합니다.

A : 그렇군요. 그리고 애완용 동물 관련 규칙들도 있나요?

B : 고양이들은 되나 개들은 허용되지 않습니다. 아시다시피, 그들은 사방을 엉망으로 만들고 밤에는 짖어대니까요.

A : 알겠습니다.

B : 다른 질문도 있으세요?

A : 이제 되었습니다. 정말 감사합니다.

① 제가 여기다가 주차해도 괜찮습니까?

② 당신은 여기에 사신 지 오래되셨습니까?

③ 이곳 주변을 저에게 보여주실 수 있으세요?

**해설** 첫 문장에 힌트가 있다. new라는 표현이 처음임을 알려준다. 이어서 빌딩 관련 문답이 이어지므로 정답을 유추할 수 있다.

## 02 정답 ②

**어휘** • break up with ~와 헤어지다

• for a while 잠시 동안

• reject 거부하다, 거절하다

• lean on ~에 기대다(의지하다)

**해석** A : 왜 내 전화에 답하지 않았나요? 저는 정말 당신과 이야기를 나누고 싶었습니다.

B : 미안합니다만 저는 우리가 따로 시간을 내야 한다고 생각합니다.

A : 무슨 뜻이지요? 당신은 나와 헤어지고 싶다는 건가요?

B : 아니요, 오해하지 마세요. 나는 여전히 당신을 매우 사랑합니다, 그렇지만 나는 잠깐 동안 혼자 있고 싶을 뿐입니다.

**해설** 앞 문장에서 "나와 헤어지고 싶은 거야?"라고 물어본 대답으로 "난 아직 너를 아주 많이 사랑해"라는 문장이 나왔으므로 정답은 ②번이 적절하다.

## 03 정답 ③

**어휘** • these days 요즘

• I am very busy(= I am very engaged) 나는 무척 바쁘다

• to tell the truth 솔직히 말하면

• see a movie 영화를 보다

**해석** A : 나 요즘 바쁘긴 해.

B : 알아. 무슨 얘길 하고 싶은 거야?

A : 음, 나 바쁘기도 하고, 할 일도 많고, 항상 피곤한 것 같기도 하고.

B : 그래서? <u>요점만 말해봐.</u>

A : 미안해. 솔직히 말하면, 이번 주말에 너 랑 같이 영화 못 볼 것 같아. 미안해.

① 오해하지 마세요(= 날 잘못 받아들이지 마세요).

② 당신과는 말이 통하는군.

④ 기 죽지마, 용기를 내.

**04** 정답 ③

**어휘** • give up 포기하다

• unless 만일~하기만 하면

• look forward to ~ing ~하기를 학수고대 하다

**해석** A : 오, 나 손 들었다(포기)!

B : 문제가 뭐야?

A : 이 과학 숙제. 과학에 관해서라면 난 형 편없어.

B : 아니야, 난 그렇게 생각 안 해. 노력하면 어떤 것이든 할 수 있어.

A : <u>말은 쉽지.</u> 어쨌든, 나는 대학에 진학하 길 고대한다.

B : 왜?

A : 그러면 과학 공부를 더 이상 할 필요가 없으니까.

① 서둔다고 일이 되는 것은 아니다.

② 제 때에 일을 하라.

③ 말은 행하는 것보다 쉽다.

④ 거지 주제에 무엇을 마다하랴.

**05** 정답 ④

**어휘** • frivolous(= trifle) 사소한, 보잘 것 없는

• scrupulous 양심적인, 정확한

• squeamish 까다로운, 매우 신중한

• ultimate 궁극적인, 최후의, 기본적인

**해석** <u>보잘 것 없는</u> 기록(문서)을 제출하는 것은 당 신의 서비스 업자에게 높이 평가받지도 못하 고, 제출되지도 못할 것이다.

**06** 정답 ①

**어휘** • over and over again(= repeatedly) 반복 하여

• point out 지적하다

• hammer 혹평하다

• without letup(= without a pause, without stopping, with a break, incessantly, constantly, around the clock) 끊임없이

• without a focus 초점 없이

• with a minute intrigue 치밀한 음모로

• with a will 진심으로

**해석** 나는 반복해서 예들을 인용하고, 결점들을 지적하며, <u>계속해서</u> 혹평을 했다.

**07** 정답 ①

**어휘** • turn a deaf ear to 못 들은 척하다

• turn up one's nose at ~를 비웃다

• turn over a new leaf (마음을 고쳐먹고) 새로 시작하다.

**해석** • 어떻게 해서 당신은 그들의 먹을 것과 살 곳을 찾는 소리를 무시할 수가 있는가?

• 그는 매우 바보스러워서, 나는 그의 행동을 비웃곤 했었다.

• Tom은 마음을 고쳐먹고, 이제부터는 더 착 실히 하겠다고 약속했다.

**08** 정답 ②

**어휘** • decline 거절하다

• deluge 범람시키다, 대홍수

• cause 일으키다, 원인, 동기, 대의

• slump 빠지다, 쇠퇴하다, 부진, 불황

**해석** 저지대의 많은 거리들이 폭우로 침수되었다.

**09** **정답** ④

**어휘**
- inaugurate 취임식을 행하다, 시작(개시)하다
- disadvantaged 경제적으로 가난함
- install 설치하다, 시설하다
- conceive 착상하다, 품다
- craft ~을 교묘하게 만들다
- initiate 시작하다, 착수하다, 개시하다

**해석** 1965년도에 시작된 Head Start 사업계획은 경제적으로, 사회적으로 불리한 처지에 있는 아동들을 위하여 연방이 기금을 제공하는 취학 전 아동프로그램이다.

**10** **정답** ②

**어휘**
- bring~ home to 절실히 느끼다

**해석** 그녀의 남편의 부재는 그녀가 외로움을 절실히 느끼게 한다.

**11** **정답** ②

**어휘**
- let ~ alone 내버려 두다
- in view of ~이 보이는 곳에
- not to mention ~은 물론
- in addition to ~에 더하여
- but for ~이 없다면, ~않다면

**해석** 나는 돈은 말할 것도 없고 시간을 낼 여유도 없다.

**12** **정답** ②

**어휘**
- stagnant 침체된, 활발하지 못한, 느린
- brisk 활발한, 기운찬, 호황의

**해석** 시골 경제는 상대적으로 침체상태다.

**13** **정답** ③

**어휘**
- respective 각각의
- respectable 존경할 만한
- respectful 공손한, 경의를 표하는

**해석** 태국 출신의 학생들은 지난 밤 파티석상에서 매우 소란스러웠다, 하지만 그들은 매우 공손하고 연장자들에게 경의를 표하는 것으로 입증되었다.

**해설** 자동사는 수동태가 불가능하다. prove ~임이 입증되다(판명되다 = turn out to be). 따라서 proved가 옳다. 다만 prove가 타동사로 쓰이면 '~을 증명하다'의 뜻으로 쓰인다.

**14** **정답** ①

**어휘**
- in one's shoes 타인의 입장에서
- argument 논쟁, 토론
- in the middle of~ ~의 도중에, ~의 한복판에

**해석** 내가 내 누이의 입장이었더라면 나는 그렇게 열띤 논쟁이 진행될 때 격하게 행동했을 것이다.

**해설** 과거 사실의 반대를 의미하는 가정법 과거완료의 문장구조이므로 If + S + had + p.p의 조건절에 if가 생략된 구조이어야 한다. 즉, Had + I + been으로 고쳐야 한다.

**15** **정답** ③

**해석**
① 나는 내가 자랐던 고향집 사진을 가지고 있다.
② 당신이 당신의 등본을 뗄 수 있는 관청이 이제 가까이에 있습니다.
③ 그녀는 그녀가 지난주에 살펴본 아파트를 렌트하고 싶어합니다.
④ 내 스타일에 어울리는 (것을) 아무것도 갖추지 않은 신발 가게는 싫증난다.

해설 ③ where → 관계부사 + 불완전한 문장(x)

✪ see의 목적어 없음

① where → 관계부사 + 완전한 문장

② where → 관계부사 + 완전한 문장

④ where → 관계부사 + 완전한 문장

## 16 정답 ③

해석 ① 그가 전쟁에서 죽지 않았더라면, 그는 현재 40살일 것이다.

② 그는 이제 그런 무례한 행동을 참는 데 익숙해졌다.

③ 그녀는 서둘러 집으로 돌아가 고양이들에게 먹이를 주었는데, 그중 하나가 매우 아팠다.

④ 그는 편지를 보내자마자 편지를 쓴 것을 후회한다.

해설 ③ 두 문장을 연결하는 도구 중 하나인 관계대명사 문제, one of them(cats) was very sick → one of which(=cats) was very sick

① 가정법 if의 생략(Had he not been killed → If he had not been killed), 혼합 가정법 문제

② be used to ~ing ~에 익숙하다, such + a(an) + 형 + 명

④ on ~ng ~하자마자, begin은 목적어를 부정사와 동명사를 모두 취함, regret + 동명사 = ~한 것을 후회하다, 시제가 차이 나므로 완료동명사

## 17 정답 ②

해석 법을 준수하는 수백만 명의 미국인들이 카페인에 육체적으로 중독되어 있으며, 그들 중 대부분은 그 사실조차 모르고 있다. 커피를 하루에 수차례씩 복용한 사람들은 카페인에 중독되어 있을 가능성이 있다. 카페인을 복용 못하게 될 때, 중독자들은 종종 심한 두통과 우울증과 같은 심각한 증상을 경험하기도 한다. 다른 중독성 약들과 마찬가지로 카페인을 많이 복용한 사람들이 기대되는 효과를 얻어내기 위해서는 더 많은 복용량이 필요하다.

해설 ② 주어가 people이므로 복수 동사 are가 적절하다. 주어와 동사의 수일치를 확인하는 습관을 들인다.

① 수 단위 문제. 수백만의(= millions of) 막연한 수를 나타낼 때 명사(복수) of를 쓴다.

③ When (they are) deprived 수동의 의미, 주어 be 동사 생략이므로 과거분사가 옳다.

④ 명사 + such as(~와 같은) 예시를 나타내는 표현이다.

## 18 정답 ①

어휘 • bulk (~의) 대부분, 큰 규모

• tired of ~에 싫증난

• be through~ ~하는 것을 마치다

• be through with~ ~와 절교하다

해석 A : 사진 복사 비용은 얼마나 합니까?

B : 페이지당 15센트입니다.

A : 크기(양)와는 상관없어요?

B : 대략 몇 페이지를 가지고 계신데요?

A : 대략 100페이지입니다. 제 논문이거든요.

B : 그런 경우에는 페이지당 10센트씩 해 드리죠.

A : 아주 좋아요! 하지만 아직 타이핑을 끝내지 못했어요. 4 ~ 5일 안에 마칠 겁니다.

B : 그러면 일주일 뒤에 봅시다.

19 **정답** ④

**어휘** • either 둘 중 하나(선택)
• neither 둘 다 아닌(양자 부정)
• none 셋 이상 모두 아닌(전체 부정)

**해석** A : 실례지만 제가 여기서 이 라디오를 구입했는데 제대로 작동하지 않아요.
B : 영수증을 가지고 계세요?
A : 아뇨, 분실했습니다. 다른 라디오로 교환할 수 있을까요?
B : 영수증이 없으면, 어려운데요.
A : 절 믿어주세요. 오늘 아침에 구입했어요.
B : <u>그렇다면 신분증 같은 것 있나요?</u>
A : 네, 운전면허증과 신용카드를 가지고 있는데요.
B : 좋습니다. 둘 중 하나면 충분해요. 이제 하셔야 할 일은 지배인님의 사무실로 가시는 겁니다. 저쪽에 있어요.
① 당신은 언제 여기로 돌아오셨습니까?
② 어쩔 수가 없었습니다.
③ 그 모든 것이 중요합니다.

20 **정답** ②

**해석** 마음속으로 각각의 목표를 달성하는 것을 상상하고, 그것을 달성할 기한을 정하라. 당신이 원하는 것을 결정하는 것은 종종 <u>원하는 것을 얻는 것</u>보다 더 어렵다.

**해설** 영어에서 비교할 때는 비교 대상의 평행구조를 지켜야 한다. Deciding what you want와 비교하기에 동명사 getting이 맞고, 선행사가 없으므로 관계대명사 what이 맞다.

21 **정답** ①

**해석** 사람들이 말하기 시작한 이래로 존재해 왔던 언어의 수는 어림잡아 150,000개이지만, 지금까지 남아있는 것은 대략 5,000개 정도이다. 세계 언어의 4분의 1을 1,000명도 안 되는 사람들이 사용하고 있다는 것은 충격적인 사실이다. 이 언어들은 아마도 50년 후에는 없어지고 말 것이다. 가장 잘 알려진 '사어(死語)'로는 라틴어가 있다.

**해설** ① exist는 자동사로 수동태 불가 동사이다. 그러므로 have existed가 맞다. since의 뜻이 '이후로'이므로 현재 완료이다.
② the number of 복수 동사 + 단수 동사이다. 내용상 '추산되어 진다'는 의미이므로 수동 의미가 맞다.
③ 충격을 주는 사실이므로 shocked(과거분사)가 아니라 현재분사(능동) shocking이 맞다.
④ one of 최상급 + 복수 명사 표현이다.

22 **정답** ④

**해설** ④ 'to make a woman to feel~'에서 make의 목적격 보어로 feel이 적절하다.
① limited는 앞에 명사구 'a fashion item'을 수식하는 과거분사이다.
② 삽입 명사구 'a French shoe designer'는 주어 Hardy와 동격이다. 또한, that 절은 보어를 형성하는 명사절로 쓰였다.
③ wonder의 목적어로 why 이하는 의문사 절로 간접의문문이고 'why 주어 + 동사'의 어순으로 적절하다.

23 **정답** ②

**해설** ② not until이 이끄는 when절과 it ~ that 강조 구문을 혼합한 문제이다. not until 뒤에 when이라는 종속 접속사가 없어도 되지만, when절은 전치사 until 뒤에 가능하다.
예 It was not until when I arrived at the airport that I found I had left my briefcase in my library.

① 관계대명사 which는 불완전한 절을 이끌어야 하는데 뒤의 절이 완전한 절이 나왔으므로 which 앞에 전치사를 붙여야 한다. 따라서 in which로 바꾸던지, 관계부사 where가 적절하다. damage는 '피해를 입히다'라는 타동사이므로, 집이 피해를 입었다면 수동인 'was damaged'로 써야 한다. 또한, 주절의 동사가 과거시제인데 종속절의 시제를 have lived로 쓰는 것은 옳지 않으므로 had lived가 적절하다.

③ '주절, 주절'은 불가능하다라는 기본 개념을 충실히 이해하라! 주어(we)와 동사(had)를 가진 두 개 절 사이에 '그래서'를 뜻하는 (등위) 접속사 so를 넣어야 한다.

④ enough는 형용사나 부사의 뒤에서 수식하므로 fortunate enough라 해야 하고, the Grand Canyon까지 말한 다음 콤마를 쓴 뒤 이를 설명하는 형용사절은 that이 불가능하므로, which가 적절하다.

**24** 정답 ③

해설 ③ be 동사의 도치 구문.(A tiny dry-cleaning shop run by two old ladies)(주어) is near the houses라는 이 문장이 도치되었다. 주어가 shop 단수이므로 단수 동사 is가 정답이다.

① 'when it comes to ~ing'. 불변의 진리는 현재시제이다.

② had better 동사원형과 4형식이므로 say가 아니라 tell이 맞다.

④ 'according to + 명사, 배수 + as ~ as'이다.

**25** 정답 ④

어휘 • put down 내리다, 이름을 써놓다, 진정시키다, 비굴한 마음을 갖게 하다

• cut down 삭감하다, 줄이다, 베어 넘어뜨리다

• call down 꾸짖다, 아래로 부르다

• write down 받아 적다, 기재하다, ~을 평하다

해석 (1) 당신은 내가 런던여행에 당신의 이름을 기입하시기를 원하십니까?

(2) 왜 당신은 그와 같이 모든 사람 앞에서 나로 하여금 비굴하게 만들어야만 했습니까?

(3) 정부가 이자율을 진정시킬 때이다.

**26** 정답 ②

어휘 • drop out 낙제하다

• curriculum 교육 과정

• query 질문

• inquiry 조사 연구

해석 여덟 명의 공립 고등학생 그룹이 한 학교 안에 자신들의 학교를 기획하여 운영했다. 그들은 보통의 범주를 대표했는데 둘은 그 계획을 시작하기 전에 낙제에 가까웠으나 다른 학생들은 모범 학생이었다. 그들은 자신의 학교를 Independent Project라 이름 지었다. 그들은 영어, 수학, 과학 교사들에게 조언을 구하긴 했을지라도 다른 학생의 과제를 검토하고 서로서로 피드백해 주었다. 성적은 없었으나 학기 말에는 그 학생들은 급우들에 대한 평가서를 썼다. 또한, 자신들의 교육 과정을 짰다. 그들은 서로의 질문뿐만 아니라 그들이 찾아낸 해답들도 평했다. 그런 식으로, 그들은 다양한 자료들을 모으는 훌륭한 방식들을 찾는 방법과 같은, 필수적 조사 도구를 획득했다.

해설 'They not only criticized one another's queries, but also the answers they came up with'의 문장 내용으로 보아 ②번은 일치하지 않는다.

① 8명의 학생들이 스스로 만든 학교 안의 학교이다(A group of eight public high school students designed and ran their own school within a school).

③ 교과 선생님들에게 도움을 청하기도 했다(Though they sought advice from English, math and science teachers).

④ 서로를 평가는 했으나 성적을 매기지 않았다(There were no grades, but at the end of the semester, the students wrote evaluations for their classmates).

**27** **정답** ②

**어휘**
• accountability 책임
• regulation 규제
• handrail 난간

**해석** 어느 정도의 관료제도, 책임 그리고 조직은 우리가 사는 세상에 대단히 중요하다. 관료제도의 이점은 판촉을 할 필요가 없다. 하지만 규제를 지나치게 해서 생기는 보이지 않는 비용은 매우 상당하다. 규칙이 증가할수록, 무엇인가를 하기가 매우 어려워져서 살아남기 위해서는 규칙을 깨거나 속여야만 한다. 정말로, 규칙들이 종종 서로 상충되고 무엇을 하든지 간에 몇 가지 규칙을 깨는 것이기 때문에, 그것은 불법들 사이에서 선택하는 것의 문제이다. 나는 아직도, 건물 규제 조사관이 우리가 살던 집을 조사하러 왔을 때 얼마나 놀랐는지를 기억한다. 우리는 난간이 없는 새 계단을 설치했었다. 조사관은 그것이 안전하지 못하므로 반드시 난간이 있어야 한다고 말했다. 우리가 난간을 설치했을 때, 그는 이제 그것이 안전을 위해서는 너무 좁다고 말했다. 17세기 구조물의 많은 부분을 헐어버릴 수 없었기 때문에 우리는 법을 어떻게든 어기지 않을 수 없었다.

**해설** 규칙이 많아지면 규칙들 간에 서로 상충되고 어떻게든 규칙을 깰 수밖에 없는 상황이 생기기 때문에 빈칸에는 ②번(불법들 사이에서 선택하는 것)이 알맞다.

**28** **정답** ③

**어휘**
• metric 측정의 기준
• group cohesion 집단 응집력
• at random 무작위로

**해석** 한 실험에서 참가자 집단들이 가상의 회사에 대한 재정 분석을 수행하라는 지시를 받았고, 그들은 자신들의 과제 수행에 대해 점수가 매겨진 후 자신들의 팀이 집단 응집력, 의사소통, 동기부여와 같은 다양한 측정 기준에서 볼 때 얼마나 기능을 잘 수행했는지 평가해 보라는 요청을 받았다. 과연 과제 수행에 대해 높은 점수를 받았던 집단들은 낮은 점수를 받은 집단들보다 더 응집력이 있고 동기부여가 되어 있었다는 식으로 일관되게 자신들을 평가했다. 이 평가들에서의 유일한 문제점은 그 과제 수행 점수가 실험 주관자에 의해서 무작위로 부여되었다는 점이고 높은 점수와 낮은 점수를 받은 집단 간에 과제 수행에 있어서 차이가 없었다는 점이다. 아주 기능을 잘 수행한 팀들이 우월한 결과를 가져왔다기보다는 우월한 결과라는 외양이 기능을 잘 수행했다는 환상을 일으켰다. 이 실험은 결과가 우리가 과정을 어떻게 평가하는지를 결정할 수 있다는 것을 보여주었다.

**해설** 실험 주최자가 무작위로 준 과제 수행 점수에 따라 높은 점수를 받은 집단의 사람들은 낮은 점수를 받은 집단보다 자기가 속한 집단에 대해 긍정적으로 평가했다는 것으로 보아, 결과가 과정에 대한 평가를 좌우할 수 있다는 맥락이 적절하다.

## 29 정답 ④

**어휘** • contract 수축하다

• cardiovascular 심혈관의

• sedentary 주로 앉아서 지내는, 움직이지 않는

**해석** 어느 연구에서 비만인 고령자들은 8% 적은 두뇌 물질을 가졌고, 고령자들에게 그저 매일 45분간 운동을 하게 요구함으로써, 심혈관 건강이 두뇌의 부피를 늘리고 인식 능력을 향상시켰다고 밝혔다. 나이가 어리든지 많든지, "너무 많은 연료와 충분하지 않은 운동은 인간의 두뇌를 둔화시킨다."라고 그 연구는 결론을 내린다. 열쇠는 인식 과정에 해로운, 주로 앉아서 생활하는 것이 점점 늘어난 것에 있는 듯하다. 인간의 유기적 조직은 근육을 수축할 때마다 두뇌를 자극하여 더 많은 세포를 만들게 하고 두뇌 세포가 새로운 방식들로 서로 소통하게 북돋우는 단백질을 배출한다. 최근의 동물 연구에서 운동을 하는 성인 쥐는 두뇌 속 단백질과 혈류가 모두 늘어났고, 움직이지 않는 쥐보다 대략 25% 정도 더 똑똑함을 보이게 되었다.

**해설** 운동을 하는 고령자가 인식 능력이 늘어나고, 쥐의 실험 역시 같은 결과를 보여주고 있으므로 글의 주제로는 ④번이 적절하다.

## 30 정답 ②

**어휘** • beak 부리

• incubation 알 품기

• spear (창으로) 찌르다

• dislodge (사람, 짐승을) 집에서 몰아내다

**해석** 동물들은 도구를 사용하는 데 큰 두뇌를 필요로 하지 않는다. 여러 종의 새들이 껍질이 딱딱한 타조와 두루미의 알을 깨기 위해 돌을 사용한다. 예를 들어, 이집트 대머리 독수리는 부리로 돌을 집어 타조 알에서 3피트(91.44cm) 정도 떨어진 곳에 서서 목을 뒤로 젖혔다가 상당히 정확하게 돌을 던진다. 타조는 알들이 부화할 최고의 가능성을 가질 수 있도록 둥지 한가운데 알을 두고, 보통 암컷이 낮 동안 알을 품는 일을 하고 수컷이 이어받아 밤 동안 알을 품는다. 되새들은 잔가지나 선인장 가시 또는 잎의 꼭지를 부리에 물고 그것들을 침으로 이용해서 벌레들을 찌르거나 벌레들을 나무껍질의 숨는 장소에서 몰아낸다. 먹는 동안 그들은 발에 그 도구를 내려놓았다가 그것을 가지고 다음 나무로 날아간다.

**해설** 동물들이 돌이나 나뭇가지 등을 도구로 이용해서 알을 깨거나 벌레를 잡아먹는 데 사용한다는 내용이므로, 타조의 알 품기 습성에 관한 내용인 ②번은 흐름과 무관하다.

## 31 정답 ④

**어휘** • life expectancy 기대 수명

• infant mortality 유아 사망률

• sanitation 위생

**해석** 노화에 관한 큰 허구는 의학이 이미 상당히 삶을 연장시킬 수 있었다는 믿음이다. 오늘날 미국에 태어난 아기의 평균 기대 수명은 73세인 반면 1900년에는 47세에 불과했다는 것은 사실이다. 그러나 그것은 거의 전적으로 분만 방법의 향상과 더 좋아진 위생 덕분에 유아 사망률이 줄어든 점 때문이다. 태어나자마자 죽는 모든 아기들은 평균 수명을 엄청나게 감소시킨다. 20세기 초 때보다 지금 죽어 가는 아기와 아이들이 더 적기 때문에, 통계 수치는 평균 기대 수명이 증가했다는 것을 보여준다. 그러나 이 수치는 실제 기대 수명에 대해서는 알려주는 것이 거의 없다. 왜냐하면, 통계 수치는 또한 일단 유년 시절을 거치고 나면 우리 할아버지들이 살았던 것보다 훨씬 더 오래 살 가능성이 거의 없다는 것을 보여주기 때문이다.

**해설** 예전에 비해 죽는 아기와 아이들이 줄었기 때문에 평균 기대 수명이 올라갔다고는 하지만, 실제로 옛날 사람들보다 더 오래 사는 것은 아니라고 말하고 있으므로 정답은 ④번이다.

**32 정답 ④**

**어휘**
- fanatic 광신자
- integrity 성실
- non-negotiable 협상할 수 없는
- forfeit 상실하다, 박탈당하다
- sacrificial 제물로 바쳐진

**해석** 나는 개인적 성장에 대한 광신도라는 사실을 인정해야 한다. 새로운 것을 배우는 것보다 내가 더 즐기는 일은 거의 없다. 내가 어렸을 때 아버지가 처음 나를 이렇게 만들어 주었다. 그는 내가 배우고 성장하는 데 도움이 될 책을 읽을 수 있도록 나에게 돈을 주었다. 이제 나는 나이가 50대 후반이지만, 아직도 내가 성장을 목표로 해왔던 분야에서 발전하고 있는 자신의 모습을 보는 것을 매우 좋아한다. 하지만 발전을 위해 헌신하는 것 못지않게, 나의 믿음이나 가치와 같은 어떤 일이 있어도 바꾸지 않으려는 것들이 몇 가지 있다. 종교적인 믿음이나 성실, 가족, 관대함, 사람들에 대한 믿음에 대한 헌신을 박탈당하느니 차라리 나는 죽음을 택하겠다. 어떤 값을 주더라도 협상할 수 없는 것들이 있다. 평생 동안 놓치지 않고 붙잡고 있을 것들에 대해 생각해 보라고 여러분에게 권하고 싶다. 그러한 것들을 적은 후에, 얼마 동안 그 이유에 대해 설명할 시간을 가져라. 일단 그렇게 하면, 다른 모든 것들은 변화에 대해 개방될 것이다.
① 변화에 대한 긍정적 태도
② 사회적 진보 과정에 대한 연구
③ 개인의 성장 & 희생적 헌신

**해설** 변화와 발전을 추구해야 하지만, 절대로 바꿀 수 없는 것들을 확실하게 정해 놓은 상태에서 그렇게 해야 한다는 내용의 글이다. 이러한 글의 제목으로 가장 적절한 것은 ④ '협상할 수 없는 것들: 변화를 위한 확고한 토대'이다.

**33 정답 ①**

**어휘**
- subtract 빼다
- inverse 반대로 하다

**해석** 형식을 갖춘 정식 교육을 받기 전에, 아이들은 덧셈과 뺄셈을 하는 데 도움이 되는 방법을 개발한다.
(C) 그들이 제일 먼저 개발하는 도움이 되는 방법들 중 하나는 그들의 손가락을 사용하는 것이다. 세 살짜리 아이들은 손가락으로 첫 번째 세트의 숫자를 헤아린 후, 두 번째 세트의 숫자를 다른 손가락으로 헤아린 다음, 모든 편 손가락들의 수를 세어봄으로써 두 세트의 숫자들을 더한다.
(B) 그들은 이와 동일한 헤아리는 단순 작업을 손가락의 도움이 없이도 할 수 있는 단계로 빠르게 발전한다. 네 살이나 다섯 살쯤 되면, 아이들은 더 큰 숫자로부터 시작하여 위로 세어 올라가면 두 숫자를 더하는 일이 더 쉽다는 것을 알아낸다.
(A) 예를 들어, "2에다 5를 더하면 얼마인가?"라는 질문을 받으면, 아이들은 종종 문제의 순서를 바꾸어서 5로부터 시작하여 위쪽으로 두 개의 수를 헤아리는데, 이렇게 하면 2로부터 시작하여 위쪽으로 다섯 개의 수를 헤아리는 것보다 시간이 덜 걸린다. 이것은 형식을 갖춘 정식 교육을 받기 이전에, 아이들은 아주 자연적으로 $a + b$가 $b + a$와 같다는 개념을 발전시킨다는 것을 보여준다.

**해설** 아이들이 덧셈을 하는 데 손가락을 이용한다는 내용의 (C)가 제일 먼저 나오고, 손가락 없이 계산하는 과정에서 큰 수에서 거슬러 올라가는 방법을 터득한다는 (B)가 온 다음, 그것은 교환법칙을 터득한 것을 의미한다는 내용의 (A)가 마지막에 오는 것이 자연스럽다.

## 34 **정답** ①

**어휘** • skyrocket 급등하다
• cutback 삭감, 축소

**해석** 금전적 압박은 오늘날 대학생들이 직면하고 있는 가장 큰 문제들 중 하나이다. 지난 10년 동안 수업료는 급등하여 공립대학은 약 66퍼센트, 사립대학은 약 90퍼센트 인상되었다. 집에서 나와 생활하고 있는 학생들에게, 모든 비용은 연간 8,000달러에서 20,000달러에 이른다. 더군다나, 대학생에 대한 연방의 지원은 삭감되어 왔다. 대학 학자금 융자는 현재 받기가 훨씬 어려워졌고, 오로지 시장 이자율과 거의 비슷한 이자율로만 이용 가능하다. 그 결과 대부분의 대학생들은 적어도 시간제로 일을 해야 한다. 그리고 일부 학생들에게 일자리를 유지하면서 학교 공부를 잘해야 한다는 압박감은 너무 커서 감당하기 힘들 정도이다.

**해설** (A) 뒤에 대학생들의 경제 사정을 더욱 힘들게 하는 요인이 추가되고 있으므로, Furthermore가 적절하다.
(B) 뒤에 앞 내용에 따른 결과가 설명되고 있으므로, As a result가 적절하다.

## 35 **정답** ④

**어휘** • rule of thumb 경험 법칙
• campaign 군사 작전

**해석** 직전의 전쟁 기억을 지우도록 하라. 당신이 싸운 직전의 전쟁을 이겼다고 하더라도 위험 요소이다. 그것은 당신의 마음속에 선명하다. 당신이 승리했다면, 성공은 당신을 게으르고 자족적으로 만들기 때문에 당신이 사용했던 전략을 되풀이하려는 경향을 갖게 될 것이다. 당신이 패배했다면, 당신은 겁을 먹고 우유부단해질 것이다. 직전의 전쟁에 대해 생각하지 마라. 초연함을 가져라. 당신의 마음에서 그것을 지우기 위해 할 수 있는 무슨 일이든 해라. 베트남 전쟁 동안 북베트남의 장군인 Vo Nguyen Giap은 간단한 경험 법칙을 갖고 있었다. 성공적인 군사 작전 이후에 그는 스스로에게 사실 그것이 실패였다고 스스로에게 확신시키곤 했다. 그 결과 그는 자신의 성공에 취하지 않았다.

**해설** (A) 승리 여부와 무관하게 지난 전쟁에 대한 기억이 오히려 해롭다는 맥락이므로 erase(지우다)가 적절하다.
(B) 지난 전쟁에 대해 마음의 거리를 두라는 맥락이므로 detachment(초연함)가 적절하다.

## 36 **정답** ④

**어휘** • distress 고난
• toddler 걸음마를 배우는 아기
• inflict (고통 따위를) 주다

**해석** 거의 태어날 때부터 아기들은 다른 아기가 고통스럽게 우는 것을 보거나 듣게 되면 마치 자신들도 고통스러운 듯이 울기 시작한다. 생후 14개월쯤 지나면, 아기들은 다른 아기가 우는 것을 들으면 울 뿐만 아니라, 또한 그들은 그 다른 아기의 고통을 어떻게든 완화시켜 주려고 한다. 나이가 많아질수록, 아기들은 덜 울게 되며 더 많이 도와주려고 한다. 동물들에게서도 이와 동일한 반응이 발견될 수 있다. 한 실험에서, 여섯 마리의 원숭이들이 먹이를 얻기 위해서 쇠사슬을 잡아당기도록 훈련받았다. 어떤 한 시점에서 일곱 번째 원숭이가, 다른 원숭이들이 훤히 보는 중에, 그들 중 한 원숭이가 먹이를 얻기 위해 쇠사슬을 잡아당길 때마다 고통스러운 충격을 받았다. 그 충격을 받은 원숭이의 고통을 보자, 다른 원숭이들은 다른 쇠사슬, 즉 그들에게는 더 적은 양의 먹이를 주지만 그 일곱 번째 원숭이에게는 아무런 충격도 가하지 않는 쇠사슬을 잡아당기기 시작했다.

**해설** 원숭이에 관한 실험에 대해 언급한 문장 다음 위치인 ④번에 들어가는 것이 가장 적절하다. 주어진 문장은 고통을 받는 원숭이에 대해 언급한 뒤의 문장과도 잘 어울린다.

---

**37** **정답** ②

**어휘** • consciously 의식적으로
• pronounce 발음하다
• stand for 의미하다, 상징하다

**해설** 원할 때 항상 영어로 정확한 단어를 말하거나 쓸 수는 없다. 하지만, 독해할 때 인지한 단어들을 의식적으로 사용함으로써 그 단어들을 당신의 활용 영어 어휘(즉, 말하거나 쓸 때 사용하는 어휘)에 포함시킬 수가 있다. 그러므로 영어로 쓰인 책이나 글을 읽을 때, 특히 주제가 당신이 당연히 쓰거나 말해야 하는 것일 때, 그런 어휘들에 특히 주의를 기울여라. 만일 그런 단어들 가운데 의미를 모르는 단어가 있다면 사전에서 찾아보고, 그런 후에 곧 그 단어들을 사용할 수 있는 방법을 찾아라. 일단 그 단어들이 어떻게 발음되는지, 어떤 의미를 나타내는지를 알면, 그 단어들을 안전하게 사용할 수가 있다.

---

**38** **정답** ④

**어휘** • pilgrim 순례자
• separatist 분리주의자
• break with ~와 관계를 끊다, (조직 따위)를 탈퇴하다
• unskilled 숙련을 요하지 않는
• contrary to ~와 상반되는
• set down 규정하다, (원칙을) 세우다
• see A as B A를 B로 간주하다

**해설** 영국 국교회에서 탈퇴하여 분리주의자들로 알려진 순례자들은 제임스 1세로부터 그들의 신앙을 위협받은 후 영국을 떠나 종교적으로 더 관대한 네덜란드로 갔다. 그러나 네덜란드에서 순례자들은 저임금, 단순한 직업을 갖도록 강요받으며 가난한 현실과 맞닥뜨렸다. 더욱 분개한 일은 그들이 아이들에 대한 통제를 잃어버릴 가능성에 직면했을 뿐 아니라, 그들의 부모나 다른 순례자들에 의해 세워진 것과는 반대되는 네덜란드 아이들 행동의 본을 받도록 유도되고 있었다는 점이다. 결국, 네덜란드에서의 삶을 그들의 삶의 방식에 대한 위협으로 보고, 순례자들은 미국의 Virginia에 정착하는 허가를 구하여 얻었다.

---

**39** **정답** ②

**어휘** • category 범주
• break down 고장 나다
• filling station 주유소
• mechanic 기계 수리공
• intersection 교차로
• load 싣다
• lifespan 수명

**해설** 생명이 없는 생명체는 세 가지 범주로 분류된다. 고장 나는 것, 분실되는 것, 작동하지 않는 것이 그것들이다. 그 물건들의 목표는 사람을 화나게 하는 것인데, 앞의 분류는 물건들이 자기 목적을 달성하는 데 쓰이는 방

법에 기초한 것이다. 일반적으로, 사람들이 가장 필요로 하는 순간에 고장이 날 수 있는 능력을 가진 물건들이 바로 그것이다. 자동차가 전형적으로 이에 속한다. 자동차는 수리공들이 있는 주유소에 들어갈 때는 절대 고장 나는 법이 없다. 차들이 밀리는 시간에 시내의 교차로에서나 차에 사람과 짐을 꽉 채우고 바닷가로 놀러가는 길에서 꼭 고장이 난다. 그래서 자동차는 최고의 불편, 짜증, 욕구 불만을 만들어 내고, 그 결과로 차 주인의 수명을 단축시키는 것이다.

**해설** 글의 전체 내용이 시종일관 풍자(반어)적이고 재미있는 어조로 진행되고 있다.

**해설** 전체 주제를 파악하고 그 주제에 벗어나는 글을 찾는 문제 유형이다. 이 글의 주제는 장미의 의학적인 면을 그린 것이다.

## 40 **정답** ③

**어휘** • sprain 삐다
• ankle 발목
• associate 연상시키다, 관련시키다
• affair 일, 문제, 연애 사건
• partygoer 파티에 자주 가는 사람
• ward off 막다, 피하다

**해석** 당신은 장미를 당신이 사랑하는 누군가에게 주는 아름다운 꽃으로 여기고 있을지도 모르겠다. 하지만 그것이 연애의 상징이 되기 훨씬 전에 장미는 일종의 약으로 여겨졌다. 고대 그리스인들은 장미 주스가 광견에게 물린 사람을 치료할 수 있다고 생각했다. 그리스 의사들은 삔 발목에 아이스팩이 아니라 장미 꽃잎을 넣고 끓인 포도주 한 파인트를 사용했다. 고대 로마인들은 포도주에 첨가된 장미 주스가 배탈을 치료한다고 생각했다. 고대 사람들은 또한 장미를 머리보다는 심장의 일(정서적인 면)에 관련시켰다. 그런 이유 때문에 파티에 자주 가는 사람은 불쾌한 부작용을 피하려고 높은 알코올도수를 가진 음료에 장미꽃잎을 넣기도 한다.

| 01 | 02 | 03 | 04 | 05 | 06 | 07 | 08 | 09 | 10 | 11 | 12 |
|---|---|---|---|---|---|---|---|---|---|---|---|
| ③ | ④ | ④ | ② | ③ | ② | ④ | ③ | ④ | ① | ④ | ③ |
| 13 | 14 | 15 | 16 | 17 | 18 | 19 | 20 | 21 | 22 | 23 | 24 |
| ④ | ③ | ② | ④ | ① | ② | ④ | ① | ③ | ② | ② | ① |

| 주관식 정답 | |
|---|---|
| 01 | any other subject 또는 all the other subjects |
| 02 | Give me a rain check |
| 03 | While, whether |
| 04 | Tips for buying economically and eco-friendly(경제적으로 그리고 친환경적으로 구매하는 팁) |

## 01 정답 ③

**어휘** • out of the question 불가능한
• out of question 틀림없이
• there is no question 의심할 여지가 없다
• come up with 찾다, 떠올리다, 제안하다

**해석** ③ A : 그녀는 왜 그렇게 우울한 표정을 하고 있니?
　　B : 잘, 모르겠지만 컴퓨터가 다시 고장인 듯합니다.
① A : 미안하지만 오늘 밤은 나를 빼주세요.
　　B : 좋아, 그러면 오늘 밤 그때 너를 보겠군.
② A : 세금 인상이 불가능할까?
　　B : 물론이오. 나의 승진은 의심의 여지가 없소이다.
④ A : 그 프로젝트에 대한 좋은 생각이 떠오르지 않는군!
　　B : 걱정 마. 내가 너를 대신해 그것을 가져올 수는 없어.

**해설** ③ have a long face는 '시무룩하다'라는 표현이다. A가 "왜 그녀가 시무룩한 거야?"라고 한 질문에 B가 "아마 컴퓨터가 또 고장 나서 그런 거 같다."라고 대답을 하고 있으므로 자연스러운 대화이다.

① count me out은 '나를 제외하다'라는 표현이다. 그에 대한 대답이 "오늘 밤에 만나자"(I'll see you tonight)라고 하였으므로 적절하지 않다.
② "세금 인상이 불가능한가요?"에 대한 대답으로 "나의 승진에 대해 의심할 여지가 없다."라고 하였으므로 적절한 대화가 아니다.
④ "프로젝트에 대해서 좋은 생각을 찾을 수 없다."라고 하는 말에 "내가 너를 위해 그것을 갖고 올 수 없다."라고 하였으므로 대화의 흐름상 적합하지 않다.

## 02 정답 ④

**해석** A : 우리가 잠시 전에 다리를 막 건너왔으니까, 우리 시야에 곧 오두막이 나타날 거야.
B : 오, 저기 봐, 윈드밀 로드라는 표지판이 보이는군.
A : 좋아, 여기서 몇 마일이나 떨어져 있어?
B : 표지판으로부터 1마일 정도, 계속 직진이야.
A : 잘되었군, 저기를 봐, 저것이 그것 같은데.

B : 저게 브랜다의 차구나, 그들이 우리보다 앞서왔구나.

A : 그들이 우리가 여기 있는 것을 알아보도록 경적을 울려볼게.

B : <u>그들은 여기에 도착하기 위해서 새벽이 오기 전에 출발했음에 틀림이 없어.</u>

A : 우리도 역시 좀 더 일찍 출발했어야 했는데.

① 우리가 얼마나 더 멀리 가야 하지?

② 그들은 항상 캠핑을 가서 시간을 보내려고 노력하고 있어.

③ 브랜다가 언제쯤 여기 도착할지 궁금하군.

해설 ④ 빈칸 다음에 더 일찍 출발했어야 했는데 그러지 못해서 Brenda 일행보다 늦게 도착했다고 하고 있으므로 그들이 일찍 도착하기 위해 우리보다 더 빨리 출발했을 거라는 내용을 설명한 "They must've left before dawn to get here this early."가 정답이다.

① 이미 도착한 상태이므로 정답이 될 수 없다.

② 글에서 설명하고 있는 내용이 아니다.

③ Brenda는 이미 도착한 상태이므로 언제 올 것인지 궁금해하는 문장은 빈칸에 적절하지 않다.

**03** 정답 ④

어휘 • interested 흥미로운
• particular 특정한
• especially 특히
• exterior 외관의
• radiant 빛나는
• be concerned about ~을 걱정하다
• be concerned with ~에 관심이 있다, ~에 관련되다
• spacious 넓은
• try out 시험 삼아 해보다

해석 A : 당신은 관심 있는 자동차들을 지금 막 모두 보셨는데, 마음에 드는 특별한 모델 있나요?

B : 글쎄요, 저는 처음에 본 빨간 자동차가 정말 좋아요, 특히 빛나는 색깔의 외관이 그렇습니다.

A : 그래서, 그 차 시운전 해보실래요?

B : 예, 하지만 저는 다리를 뻗을 수 있는 공간이 조금 염려됩니다.

A : <u>그 부분이 당신에게 너무 작을 거라고 생각하시나요?</u>

B : 아, 나는 그 차가 우리 가족에게 충분히 공간을 제공할 거라고는 생각하지 않습니다.

A : 당신이 그러시다면, 우리는 다른 차를 시승해 볼 수 있습니다.

B : 기꺼이요! 저는 당신의 제안을 환영합니다.

① 무엇이 외부적 문제인 것처럼 보이는가?

② 당신은 다른 색으로 시도해 보시겠는가?

③ 당신은 붉은색으로 시운전을 해보고자 하시는 거지요?

해설 ④ 빈칸 뒤 문장에서 "그것이 내 가족에게 충분한 공간을 제공할 것 같지 않다."라는 것으로 보아 빈칸에는 "그것이 당신에게 너무 작을 거라고 생각하세요?"가 적절한 답이다.

**04** 정답 ②

해석 A : 너는 지금 너무 말이 빨라?

B : 내가?

A : 침착해, ok?

B : 그래, 난 진정할 필요가 있어.

A : 왜 그렇게 화가 났어?

B : 내 말 좀 잘 들어봐.

① 잘 했어.

③ 내가 지불할게.

④ 속수무책입니다.

**05** 정답 ③

해석 내가 신문을 집어 볼 때는 언제나 그 재판에 관한 어떤 사람의 논평을 접하는 듯싶다.

해설 'cannot(can hardly, never) ~ without(전치사) ~ing' = 'cannot(can hardly, never) ~ but(접속사) 주어 + 동사' = '~ 할 때는 언제나 ~하다'라는 표현이다.

**06** 정답 ②

어휘 • obstinate 고집 센
• original 독창적인
• pervasive 널리 퍼진
• unique 독특한
• obstreperous 시끄러운
• tenacious 집요한, 고집 센
• subdued 억제된, 밋밋한
• subtle 미묘한, 희미한
• trace back (기원이) ~까지 거슬러 올라가다

해석 금세기 음악에 끼친 재즈의 영향이 매우 널리 퍼져서 그 형태적 근거를 이 독특한 미국의 창조물에 두지 않는 대중음악은 거의 없다.

**07** 정답 ④

해설 ④ 'the 명사(단수)'는 that으로 받고, 'the 명사(복수)'는 those로 받는다. 따라서 'that of a teacher'는 선생님의 봉급이 맞다.
① suggest는 3형식 동사이며 사람을 받을 때는 전치사 to를 동반한다.
→ My professor suggested to me
② 선행사가 'one of 복수명사'일 때는 복수명사가 선행사이므로 관계대명사 동사는 복수동사를 받는다. → who do not understand the answer

③ 과거의 이루지 못한 소망 표현 = 'had hoped to 단순 부정사' → We had hoped to finish. 그리고 완료 의미이므로 until이 아니라 by가 맞다.

**08** 정답 ③

해설 ③ '전치사 + 관계대명사'로 완전한 절을 이끌어야 한다. 만약 완전한 절을 이끌고 있다면 '전치사 + which' 구조의 전치사가 바르게 선택되었는지 살펴보아야 한다. of which 이하의 절은 'scholarships will be offered of nine categories'로 풀어 쓸 수 있어야 하지만 문맥상 'of nine categories'를 'in nine categories'로 바꾸어야 한다. 따라서 'in which scholarships will be offered'로 변경되어야 한다.
'to the following list'에서 전치사 to는 '~에게'로 해석되므로 '~위에'인 on으로 고쳐 써야 한다. 이 두 문장을 결합하면 "Nine categories in which scholarship will be offered can be seen on the following list."가 적절하다.
① 주어는 A or B의 형태로 B가 동사를 지배하는 구조의 문장으로 단수동사가 적절하다.
② No sooner had + S + p.p.~ than S + 과거동사의 형태로 '~하자마자 ...했다'라는 의미를 지닌다.
④ other than은 '~을 제외하고'라는 의미로 뒤에 명사를 수반한다. that 이하의 절은 앞에 the fact와 의미상 동격의 명사절을 구성하고 있다.

**09** 정답 ④

해석 우리는 오랫동안 IQ와 이성적 지능에 대해 알고 있었다. 그리고 어느 정도는 신경과학과 심리학의 최근의 발전 때문에 우리는 감성 지능의 중요성을 깨닫기 시작했다. 그러나 우리들 대부분은 시각적 지능과 같은 것이 있다는 것을 잘 모르고 있다. 시각은 보통 아주 신뢰할 수 있고 유익해서, 우리는 당연한 것으로 간주한다.

해설 ④ such 명사 that ↔ so 형용사(부사) that 즉, 'so dependable'이 적절하다.
① long은 'have p.p' 사이에 위치한다. 내용상 능동이며 현재를 기준으로 쓰기에 현재 완료가 맞다.
② because of(전치사) = '명사 because(접속사) 주어 + 동사'
③ such 명사 as ~ = 명사 such as ~(~와 같은)

**10** 정답 ①

어휘 • stand up for(= support) 후원하다, 옹호하다, 지지하다
• shed light on(= explain) 밝히다, 분명히 하다
• be in the way(= intrude) 방해가 되다, 끼어들다
• look the other way (시선을 피해) 얼굴을 돌리다, 외면하다.

해석 그가 그 패배 때문에 비난받았을 때 그토록 많은 친구들이 그를 지지해 주는 것을 보니 내 마음이 기뻤다.

**11** 정답 ④

어휘 • undermine 서서히 쇠퇴하다
• endurance 지구력
• vulnerable(= susceptible) to ~하기 쉬운, ~에 걸리기 쉬운
• accessible 접근하기 쉬운
• penetrable 꿰뚫을 수 있는, 침투할 수 있는

해석 그러나 어느 단계에서는, 장시간의 운동으로 인한 신체적인 스트레스가 면역체계를 약화시키고, 지구력 종목 운동선수를 운동 이전보다 질병 감염에 훨씬 더 취약하게 한다.

**12** 정답 ③

어휘 • cook one's goose(= ruin his chances) ~를 해치우다, 망쳐놓다, 실패하게 하다
• discharge 내리다, 면제하다, 해약하다, 이행하다, 해임하다.

해석 존은 정말로 이번에는 망쳐놓았다. 사장은 그가 사무실에서 다시 자고 있음을 알았다.

**13** 정답 ④

해설 ④ 지각동사가 수동일 때나 동사원형이 올 때는 to가 다시 부활한다. in a hurry '서둘러서'
① 'neither A nor B'는 B에 동사의 수를 일치한다. go with → goes with
② seem 동사는 2형식이므로 형용사 incredible이다. 'Incredible as it may seem' = Though it may seem incredible
③ 'consist of'는 수동태 불가 동사이다.

**14** 정답 ③

해석 • 그는 갈아입을 옷을 가져갔는데 왜냐하면 그다음 날까지 머무를 예정이었기 때문이었다.
• 넌 휴가를 가야만 해 – 일에서 벗어나 기분 전환을 할 필요가 있어.
• 그는 가게 주인에게 거스름돈을 가지라고 말했다.

해설 ③ 교환, 기분 전환, 거스름돈 등의 의미를 모두 가지는 단어는 change이다.
① 차례, 변화
② 휴식, 나머지
④ 선택

**15** 정답 ②

어휘 • spiritual 정신적인
• client 고객
• at a crossroads 갈림길에 서 있는
• holistically 전체적으로
• discipline 훈련시키다

해석 우리는 항상 정신적일 수는 없다. 우리는 현실 세계에서 살아야 한다. 심리학자인 Tom에게는 갈림길에 서 있는 고객이 있었다. 그는 자신의 직업을 싫어했고 대학으로 돌아가서 학위를 따고 싶어 했다. 바로 그때, 그의 어머니 사업이 실패하고 있었다. 그는 감정적·재정적인 지원을 통해 그녀를 돕고 싶어 했다. 그는 선택을 해야 한다고 믿었다. 그가 싫어하는 직장에 잔류하여 어머니를 돕던가, 직장을 버리고 학교로 돌아가던가 말이다. Tom은 그것이 '이것 아니면 저것'이 아니라는 것을 깨닫게 하였다. 만약 그가 인생을 전체적으로 생각해보고 재정적으로 훈련을 받았다면, 그는 어머니의 사업이 회복할 때까지 기다렸다가 학업을 시작할 수도 있는 것이다.

해설 Tom의 고객은 대학에 가서 원하는 공부를 할 것인지(이상), 아니면 기울어가고 있는 어머니의 사업을 도와줄 것인지(현실)의 기로에 서 있다. 이러한 맥락에서 볼 때, 'at a crossroads'의 의미는 현실과 이상의 차이(괴리감)임을 알 수 있다.

**16** 정답 ④

어휘 • free-ride 무임승차
• impose 의무를 지우다
• poach 남의 것을 가로 채다

해석 정부는 전체 국가의 집단적인 이익을 위해서 기업의 자유를 통제할 필요가 있다. 예를 들어, 회사들은 흔히 직원들을 훈련하는 데 충분히 투자하지 않는다. 왜냐하면, 직원 훈련에 공들이는 데 '무임승차'하려는 다른 회사들에 의해 직원이 빼돌려지는 것을 걱정하기 때문이다. 그런 상황에서 모든 회사에 직원 훈련을 필수 조치로 의무를 지우는 정부는 사실 노동력의 질을 향상시킬 수 있고, 그럼으로써 결국 모든 회사를 이롭게 한다. 또 다른 예로, 개별 은행은 더욱 공격적으로 대출을 함으로써 이익을 볼 수 있다. 하지만 모든 은행이 똑같이 그렇게 하면, 그런 대출 행위가 제도적 붕괴의 가능성을 증가시키기 때문에 모든 은행이 결국 어려움을 겪게 된다. 은행이 할 수 있는 것에 제약을 가하는 것이 결국에는 사실상 은행을 도와주는 것이다.
① 사회복지에 더 많이 투자하다.
② 외국 자본을 들여오다.
③ 예산을 더 잘 관리하다.

해설 직원 훈련을 의무적으로 하게 만든다거나, 은행 대출에 제한을 가하는 것과 같이, 정부가 ④ '기업의 자유를 통제하는 것'이 전체의 이익에 부합한다는 내용이다.

**17 정답 ①**

**어휘**
- come into being 태어나다, 생기다
- combine 결합하다
- sprout 싹
- arise 생기다
- poke through ~을 뚫고 나오다
- appreciate 인식하다
- causation 인과 관계

**해석** 우리의 물질세계에서 사물은 원인과 조건의 결합된 힘에 의해 생긴다. 하나의 싹은 씨앗, 물, 햇빛, 그리고 비옥한 정원의 흙 때문에 생길 수 있다. 이런 요소들이 없다면, 싹은 흙을 뚫고 나오는 데 필요한 조건들을 가지지 못할 것이다. <u>똑같은 방법으로</u>, 사물은 종말에 처하게 하는 상황과 조건을 만나게 될 때는 존재하기를 멈춘다. 물질이 인과를 떠나서 진화할 수 있다면, 사물이 원인과 조건에 대한 필요를 갖지 못할 것이기 때문에 모든 것은 영원히 같은 상태에 존재할 것이다. 또는 어떤 것이 일어날 방법이 없기 때문에 어떤 것도 생기지 않게 될 것이다. 하나의 싹은 씨앗에 대한 필요 없이 존재하거나 또는 결코 탄생할 수 없을 것이다. <u>그러므로 우리</u>는 인과가 보편적인 원리라는 것을 인식할 수 있다.

**해설** (A) 물질세계는 원인과 조건의 힘에 의해 생겨난다는 것이 글의 주제다. 싹이 발아하기 위해 다양한 조건들이 필요한 것처럼, 사물이 종말을 맞이할 때 역시 상황과 조건에 의해서이므로, 'In the same way'가 적절하다.
(B) 앞에서 주제를 부연하기 위해 사물이 원인과 조건 없이 진화할 경우의 문제점을 지적하고 뒤에서 인과가 보편적 원리라고 하므로 결론을 이끄는 'Thus'가 적절하다.

**18 정답 ②**

**해석** 의사 전달 매체는 사람들이 장거리로 메시지를 교환하는 방법이다. 만일 근육에게 행동할 것을 지시하는 신경이 없다면 근육이 무기력한 신체 부위에 지나지 않게 되는 것과 마찬가지로, 의사 전달 매체가 없다면 가장 발전된 산업 장비와 사회 조직은 아무 쓸모없는 것이 될 것이다. 공장은 제품에 대한 명령을 받지 못하게 되거나 원자재에 대한 명령을 내릴 수 없기 때문에 아무 것도 하지 못할 것이다. 트럭 운전자와 다른 운송 수단 운전자들은 그들의 짐을 어디로 배달해야 할지, 혹은 새로운 짐을 어디에서 실어야 할지 모르게 될 것이다. 비상사태에 대한 경고를 수신할 수 없는 병원은 필요한 조치를 하지 못하게 될 것이다. 가정에 있는 사람들은 오락거리를 전적으로 그들 자신에게 의존해야 할 것이다. 어떤 책도, 신문도, 라디오도, TV도 없게 될 것이고 – 그들은 외부 세계로부터 어떤 정보도 수신하지 못하게 될 것이다.

**해설** 의사 전달 매체가 없다면 사회 시스템이 마비되고 외부로부터의 어떤 정보도 수신할 수 없게 된다는 것을 지적하고 있다.

**19 정답 ④**

**어휘**
- retrieve 회수하다
- article 물품, 물건, 기사, 조항
- extract 추출하다
- apprehend 체포하다
- lineup 정렬, 늘여 세우기, 용의자의 열
- identify 확인하다
- container 그릇
- evidence 증거, 근거
- admissible 용인될 수 있는
- suspect 용의자
- unmistakable 틀림없는
- fingerprint 지문

**해석** 범죄를 해결할 때 경찰은 범인이 사용한 물품을 회수해서 20분 내에 그 물체로부터 냄새를 추출할 수 있다. 그 냄새는 길게는 4년까지 저장될 수 있다. 일단 용의자가 잡히면, 그는 몸을 씻고 나서 몇 분 동안 천을 만지작거리도록 요구된다. 그 천은 이제 라인업에 놓여 지며, 특별히 훈련받은 개는 검사하기 위해서 원래의 냄새를 맡게 된다. 그 개는 이제 늘어 세워 놓은 것들에서 모든 냄새를 확인하도록 요구받는다. 그 개가 냄새가 일치한 것을 찾게 되면, 개는 물건을 담은 그릇을 향해 짖게 되며, 그리하여 어느 것인지를 확인하게 된다. 그 증거가 법정에서도 받아들여질 수 있도록 하기 위해, 이번에는 용의자의 냄새가 없는 상태로 그 과정이 반복된다. 이 기법은 사람들 각자가 틀림없는 지문을 가지고 있을 뿐만 아니라 또한 동일하다고 <u>확인할 수 있는 독특한 냄새를 가지고 있기</u> 때문에 가능하다.

이 문제들에 다른 접근을 하는 것을 배웠다. 내 직업과 관련된 새 정부 정책의 소문이 있을 때마다, 나는 '기다려 보는' 접근법을 택했고, 추측과 '그렇다면 어찌 되는가'에 말려들지 않았다. 그것이 상당한 짜증스러움에서 나를 구해 주었다. 나는 미래에 대해 두려움과 불확실성을 다루는 것에 대한 철학, 즉, "걱정할 것이 있다면, 그때 가서 그것에 대해 염려할 세상의 모든 시간을 가지게 될 것이다. 일찍 시작할 필요가 없다."라는 철학을 만들어 냈다. 이 좌우명은 시간이 지나면서 내게 확실히 도움이 되었다.

① 까닭 없이 두려워하지 마라.
② 지나친 욕심을 버려라.
③ 김칫국부터 마시지 마라.
④ 상대방의 입장에서 판단하라.

**해설** 이 글의 아래 문단을 보면 글쓴이의 좌우명인 "걱정할 것이 있다면, ~일찍 시작할 필요가 없다."가 있는데 이 문장이 이 글의 요지이다.

---

**20** **정답** ①

**어휘**
- downsizing 기구축소, 인원삭감
- merger 흡수, 합병
- nuance 뉘앙스, 미묘한 차이
- get caught up 말려들다
- what if 가정, 만약의 문제
- aggravation 악화시킴, 짜증
- restructuring 구조 개혁
- vigilant 방심하지 않는
- rumor 소문, 풍문
- speculation 추측
- considerable 상당한
- motto 좌우명

**해설** 1990년대 동안 인원 삭감과 구조 개혁, 또는 흡수 합병을 통해서 실직의 가능성에 대한 많은 염려가 있었다. 사람들은 일터에서의 모든 미묘한 변화에 민감하게 되었다. 나는

**21** **정답** ③

**어휘**
- accelerate 속도를 늘리다, 가속하다
- attribute~ to~ ~를 ~의 탓(덕분)으로 돌리다
- simultaneous 동시에 일어나는
- deposit 매장, 침전물
- man 사람을 배치하다, 근무하게 하다
- captive 포로의, 사로잡힌
- head start 유리한 출발
- emergence 출현
- magnificent 장엄한, 장대한
- mine 채굴하다
- colony 식민지
- invest 투자하다

**해설** 18세기에 서부 유럽의 모든 국가들이 빠르게 산업화하기 시작했지만, 영국에서는 그 과정

이 가장 크게 가속화되었다. 영국의 유리한 출발은 동시에 일어난 수많은 요인들의 출현 덕분일지도 모른다. 영국은 큰 떡갈나무 숲을 난로에서 다 태워버렸지만, 매장된 <u>많은 석탄</u>은 여전히 산업용 연료로 유용했다. 석탄과 철을 채굴하고 공장에 배치할 <u>충분한 노동력 공급</u>이 있었다. 영국은 원료를 공급하고 제조된 상품들을 위한 노예같이 예속된 시장의 역할을 할 식민지를 여전히 소유하고 있었다. Glasgow의 담배 상인들과 런던의 차 상인들은 <u>투자할 자본</u>을 갖고 있었다.

## 22 정답 ②

**어휘**
• the Census Bureau 인구 조사국
• census taker 인구 조사원
• persistence 끈기, 끈덕짐
• pay off 성과(결과)가 나다

**해석** 10년마다 미국의 인구 조사국은 인구를 파악하기 위해 사람들을 고용한다. 200년 동안 인구 조사원들이 전국의 모든 사람을 찾아 파악하기 위해 산을 오르고 말을 타고 심지어 헬리콥터를 탔다. <u>대부분의 사람들은 그들의 질문에 정중하게 대답하지만 일부 사람들은 그다지 친절하지 않았다.</u> 예를 들면, 텍사스의 한 농부가 자신의 밭을 가는 것을 중단하기를 거부했을 때 인구 조사원은 그 농부가 (기계를) 몰고 지나갈 때마다 질문을 하나씩 하기로 합의했다. 그 인터뷰를 하는 데 다섯 시간이 걸렸다. 그러나 이런 종류의 끈기는 성과가 난다. 수년에 걸쳐 인구 조사는 미국의 변화를 따라갈 수 있었다.

**해설** 텍사스의 한 농부에게 인구 조사원이 찾아갔을 때 농부와 인구 조사원 간에 벌어진 일이 주어진 문장에서 일부 사람들이 그다지 친절하지 않았던 예에 해당하므로 주어진 문장은 ②번에 들어가야 한다.

## 23 정답 ②

**어휘**
• extend 확장하다
• transmission 전달
• intolerable 참을 수 없는

**해석** 전 세계를 곧 뒤덮게 될 놀랄만한 휴대전화와 TV 망이 우주까지 확장될 수는 없을 것이다. 다른 행성에 있는 어떤 사람과 대화를 나누는 것은 불가능하다. 문제점은 메시지를 전송하는 데 필요한 시간의 길이이다. 전파와 광파는 초당 186,000마일의 속도로 움직이고 더 이상 빨리 갈 수 없기 때문에 메시지가 이동하는 데 수 분 또는 수 시간이 걸릴 것이다. 여러분은 화성에 있는 친구의 말을 들을 수는 있지만, 여러분이 듣게 되는 말은 최소 3분 전에 친구의 입을 떠났을 것이다. 백만 마일 이상 떨어진 지역에서 시간 지체는 참을 수 없는 것이다. 그러한 환경에서 음성 메시지를 교환한다는 것은 가능하지만, 대화는 불가능하다.
→ 우주에서 (B) <u>시간 장벽</u> 때문에 (A) <u>의사소통</u>을 하는 데 커다란 어려움을 갖게 될 것이다.

## 24 정답 ①

**어휘**
• life expectancy 예상수명
• context 상황, 문맥
• previously 이전에

**해석** 여성은 평균적으로 더 오래 산다. 일반적으로 남성보다 6, 7년 더 오래 살 것이라고 예상된다.
(B) 여성을 더 오래 살게 하는 한 가지 생물학적 요인은 남성과 여성의 호르몬 차이이다. 여성 호르몬은 다양한 감염으로부터 자신을 방어하는 데 도움을 줌으로써 신체를 보호한다.
(C) 문화적 상황도 평균수명에 영향을 준다. 예전에 여성은 남성보다 담배를 적게 피고 스트레스를 덜 받는 직업을 가졌었다.

담배와 스트레스가 건강에 해롭고 수명을 단축시킨다는 것이 증명되었다.

(A) 오늘날 젊은 여성들이 이전보다 담배를 더 많이 피고 더 책임감 많은 직업에서 근무하고 있다. 이러한 변화는 여성들의 건강에 도움이 되지 않는다. 주의하지 않으면, 여성들도 남성들과 똑같은 평균 수명을 가지게 될 것이다.

## 주관식 해설

**01** **정답** any other subject 또는 all the other subjects

**해설** '긍정 주어 + 동사 + 비교급 ~than any other 단수명사(all the other 복수명사)'로 표현할 수 있다. 따라서 "English is more important than any other subject." 또는 "English is more important than all the other subjects."로 표현할 수 있다.

**02** **정답** Give me a rain check

**해설** A : 이번 주말에 나랑 저녁 같이 하실래요?
B : 죄송하지만 할 수 없을 것 같아요. <u>다음 기회에 할 수 있나요?</u>

**03** **정답** While, whether

**어휘** • get better 좋아지다

**해석** 나는 밑줄이 쳐있는 공책들을 가지고 내 수필들을 씁니다. 때로는 펜을 이용하고, 때로는 연필을 사용합니다. 내가 집에서 수필을 쓰는 <u>동안</u>에 나는 내 서재의 의자에 앉아있습니다. 만약에 집에서 멀리 벗어나 있으면, 호텔방이나 식당에서 글을 쓸 수도 있습니다. 만약에 내가 노트북을 가지고 있지 않다면, 편지봉투도 충분할 것입니다. 노트북을 쓰는 이유는 내가 그 수필이 더 좋아지고 있는지, 나빠지고 <u>있는지를</u> 알아보기 위해서 되돌아가거나 좀 더 먼저 쓴 초안을 살펴볼 수 있기 때문입니다.

**해설** 첫 번째 빈칸은 완전한 문장을 이끄는 접속사가 필요하며, 두 번째 빈칸은 뒤에 연결되는 or에 근거하고, 문맥의 흐름상 '~인지 어떤지(아닌지)'가 연결되어야 한다.

**04** **정답** Tips for buying economically and eco-friendly(경제적으로 그리고 친환경적으로 구매하는 팁)

**어휘** • economically 경제적으로
• principle 원칙
• renewable 재생 가능한
• reusable 재사용할 수 있는
• non-toxic 무독성의
• residue 잔여물
• eco-friendly 친환경적인

**해석** 오늘날의 소비자들은 예전보다 훨씬 넓은 범위의 선택에 직면한다. 환경을 보호하는 것뿐 아니라 경제적으로 구매하기 위해서 이러한 기본적 원칙을 따라야 한다. 어떤 구매를 하기 전에, 조사를 해라. 나무와 양모 같은 재생 가능한 자원으로 만들어진 상품을 선택하라. 재사용 가능한 상품을 사라. 예를 들어, 일회용 종이컵 대신 씻을 수 있는 천 타월을 사도록 해라. 제철인 지역 농산물을 구매하라. 그것은 보통 싸고, 신선하고 자연환경에 거의 영향을 주지 않는다. 자연에 해로운 잔여물을 남기지 않고 분해되는 자연의, 천연의 무독성의 상품을 찾아라.

**해설** 이 글의 주제문은 두 번째 문장으로, 경제적이고 환경을 보호하기 위한 소비는 이러한 기본적 원리를 따르라고 했으므로 '경제적이고 친환경적인 소비를 위한 조언들'을 논하고 있는 글이다.

# 독학학위제 1단계 교양과정인정시험 답안지(객관식)

컴퓨터용 사인펜만 사용

★ 수험생은 수험번호외 응시과목 코드번호를 표기(마킹)한 후 일치여부를 반드시 확인할 것.

전공분야

성명

수험번호

| 수 험 번 호 |
| --- |
| (1) 1 - - - - |
| (2) ① ② ③ ④ |

※ 감독관 확인란

(인)

| 관 리 번 호 |
| --- |
| (연번) (응시자수) |

## 답안지 작성시 유의사항

1. 답안지는 반드시 컴퓨터용 사인펜을 사용하여 다음 [보기]와 같이 표기할 것.
   [보기] 잘된 표기: ●
   잘못된 표기: ⊗ ⊙ ○ ◐ ◑
2. 수험번호 (1)에는 아라비아 숫자로 쓰고, (2)에는 "●"와 같이 표기할 것.
3. 과목코드는 뒷면 "과목코드번호"를 보고 해당과목의 코드번호를 찾아 표기하고,
   응시과목란에는 응시과목명을 한글로 기재할 것.
4. 교시코드는 문제지 전면의 교시를 해당란에 "●"와 같이 표기할 것.
5. 한번 표기한 답은 긁거나 수정액 및 스티커 등 어떠한 방법으로도 고쳐서는
   아니되며, 고친 문항은 "0"점 처리함.

과목코드

응시과목

교시코드 ① ② ③

| 응시과목 | | |
|---|---|---|
| 1 ① ② ③ ④ | 21 ① ② ③ ④ | |
| 2 ① ② ③ ④ | 22 ① ② ③ ④ | |
| 3 ① ② ③ ④ | 23 ① ② ③ ④ | |
| 4 ① ② ③ ④ | 24 ① ② ③ ④ | |
| 5 ① ② ③ ④ | 25 ① ② ③ ④ | |
| 6 ① ② ③ ④ | 26 ① ② ③ ④ | |
| 7 ① ② ③ ④ | 27 ① ② ③ ④ | |
| 8 ① ② ③ ④ | 28 ① ② ③ ④ | |
| 9 ① ② ③ ④ | 29 ① ② ③ ④ | |
| 10 ① ② ③ ④ | 30 ① ② ③ ④ | |
| 11 ① ② ③ ④ | 31 ① ② ③ ④ | |
| 12 ① ② ③ ④ | 32 ① ② ③ ④ | |
| 13 ① ② ③ ④ | 33 ① ② ③ ④ | |
| 14 ① ② ③ ④ | 34 ① ② ③ ④ | |
| 15 ① ② ③ ④ | 35 ① ② ③ ④ | |
| 16 ① ② ③ ④ | 36 ① ② ③ ④ | |
| 17 ① ② ③ ④ | 37 ① ② ③ ④ | |
| 18 ① ② ③ ④ | 38 ① ② ③ ④ | |
| 19 ① ② ③ ④ | 39 ① ② ③ ④ | |
| 20 ① ② ③ ④ | 40 ① ② ③ ④ | |

# 독학학위제 1단계 교양과정인정시험 답안지(객관식)

## 컴퓨터용 사인펜만 사용

★ 수험생은 수험번호와 응시과목 코드번호를 표기(마킹)한 후 일치여부를 반드시 확인할 것.

전공분야

성명

| 수 험 번 호 | | | | | | | | |
|---|---|---|---|---|---|---|---|---|
| (1) | 1 | — | | | | | | |
| (2) | | ① ② ③ ④ | | ① ② ③ ④ ⑤ ⑥ ⑦ ⑧ ⑨ ⓪ | ① ② ③ ④ ⑤ ⑥ ⑦ ⑧ ⑨ ⓪ | — | ① ② ③ ④ ⑤ ⑥ ⑦ ⑧ ⑨ ⓪ | ① ② ③ ④ ⑤ ⑥ ⑦ ⑧ ⑨ ⓪ | ① ② ③ ④ ⑤ ⑥ ⑦ ⑧ ⑨ ⓪ |

※ 감독관 확인란

(인)

| 관 리 번 호 | (연번) | (응시자수) |
|---|---|---|

### 과목코드 / 응시과목

| 과목코드 | | 응시과목 | | | |
|---|---|---|---|---|---|
| | | 1 | ① ② ③ ④ | 21 | ① ② ③ ④ |
| ① ② ③ ④ ⑤ ⑥ ⑦ ⑧ ⑨ ⓪ | | 2 | ① ② ③ ④ | 22 | ① ② ③ ④ |
| ① ② ③ ④ ⑤ ⑥ ⑦ ⑧ ⑨ ⓪ | | 3 | ① ② ③ ④ | 23 | ① ② ③ ④ |
| ① ② ③ ④ ⑤ ⑥ ⑦ ⑧ ⑨ ⓪ | | 4 | ① ② ③ ④ | 24 | ① ② ③ ④ |
| ① ② ③ ④ ⑤ ⑥ ⑦ ⑧ ⑨ ⓪ | | 5 | ① ② ③ ④ | 25 | ① ② ③ ④ |
| ① ② ③ ④ ⑤ ⑥ ⑦ ⑧ ⑨ ⓪ | | 6 | ① ② ③ ④ | 26 | ① ② ③ ④ |
| | | 7 | ① ② ③ ④ | 27 | ① ② ③ ④ |
| | | 8 | ① ② ③ ④ | 28 | ① ② ③ ④ |
| | | 9 | ① ② ③ ④ | 29 | ① ② ③ ④ |
| 교시코드 | | 10 | ① ② ③ ④ | 30 | ① ② ③ ④ |
| ① ② ③ ④ | | 11 | ① ② ③ ④ | 31 | ① ② ③ ④ |
| | | 12 | ① ② ③ ④ | 32 | ① ② ③ ④ |
| | | 13 | ① ② ③ ④ | 33 | ① ② ③ ④ |
| | | 14 | ① ② ③ ④ | 34 | ① ② ③ ④ |
| | | 15 | ① ② ③ ④ | 35 | ① ② ③ ④ |
| | | 16 | ① ② ③ ④ | 36 | ① ② ③ ④ |
| | | 17 | ① ② ③ ④ | 37 | ① ② ③ ④ |
| | | 18 | ① ② ③ ④ | 38 | ① ② ③ ④ |
| | | 19 | ① ② ③ ④ | 39 | ① ② ③ ④ |
| | | 20 | ① ② ③ ④ | 40 | ① ② ③ ④ |

### 과목코드 / 응시과목

| 과목코드 | | 응시과목 | | | |
|---|---|---|---|---|---|
| | | 1 | ① ② ③ ④ | 21 | ① ② ③ ④ |
| ① ② ③ ④ ⑤ ⑥ ⑦ ⑧ ⑨ ⓪ | | 2 | ① ② ③ ④ | 22 | ① ② ③ ④ |
| ① ② ③ ④ ⑤ ⑥ ⑦ ⑧ ⑨ ⓪ | | 3 | ① ② ③ ④ | 23 | ① ② ③ ④ |
| ① ② ③ ④ ⑤ ⑥ ⑦ ⑧ ⑨ ⓪ | | 4 | ① ② ③ ④ | 24 | ① ② ③ ④ |
| ① ② ③ ④ ⑤ ⑥ ⑦ ⑧ ⑨ ⓪ | | 5 | ① ② ③ ④ | 25 | ① ② ③ ④ |
| ① ② ③ ④ ⑤ ⑥ ⑦ ⑧ ⑨ ⓪ | | 6 | ① ② ③ ④ | 26 | ① ② ③ ④ |
| | | 7 | ① ② ③ ④ | 27 | ① ② ③ ④ |
| | | 8 | ① ② ③ ④ | 28 | ① ② ③ ④ |
| | | 9 | ① ② ③ ④ | 29 | ① ② ③ ④ |
| 교시코드 | | 10 | ① ② ③ ④ | 30 | ① ② ③ ④ |
| ① ② ③ ④ | | 11 | ① ② ③ ④ | 31 | ① ② ③ ④ |
| | | 12 | ① ② ③ ④ | 32 | ① ② ③ ④ |
| | | 13 | ① ② ③ ④ | 33 | ① ② ③ ④ |
| | | 14 | ① ② ③ ④ | 34 | ① ② ③ ④ |
| | | 15 | ① ② ③ ④ | 35 | ① ② ③ ④ |
| | | 16 | ① ② ③ ④ | 36 | ① ② ③ ④ |
| | | 17 | ① ② ③ ④ | 37 | ① ② ③ ④ |
| | | 18 | ① ② ③ ④ | 38 | ① ② ③ ④ |
| | | 19 | ① ② ③ ④ | 39 | ① ② ③ ④ |
| | | 20 | ① ② ③ ④ | 40 | ① ② ③ ④ |

## 답안지 작성시 유의사항

1. 답안지는 반드시 컴퓨터용 사인펜을 사용하여 다음 보기와 같이 표기할 것.
   보기 잘 된 표기: ●
   잘못된 표기: ⊗ ⊗ ⊙ ● ○ ◑
2. 수험번호 (1)에는 아라비아 숫자로 쓰고, (2)에는 "●"와 같이 표기할 것.
3. 과목코드는 뒷면 "과목코드번호"를 보고 해당과목의 코드번호를 찾아 표기하고,
   응시과목란에는 응시과목명을 한글로 기재할 것.
4. 교시코드는 문제지 전면 의 교시를 해당란에 "●"와 같이 표기할 것.
5. 한번 표기한 답은 긁거나 수정액 및 스티커 등 어떠한 방법으로도 고쳐서는
   아니되고, 고친 문항은 "0"점 처리함.

[이 답안지는 마킹연습용 모의답안지입니다.]

# 년도 학위취득종합시험 답안지(객관식)

★ 수험생은 수험번호와 응시과목 코드번호를 표기(마킹)한 후 일치여부를 반드시 확인할 것.

전공분야

성 명

| | 수 험 번 호 | | | |
|---|---|---|---|---|
| 4 | - | - | - | - |

(1)

(2) ① ② ③ ●

| ※ 감독관 확인란 |
|---|
| (응시자수) |
| (인) |
| 관 리 번 호 (연번) |

## 과목코드

| 교시코드 |
|---|
| ① ② ③ ④ |

| 응시과목 | | | |
|---|---|---|---|
| 1 | ① ② ③ ④ |
| 2 | ① ② ③ ④ |
| 3 | ① ② ③ ④ |
| 4 | ① ② ③ ④ |
| 5 | ① ② ③ ④ |
| 6 | ① ② ③ ④ |
| 7 | ① ② ③ ④ |
| 8 | ① ② ③ ④ |
| 9 | ① ② ③ ④ |
| 10 | ① ② ③ ④ |
| 11 | ① ② ③ ④ |
| 12 | ① ② ③ ④ |
| 13 | ① ② ③ ④ |
| 14 | ① ② ③ ④ |
| 15 | ① ② ③ ④ |
| 16 | ① ② ③ ④ |
| 17 | ① ② ③ ④ |
| 18 | ① ② ③ ④ |
| 19 | ① ② ③ ④ |
| 20 | ① ② ③ ④ |
| 21 | ① ② ③ ④ |
| 22 | ① ② ③ ④ |
| 23 | ① ② ③ ④ |
| 24 | ① ② ③ ④ |

## 과목코드

| 응시과목 | | | |
|---|---|---|---|
| 1 | ① ② ③ ④ |
| 2 | ① ② ③ ④ |
| 3 | ① ② ③ ④ |
| 4 | ① ② ③ ④ |
| 5 | ① ② ③ ④ |
| 6 | ① ② ③ ④ |
| 7 | ① ② ③ ④ |
| 8 | ① ② ③ ④ |
| 9 | ① ② ③ ④ |
| 10 | ① ② ③ ④ |
| 11 | ① ② ③ ④ |
| 12 | ① ② ③ ④ |
| 13 | ① ② ③ ④ |
| 14 | ① ② ③ ④ |
| 15 | ① ② ③ ④ |
| 16 | ① ② ③ ④ |
| 17 | ① ② ③ ④ |
| 18 | ① ② ③ ④ |
| 19 | ① ② ③ ④ |
| 20 | ① ② ③ ④ |
| 21 | ① ② ③ ④ |
| 22 | ① ② ③ ④ |
| 23 | ① ② ③ ④ |
| 24 | ① ② ③ ④ |

## 답안지 작성시 유의사항

1. 답안지는 반드시 컴퓨터용 사인펜을 사용하여 다음 [보기]와 같이 표기할 것.
   [보기] 잘된 표기: ●
   잘못된 표기: ⊗ ◑ ⊙ ◐ ○
2. 수험번호 (1)에는 아라비아 숫자로 쓰고, (2)에는 "●"와 같이 표기할 것.
3. 과목코드는 뒷면 "과목코드번호"를 보고 해당과목의 코드번호를 찾아 표기하고,
   응시과목란에는 응시과목명을 한글로 기재할 것.
4. 교시코드는 문제지 전면 의 교시를 해당란에 "●"와 같이 표기할 것.
5. 한번 표기한 답은 긁거나 수정액 및 스티커 등 어떠한 방법으로도 고쳐서는
   아니되고, 고친 문항은 "0"점 처리함.

# 년도 학위취득
## 종합시험 답안지(주관식)

★ 수험생은 수험번호와 응시과목 코드번호를 표기(마킹)한 후 일치여부를 반드시 확인할 것.

전공분야

성명

**과목코드**

| ① ② ③ ④ ⑤ ⑥ ⑦ ⑧ ⑨ ⑩ |
| ① ② ③ ④ ⑤ ⑥ ⑦ ⑧ ⑨ ⑩ |
| ① ② ③ ④ ⑤ ⑥ ⑦ ⑧ ⑨ ⑩ |
| ① ② ③ ④ ⑤ ⑥ ⑦ ⑧ ⑨ ⑩ |
| ① ② ③ ④ ⑤ ⑥ ⑦ ⑧ ⑨ ⑩ |

**교시코드**  ① ② ③ ④

**수험번호**

(1) 4 —
(2) ① ② ③ ●

**응시과목**

### 답안지 작성시 유의사항

1. ※란은 표기하지 말 것.
2. 수험번호 (2)란, 과목코드, 교시코드 표기는 반드시 컴퓨터용 싸인펜으로 표기할 것.
3. 교시코드는 문제지 전면 의 교시를 해당란에 컴퓨터용 싸인펜으로 표기할 것.
4. 답란은 반드시 흑·청색 볼펜 또는 만년필을 사용할 것. (연필 또는 적색 필기구 사용불가)
5. 답안을 수정할 때에는 두줄(=)을 긋고 수정할 것.
6. 답란이 부족하면 해당답란에 "뒷면기재"라고 쓰고 뒷면 '추가답란'에 문제번호를 기재한 후 답안을 작성할 것.
7. 기타 유의사항은 객관식 답안지의 유의사항과 동일함.

※ 감독관 확인란

(인)

| 번호 | ※1차점수 | ※1차채점 | | ※1차확인 | 응시과목 | 코드번호 표기(마킹)한 후 일치여부를 반드시 확인할 것. | ※2차확인 | ※2차채점 | ※2차점수 |
|---|---|---|---|---|---|---|---|---|---|
| 1 | | ⓪ ① ② ③ ④ ⑤ ⑥ ⑦ ⑧ ⑨ ⑩ | | | | | | | ⓪ ① ② ③ ④ ⑤ ⑥ ⑦ ⑧ ⑨ ⑩ |
| 2 | | ⓪ ① ② ③ ④ ⑤ ⑥ ⑦ ⑧ ⑨ ⑩ | | | | | | | ⓪ ① ② ③ ④ ⑤ ⑥ ⑦ ⑧ ⑨ ⑩ |
| 3 | | ⓪ ① ② ③ ④ ⑤ ⑥ ⑦ ⑧ ⑨ ⑩ | | | | | | | ⓪ ① ② ③ ④ ⑤ ⑥ ⑦ ⑧ ⑨ ⑩ |
| 4 | | ⓪ ① ② ③ ④ ⑤ ⑥ ⑦ ⑧ ⑨ ⑩ | | | | | | | ⓪ ① ② ③ ④ ⑤ ⑥ ⑦ ⑧ ⑨ ⑩ |
| 5 | | ⓪ ① ② ③ ④ ⑤ ⑥ ⑦ ⑧ ⑨ ⑩ | | | | | | | ⓪ ① ② ③ ④ ⑤ ⑥ ⑦ ⑧ ⑨ ⑩ |

## SD에듀 독학사 교양공통 (실용)영어 적중예상문제집
## <1·4단계 대비>

| | |
|---|---|
| **개정1판2쇄 발행** | 2023년 09월 20일 (인쇄 2023년 07월 12일) |
| **초 판 발 행** | 2019년 09월 06일 (인쇄 2019년 07월 22일) |
| **발 행 인** | 박영일 |
| **책 임 편 집** | 이해욱 |
| **편 저** | 오권영 |
| **편 집 진 행** | 송영진 |
| **표지디자인** | 박종우 |
| **편집디자인** | 차성미 · 박서희 |
| **발 행 처** | (주)시대고시기획 |
| **출 판 등 록** | 제10-1521호 |
| **주 소** | 서울시 마포구 큰우물로 75 [도화동 538 성지 B/D] 9F |
| **전 화** | 1600-3600 |
| **팩 스** | 02-701-8823 |
| **홈 페 이 지** | www.sdedu.co.kr |

| | |
|---|---|
| **I S B N** | 979-11-254-9711-0 (13740) |
| **정 가** | 16,000원 |

# 컴퓨터공학과 2·3·4단계

## 2단계
- 전공 기본서 [전 6종]

  논리회로 / C프로그래밍 /
  자료구조 / 컴퓨터구조 /
  이산수학 / 운영체제

## 3단계
- 전공 기본서 [전 6종]

  컴퓨터네트워크 / 인공지능 /
  소프트웨어공학 / 프로그래밍언어론 /
  임베디드시스템 / 정보보호

## 4단계
- 전공 기본서 [전 4종]

  알고리즘 / 데이터베이스 /
  통합프로그래밍 /
  통합컴퓨터시스템

---

# 간호학과 4단계

## 4단계
- 전공 기본서 [전 4종]

  간호과정론 / 간호윤리와 법 /
  간호지도자론 / 간호연구방법론

- 적중예상문제집

  간호과정론 + 간호윤리와 법 +
  간호지도자론 + 간호연구방법론

- 간호학과 벼락치기

  간호과정론 + 간호윤리와 법 +
  간호지도자론 + 간호연구방법론

---

# 국어국문학과 2·3단계

## 2단계
- 전공 기본서 [전 6종]

  국어사 / 국어학개론 /
  한국현대시론 / 국문학개론 /
  한국현대소설론 / 고전소설론

## 3단계
- 전공 기본서 [전 6종]

  국어의미론 / 문학비평론 /
  국어정서법 / 국어음운론(근간) /
  고전시가론(근간) / 한국문학사(근간)

※ 4단계는 2·3단계에서 동일 과목의 교재로 겸용

---

# 영어영문학과 2·3단계

## 2단계
- 전공 기본서 [전 6종]

  영어학개론 / 영문법 /
  영국문학개관 / 중급영어 /
  19세기 영미소설 / 19세기 영미시

## 3단계
- 전공 기본서 [전 6종]

  20세기 영미시 / 미국문학개관
  고급영어 / 20세기 영미소설(근간)
  고급영문법(근간) / 영어발달사(근간)

※ 4단계는 2·3단계에서 동일 과목의 교재로 겸용
[영미소설(19세기 영미소설+20세기 영미소설), 영미문학개관(영국문학개관+미국문학개관)]

※ 본 도서의 이미지 및 구성은 변동될 수 있습니다.

# 나는 이렇게 합격했다

여러분의 힘든 노력이 기억될 수 있도록
**당신의 합격 스토리를 들려주세요.**

합격생 인터뷰
**상품권 증정**

추첨을 통해
**선물 증정**

베스트 리뷰자 1등
**아이패드 증정**

베스트 리뷰자 2등
**에어팟 증정**

## SD에듀 합격생이 전하는 합격 노하우

"기초 없는 저도 합격했어요
여러분도 가능해요."

검정고시 합격생 이*주

"불안하시다고요?
SD에듀와 나 자신을 믿으세요."

소방직 합격생 이*화

"강의를 듣다 보니
자연스럽게 합격했어요."

사회복지직 합격생 곽*수

"선생님 감사합니다.
제 인생의 최고의 선생님입니다."

G-TELP 합격생 김*진

"시험에 꼭 필요한 것만 딱딱!
SD에듀 인강 추천합니다."

물류관리사 합격생 이*환

"시작과 끝은 SD에듀와 함께!
SD에듀를 선택한 건 최고의 선택"

경비지도사 합격생 박*익

## 합격을 진심으로 축하드립니다!
# 합격수기 작성 / 인터뷰 신청

**QR코드 스캔하고** ▷ ▷ ▷ ▶
**이벤트 참여하여 푸짐한 경품받자!**

합격의 공식
**SD에듀**

# SD에듀
# 명품 독학사
## 한번에
# Pass!

**독학사 학위취득 끝판왕!**

독학사 부문
**30만 부 판매**

**독학사 부문 누적 판매 30만 부!**

2010년부터 2022년까지
본사 독학사 시리즈 전체 판매량 기준

합격의 공식 26년 합격의 노하우!
**NO.1** 합격의 공식
success

---

## 시대교육그룹

꿈을 지원하는 행복…

여러분이 구입해 주신 도서 판매수익금의 일부가
국군장병 1인 1자격 취득 및 학점취득 지원사업과
낙도 도서관 지원사업에 쓰이고 있습니다.

---

# SD에듀
## (주)시대고시기획

**발행일** 2023년 9월 20일(초판인쇄일 2019 · 7 · 22)
**발행인** 박영일
**책임편집** 이해욱
**편저** 오권영
**발행처** (주)시대고시기획
**등록번호** 제10-1521호
**주소** 서울시 마포구 큰우물로 75 [도화동 538 성지B/D] 9F
**대표전화** 1600-3600
**팩스** (02)701-8823
**학습문의** www.sdedu.co.kr

**정가 16,000원**
**ISBN** 979-11-254-9711-0

항균+ 99.9%

13740